Beth Ann Mulligan

Das Herz der Achtsamkeit

Beth Ann Mulligan

Das Herz der Achtsamkeit

Die buddhistischen Wurzeln von MBSR*

* Mindfulness Based Stress Reduction

Aus dem Amerikanischen Englischen von Mike Schäfer

Arbor Verlag
Freiburg im Breisgau

Die Originalausgabe erschien 2017 unter dem Titel: *The Dharma of Modern Mindfulness. Discovering the Buddhist Teachings at the Heart of Mindfulness Based Stress Reduction* bei New Harbinger Publications Inc., Oakland, USA.

Deutsche Erstausgabe
1. Auflage 2019

Lektorat: Usha Swamy
Hergestellt von mediengenossen.de
Druck und Bindung: Kösel, Krugzell

Dieses Buch wurde auf 100% Altpapier gedruckt und ist alterungsbeständig. Weitere Informationen über unser Umweltengagement finden Sie unter www.arbor-verlag.de/umwelt

www.arbor-verlag.de

ISBN 978-3-86781-230-6

In diesem Buch werden gender-gerechte Sprachformen nur verwendet, wenn sie den Lesefluss nicht zu sehr stören. Ansonsten sind mit den männlichen Formen die weiblichen mitgemeint.

Für Hugh Columba O'Neill:
Du lässt über allem das Gute leuchten – wie die Sonne.

Und für den Frieden aller Wesen, überall und ohne Ausnahme.

Inhalt

Vorwort 9

Einleitung 11

Eine Bemerkung zu der Geisteshaltung, aus der dieses Buch entstanden ist 29

1 Der Dharma des Leidens: Es nicht persönlich nehmen 33

2 Der Dharma des Körpers: Was wir vertreiben, das wird bleiben 47

3 Der Dharma der Neugier: Was ist jetzt gerade da? 67

4 Der Dharma der Bewusstheit: Sich dem Stress zuwenden 83

5 Der Dharma der Entscheidungsfreiheit: Einen größeren Rahmen finden 103

6 Der Dharma unserer Sprache: Was Beziehungen und Gruppen uns zeigen können 121

7 Der Dharma des Ganztagsretreats: Aus Hindernissen werden Erkenntnisse 139

8	Der Dharma der Aktivität und der Lebensführung: Mit einem ethischen Kompass arbeiten	163
9	Der Dharma der Weisheit: Üben, üben, üben	183
10	Der Dharma der Vier Guten Gärten: Heilsame Haltungen kultivieren	199
	Dank	219
	Glossar	224
	Literatur- und Quellenverzeichnis	227
	Die Autorin	229

Vorwort

Beth Mulligan lebt in drei Welten gleichzeitig. In ihrem Arztberuf ist sie als Heilerin tätig und hilft Menschen mit körperlichen Beschwerden. Als Zen-Praktizierende hat sie sich der Entdeckung der erleuchtenden Wahrheiten verschrieben, die tief in diesem geheimnisvollen Leben aus Geburt, Leid und Tod verborgen liegen. Und als MBSR-Lehrerin bringt sie ganz normalen Menschen bei, wie sie eine neue Einstellung zu ihrem körperlichen, geistigen und emotionalen Leiden finden können.

In diesem Buch zeigt uns Beth Mulligan, wie diese drei Welten zusammenhängen. Mit Geschichten und hilfreichem Hintergrundwissen lässt sie uns alle an ihren Gedanken und Gefühlen teilhaben, während sie einen achtwöchigen MBSR-Kurs leitet und gleichzeitig ihr ganz normales Leben lebt: in den Bergen, in der Wüste und als Assistenzärztin im alltäglichen Trubel einer großen Klinik. Wie alle MBSR-Lehrenden vermeidet sie im Umgang mit Kursteilnehmern explizite buddhistische Begrifflichkeiten. In ihrem Schreiben jedoch gewährt sie uns Einblick in ihr Denken und hilft uns, eines der wichtigsten Fundamente von MBSR zu verstehen: die klassischen Lehren des Buddhismus.

Ich selbst traf Jon Kabat-Zinn 1992 als junge Mutter, Ehefrau, Psychotherapeutin und Zen-Schülerin. Bis dahin hatte ich keinen Weg gefunden, diese verschiedenen Aspekte meines Lebens unter einen Hut zu bringen. Aber als ich in Jon Kabat-Zinns MBSR-Gruppe saß, kamen mir die Tränen. Er hatte einen Weg gefunden, die Herzen all der Menschen zu berühren, die mit den unterschiedlichsten Problemen in den

Kurs gekommen waren und diese irgendwie loswerden wollten. Ich hatte das Glück, als MBSR-Kursleiterin in der Klinik aufgenommen zu werden. Unter Saki Santorelli, Jons Nachfolger als Direktor des Center for Mindfulness, wurde ich später stellvertretende Direktorin der Klinik und eine der Leitenden des MBSR-Ausbildungsprogramms.

Als Beth Mulligan in das Zentrum kam, um die Ausbildung zur MBSR-Lehrerin zu machen, sah ich sofort, wie profund ihre Meditationspraxis war, ihre Fähigkeit, alles in ihren geistigen Horizont einzubeziehen – und vor allem sah ich ihren wohltuenden Mangel an Eitelkeit! Beth hat keine Allüren und gibt nicht vor, irgendetwas Besonderes zu sein. In ihrem Buch kommt das sehr deutlich zum Ausdruck.

Nach zwanzig Jahren verließ ich die Universität, um mich meiner Zen-Praxis und dem Unterrichten zu widmen. Das, was ich von Jon Kabat-Zinn, Saki Santorelli und anderen gelernt habe, beeinflusst stark, wie ich Zen lehre: tiefer Respekt für die Menschen, wie sie sind, und die Fähigkeit, den Inhalt der buddhistischen Lehren und des Zen in alltäglicher Sprache, ohne Jargon und exotische Begriffe zu vermitteln.

Es scheint mir wichtig, zu betonen, dass buddhistische Begriffe und Lehrinhalte in einem MBSR-Kurs nie erwähnt werden. Für einen MBSR-Lehrenden ist es jedoch ganz wichtig, etwas über diese klassischen Lehren zu wissen. Wie Beth immer sagt: Jon Kabat-Zinn hat Achtsamkeit nicht erfunden. Niemand hat sie *erfunden.* Die Fähigkeit, in jedem Moment präsent zu sein, ist etwas, was von Anfang an in uns steckt. Der Buddha war einfach ein Mensch, der entdeckte, wie man auf diese wache Weise lebt. Jon Kabat-Zinn hat ein Programm geschaffen, das die uralten Lehren mit modernen Erkenntnissen der Psychologie, der Neurowissenschaften, der Stressphysiologie und der Medizin kombiniert. Und jetzt schenkt uns Beth Mulligan dieses Buch, sodass Sie diese Lehren für sich selbst entdecken können. Viel Spaß!

Melissa Myozen Blacker, Roshi
Äbtissin und Oberste Lehrerin
Boundless Way Zen

Einleitung

Viele Flüsse, ein Strom

Eine Gruppe von Menschen sitzt im Kreis im Seminarraum einer Klinik. Menschen unterschiedlichster Altersstufen und kultureller Prägungen sind vertreten. Manche sitzen auf Stühlen, einer im Rollstuhl, andere auf runden Kissen auf dem Boden. Alle sind sehr ruhig und still. Es ist fast so, als würden sie wie ein einziger Organismus gemeinsam atmen. Was tun sie? Oder tun sie nicht? Hat die Gruppe einen Leiter oder einen Lehrer? Schwer zu sagen. Draußen heult eine Sirene, niemand regt sich. Ein paar Minuten später ist das charakteristische Knattern eines Rettungshubschraubers zu hören. Jemand wird also in den nächsten Minuten in die Notaufnahme eingeliefert, wo ihn hektische Betriebsamkeit umgeben wird. Vor ein paar Stunden gehörte auch ich zu diesen hektischen Leuten, als ich einen Flur entlang eilte, um einem Patienten auf der Intensivstation zu helfen. Was man nicht sieht: In der Stille dieses Kreises senden wir alle die wohlwollende Absicht aus, es möge uns selbst, den anderen in der Gruppe, den Menschen in diesem Krankenhaus, unseren Freunden und Familien und allen Lebewesen gut gehen.

Nach dreißig Minuten schlage ich eine Glocke an. Augen öffnen sich, Arme werden gereckt und gestreckt, und hier und da gibt es ein Lächeln, wenn Menschen um sich schauen und Blicke sich treffen. Heute ist die letzte Sitzung – die letzten Momente des achtwöchigen Kurses in achtsamkeitsbasierter Stressbewältigung (*Mindfulness-based Stress Reduction,* im weiteren Verlauf MBSR genannt). Diese dreißig Menschen haben zusammen einen Weg zurückgelegt, den man durchaus ein Abenteuer nennen kann. Sie haben zusammen etwas *durchgemacht*, das spürt man. Kurz zuvor sind viele Worte der gegenseitigen Wertschätzung gesprochen worden, es sind Geschichten über Wandlung und Transformation erzählt worden, und jetzt sitzen wir noch ein paar flüchtige Minuten lang zusammen, im Bewusstsein des gemeinsamen Weges – auf etwas unübliche Art, ohne Worte. Wir sonnen uns einfach in unserer gegenseitigen Dankbarkeit.

Zu Anfang dieses achtwöchigen Kursprogramms hätten Sie sofort gesehen, dass ich die Leiterin bin. Ich hatte ein Klemmbrett und nahm die Leute in Empfang, als sie den Raum betraten. Ich hieß sie willkommen und händigte ihnen die Kursmaterialien aus. Ich leitete eine einführende Meditation. Dann redete ich – ziemlich viel sogar. Ich beschrieb ihnen das MBSR-Programm (wie ich es auch für Sie, liebe Leserin, lieber Leser, gleich tun werde). Im Laufe der acht Wochen sage ich allerdings immer weniger, und überall in unserem Kreis tauchen Lehrende auf. Das ist das Wesen von MBSR, das, was der Begründer dieses Programms, Jon Kabat-Zinn, »von innen heraus« nennt (*inside-out*): Lernen durch Erfahrung. Diese Art des Lernens findet sich auch dort, wo buddhistische Lehren vermittelt werden. Während wir gemeinsam diese Stille und dieses Schweigen üben, die man Meditation nennt, wird jeder sein eigener Lehrer und auch Lehrer für andere. Obwohl offiziell ich die Lehrerin bin, werde ich auch immer wieder von den Schülern belehrt – werde belehrt, dass die Befreiung vom Leiden möglich ist und dass wir alle weise sind und ganz.

Als die Idee zu diesem Buch entstand, wusste ich sofort, wie ich das Schreiben angehen würde. Ich würde Sie, die Leserinnen und Leser, in einen meiner MBSR-Kurse einladen, in die Klinik, wo ich Ärztin bin, und in die Dharma-Zentren, wo ich buddhistische Meditation studiere und praktiziere, und ich würde die Teilnehmer erzählen lassen, wie sie den Dharma von MBSR verstehen. Dharma wird hier definiert als die zeitlose Lehre des Buddha über die Natur der Wirklichkeit.

Linda: Schülerin und Lehrerin

Vor zehn Jahren hatte Linda den eben erwähnten Seminarraum betreten, und zwar mithilfe eines speziellen Rollators, den sie mit einer Hand steuern konnte; den anderen Arm trug sie in der Schlinge. Vorne am Rollator hing eine Tasche, in der mit glänzenden Knopfaugen ihr kleiner Helfer saß, ein weißer Pudel namens Kiki. Während Kiki mir direkt in die Augen schaute, als wollte sie sagen: »Was machst du mit meinem Schützling?«, suchte Linda nervös, mit gesenktem Kopf, nach einem Sitzplatz. Ich ging auf sie zu, begrüßte sie und half ihr, sich zurechtzufinden. Sie seufzte. »Es ist stressig, zu diesem Stressbewältigungskurs zu kommen. Aber es ist ja alles stressig.«

»Ja, das stimmt, Linda«, sagte ich. »Umso mehr weiß ich zu schätzen, dass du gekommen bist.« Ich hatte Linda bei einer Informationsveranstaltung getroffen, bei der die Menschen aus dem Umkreis etwas über MBSR erfahren konnten. Ich wusste von ihr nur, dass sie vor Kurzem aus Seattle, wo sie eine hohe Stelle als Ingenieurin in einer Hightech-Firma gehabt hatte, hierher in die südkalifornische Wüste gezogen war. Im letzten Jahr war sie an einer neurologischen Störung erkrankt, die sich der Diagnose und Therapie entzog. Sie hatte Krampfanfälle, chronische Schmerzen und stürzte häufig. Sie kam ohne fremde Hilfe nicht mehr zurecht.

Beim Treffen in der Woche zuvor hatte sie gesagt: »Ich habe eigentlich alles verloren. Meine Karriere, meine ehrenamtliche Sozialarbeit, meinen Partner, mein Tennis, das mir alles bedeutete. Meine physischen und emotionalen Schmerzen sind unfassbar. Ich nehme an einer klinischen Studie der Mayo-Klinik teil, aber ich möchte so oft wie möglich an diesem Kurs hier teilnehmen. Es ist meine letzte Rettung. Glauben Sie, Sie können mir helfen?«

»Ich glaube, das ist eine sehr wichtige Frage, eine, die wir im Laufe der nächsten acht Wochen miteinander erforschen sollten«, antwortete ich. »Ich versuche, keine Garantien auszusprechen, aber ich weiß aus Erfahrung, dass dieser Kurs schon das Leben vieler Menschen verändert hat. Er hat vielen Menschen geholfen, die in ziemlich schwierigen Situationen steckten, so wie Sie. Ich glaube, es ist einen Versuch wert.« Ich hielt einen Moment inne und schaute ihr in die Augen. »Sie wirken auf mich, als hätten Sie eine Menge Mut und Entschlossenheit.« Für einen Moment ging ein Leuchten über ihr Gesicht, als hätte sie vergessen, dass sie viel mehr war als ihre Krankheit.

Wenn Sie dieses Buch in die Hand genommen haben, haben Sie vielleicht schon eine Vorstellung, was MBSR ist und worauf Linda sich einließ. Wenn nicht, dann folgen Sie mir einfach – ich werde es Ihnen nicht nur erzählen, sondern wir werden den Kurs zusammen machen! Ich nehme einmal an, dass auch Sie schon einmal mit Trauer und Schmerz in Berührung gekommen sind, auch wenn es nicht genau die Art von Krankheit und Verlust war, die Linda erlebte. Vielleicht leiden Sie unter dem ungeheuren Verlust eines Kindes oder eines Partners, unter finanziellen Nöten, unerträglicher Arbeitsbelastung oder dem Schmerz des ganzen Planeten. Ich nehme an, dass auch Sie schon gelitten und eine Antwort gesucht haben, einfach, weil Sie ein Mensch sind.

In den acht Wochen des Kurses ging Linda mit derselben Sorgfalt vor, die sie vor ihrer Krankheit bei all ihren erfolgreichen Tätigkeiten an den Tag gelegt hatte. In den Meditationsübungen fand sie tiefen Frieden und begann ihre Situation anders zu betrachten. Während der dritten Sitzung sagte sie: »Als ich letzte Woche plötzlich einen Schmerzanfall hatte, habe ich nicht gesagt: ›Das wird ein schlimmer Tag‹, sondern: ›Das ist jetzt ein schlimmer Moment‹. Und später noch: ›Es ist einfach ein anderer Tag.‹ Tatsächlich merke ich, wie ich die Wörter ›schlimm‹ oder ›schwer‹ zunehmend durch ›anders‹ ersetze. Und dadurch erlebe ich es anders.«

Am Ende des achtwöchigen Kurses hatte sich rein äußerlich nicht viel verändert. Die diagnostischen Untersuchungen waren noch nicht beendet. Sie hatte ihren Job, ihren Partner und ihr Tennisspiel nicht wieder zurück. Die Schmerzen und die Häufigkeit der Anfälle hatten etwas nachgelassen, aber etwas in ihrem Innern hatte sich geändert. Sie war jetzt viel häufiger mit sich im Reinen. »Allmählich kann ich akzeptieren, wie mein Leben jetzt ist. Vor acht Wochen hätte ich das nicht für möglich gehalten.« Dadurch, dass Linda an einem Kurs mit Meditationsübungen teilnahm, änderte sich ihre Einstellung zu ihrer Situation dramatisch. Am Ende schenkte sie mir eine seltene Orchidee, die nur zweimal im Jahr blüht, und immer, wenn ich sie sehe, denke ich: »Ah, Linda blüht auch.« Wir sind all die Jahre miteinander in Kontakt geblieben, und deshalb weiß ich, dass es so ist.

Bühne frei für Jon Kabat-Zinn und MBSR

Noch vor ein paar Jahren hätten meine Berufskollegen und ich Patienten wie Linda nichts anbieten können außer kurzfristiger Symptombekämpfung und einem offenen Ohr. Ganz bestimmt hätten wir es nicht geschafft, ihr etwas zu verordnen, das ihr trotz der Unmöglichkeit, sie zu heilen oder wiederherzustellen, geholfen hätte, ein zufriedenes Leben zu führen. Aber 1979 schuf Jon Kabat-Zinn, Molekularbiologe, der seit Jahren nicht nur in buddhistischer Tradition meditierte, sondern auch Yoga praktizierte, etwas völlig Neues – etwas, was diese Möglichkeit bot. Er empfand seine eigene tägliche Meditationspraxis als unglaublich wertvoll. Gleichzeitig arbeitete er in einem großen Klinikum. In den Gesprächen mit den Ärzten dort stellte er überrascht fest: Nach ihrer Einschätzung konnten sie nur etwa zwanzig Prozent ihrer Patienten wirklich helfen. »Und was ist mit den anderen?« fragte er. Die Antwort war: »Nun, manchen geht es von alleine besser, und der Rest fällt in das Schattendasein der chronischen Krankheit, wo wir ihnen nicht viel helfen können.«

Jon Kabat-Zinn erkannte, dass diesen Patienten mit schwer behandelbaren, chronischen Krankheiten, die durch das Netz des Gesundheitssystems fielen, Meditation und Yoga vielleicht guttun würde. In ein buddhistisches Zentrum würden diese Menschen aber wohl kaum gehen, auch nicht in einen Yogakurs. Aber vielleicht konnte man sie auffordern, etwas für sich selbst zu tun, was kein anderer Mensch auf dem ganzen Planeten, auch kein Arzt oder Chirurg, für sie tun konnte – meditieren zu lernen als zentralen Bestandteil einer Behandlung, nicht als Ersatz dafür. Die Grundidee dabei war, ein Meditationstraining anzubieten, um Achtsamkeit zu kultivieren – direkt in der Klinik. Es sollte ziemlich rigoros sein, aber keinerlei Glaubenssysteme oder Dogmen beinhalten, keine Religion, sondern nur uralte, lang erprobte Praktiken, und das im Rahmen einer Gruppe, die hoffentlich Unterstützung bot.

In weiser Voraussicht wählte Kabat-Zinn das Pali-Wort *dukkha* (Pali ist die ursprüngliche Sprache des Buddha), das gewöhnlich mit »Leiden« übersetzt wird, und übersetzte es mit dem etwas weniger Furcht einflößenden Begriff »Stress«. Er schuf ein Programm, das diesen Stress reduzieren sollte – ein Begriff, mit dem die meisten Zeitgenossen auf Anhieb etwas anfangen können. Damit erreichte er, dass das Netz der Hilfeleistung so weit wie möglich ausgeworfen werden konnte.

Kabat-Zinn entwickelte das Programm zu einem achtwöchigen Kurs, den er »Stressbewältigung durch Achtsamkeit« nannte. Er beinhaltet ein intensives Training unterschiedlicher Meditationsformen, achtsame Bewegung auf Grundlage von Yoga, hilfreiches Wissen zur Stressphysiologie und dazu, wie man in stressbelasteten Situationen kreativ reagieren kann, sowie zu einer achtsamen Haltung in wichtigen Bereichen des Alltagslebens wie Kommunikation, Beziehungen oder gesunde Lebensführung.

Durch Jon Kabat-Zinns Bestseller *Full Catastrophe Living*, der 1990 herauskam (deutscher Titel: *Gesund durch Meditation*) und die Dokumentation *Healing and the Mind* (*Heilung und Geist*), die der Sender PBS 1993 zum ersten Mal ausstrahlte, wurde MBSR bekannt. Die Dokumentation, die Bill Moyers und einige Patienten des UMASS-Klinikums während des achtwöchigen Kurses begleitete, informierte Millionen Menschen über MBSR – darunter auch mich. In den Jahrzehnten seither hat evidenzbasierte Forschung gezeigt, dass die hilfreichen Wirkungen der MBSR nicht nur rein anekdotisch belegbar sind, sondern gemessen werden können. Dazu gehören beispielsweise die Linderung von chronischen Schmerzzuständen, Depressionen und nervöser Unruhe sowie eine verbesserte Immunabwehr, um einige der bekannteren zu nennen.

Im UMASS Center for Mindfulness wurde eine professionelle Fortbildung für Heilberufler angeboten, aus der weitere MBSR-Lehrende hervorgingen und die immer mehr Menschen aus allen Lebensbereichen das Kursformat zugänglich machte. Es wird in vielen Sprachen, in vielen Ländern, in vielen Kulturen angeboten. Genau jetzt, in diesem Moment, hilft es jemandem. Vielleicht Ihnen?

Zwei Türen: MBSR und Dharma

Zwei Wochen nach dem Ende ihres MBSR-Kurses rief Linda mich an und sagte, sie wolle mehr über die Ursprünge der Übungen erfahren, die ihr so viel geholfen hatten. Ob ich ihr helfen könne, sich in die Lehren des Buddha zu vertiefen? So eine Bitte begegnet mir nicht oft – die meisten sind mit dem normalen MBSR-Programm zufrieden, das ihnen, wenn sie die Praxis aufrechterhalten, für den Rest ihres Lebens genügt. Aber manche wollen mehr über die uralte Weisheitstradition wissen, die sich hinter diesem modernen Programm verbirgt: die Lehre des Buddha. Wenn das passiert, unterstütze ich sie so, wie ich es mit Linda getan habe: Ich lade sie ein, in das Insight Buddhist Center in Palm Springs, an dem ich unterrichte, zu kommen und zu praktizieren. Ich empfahl ihr auch ein paar Bücher, und sie fand selbstständig eine buddhistische Nonne als Lehrerin, die sie begleitet.

Im Zentrum wurde sie Stammgast und half auch bei Veranstaltungen freiwillig aus. Als die Idee zu diesem Buch aufkam, fand ich, ich müsse unbedingt mit Linda darüber sprechen. Für mich selbst weiß ich sehr gut, welchen Wert die buddhistischen Grundlagen von MBSR haben und was der Dharma mir bietet, doch ich wollte auch ein Gefühl dafür bekommen, was diese uralten Lehren für ein breiteres Publikum bedeuten und wie sie das Leiden der Menschen noch auf andere Weise transformieren könnten. Also fragte ich sie: »Du hast ja die Lehren des Buddha jetzt erkundet. Hat das deinem Leben und deiner Praxis etwas gebracht, und wenn ja, was?«

»Es hat mir geholfen, mein Leiden in einem größeren Rahmen zu sehen«, erklärte sie kurz und bündig. Ich glaubte zu wissen, was sie meinte, aber ich bat sie, noch ein bisschen mehr zu sagen.

»Kennst du die Geschichte mit dem Salz?« fragte sie.

»Erzähl sie mir«, sagte ich.

»Der Buddha hatte einen Schüler, der trotz jahrelanger Praxis immer noch schrecklich litt. Nachdem er viele Dinge ausprobiert hatte, befahl ihm der Buddha eines Tages, einen Teelöffel Salz in ein Glas Wasser zu tun und es auszutrinken. ›Wie hat es geschmeckt?‹ fragte der Buddha. ›Sehr salzig‹, sagte der Schüler. ›Mach nun dasselbe mit einem großen Krug. Wie schmeckt es jetzt?‹ ›Nicht mehr so salzig‹, sagte der Schüler. ›Und nun streust du das Salz in diesen Bach hier und trinkst aus dem Bach.‹ Der Schüler tat, wie ihm geheißen, und sein Leiden wurde gelindert, er wurde frei davon. Und das ist es, was das Weitermachen auf dem Weg des Buddha mit mir und meiner Krankheit gemacht hat. Ich sehe, dass ich ganz bin und die Menschheit ganz ist, das ist der Bach für mich.«

»Danke«, sagte ich. »Das hilft mir sehr. Noch etwas?«

»Ja, eine ganze Menge! Du wirst womöglich bald bereuen, dass du mich gefragt haben! Die Lehren des Buddha geben Raum – Raum um das Leiden herum, aber auch um das herum, was ich für meine Identität gehalten habe. Ich habe immer gemeint, mein Wert bestünde aus meinen akademischen Leistungen und meiner Arbeit, meiner Familie und meinem Partner, meinem sportlichen Körper und meiner Ausdauer. Als ich alles das verlor, wusste ich zuerst nicht, wer ich war. Ich war ein Nichts. Aber mit der Zeit ist etwas passiert: Ich habe gesehen, dass ich viel mehr bin als alle diese Dinge, dass sie und meine Krankheit mich nicht definieren. Und weißt du, wie das passiert ist?«

»Sag es mir.«

»Am ersten Kursabend hast du mich *gesehen*. Und du hast gesagt, es sei mutig und entschlossen von mir gewesen zu kommen, und das fühlte sich an, als hätte sich da, wo ich mit meiner Krankheit eingesperrt war, plötzlich eine Tür geöffnet! Das habe ich mit dir und meiner anderen

Lehrerin jetzt schon öfters erlebt – ich kann mich selbst nicht sehen, aber ihr seht mich, und dann kann ich es auch. Mir gefallen auch die Lehren zur Ethik und die Verbindung zum Herzen, die in der Praxis der liebevollen Güte steckt. Ganz ehrlich, Beth: Das hat in meinem Leben schon gefehlt, bevor ich krank geworden bin. In meinem Ehrgeiz und meiner ständigen Geschäftigkeit hatte ich den Kontakt zu meinen tieferen Werten und meiner Fähigkeit, Anteil zu nehmen, verloren. Ich würde mich jetzt nicht Buddhistin nennen, aber ich liebe den Buddhismus und bin dankbar für diesen Weg. Ich würde sagen, MBSR und die Lehre des Buddha sind wie zwei Flüsse, die in einen Strom münden.«

Diese Stunde, die ich mit Linda bei einer Tasse Tee zubrachte, zeigte mir genau, was ich zum Schreiben dieses Buches brauchte. Viele Menschen sind wie ich durch die »Dharma«-Tür zum MBSR gekommen – will heißen, lange bevor wir etwas darüber erfuhren, was dieses moderne Programm alles zu bieten hat, waren wir schon praktizierende Buddhisten. Als wir MBSR dann entdeckten, erschien es uns wie ein geschicktes Werkzeug, um den Menschen das Leben zu erleichtern, die vielleicht nicht durch die »Dharma«-Tür gehen wollten oder konnten. Gleichzeitig sagen viele praktizierende Buddhisten, wenn ich ihnen MBSR vermittle: »Durch die Arbeit mit meinem Körper habe ich so viel gelernt. Ich habe gelernt, meine Praxis im täglichen Leben anzuwenden – auf eine Art und Weise, die ich vorher nicht kannte.«

Ich fand die MBSR-Tür 1995, als ich Bill Moyers' Dokumentation *Healing and the Mind* auf PBS sah. Zu jener Zeit war ich, nachdem ich beim Physician Assistant Program der Duke-Universität in Durham (North Carolina) 1982 meinen Abschluss gemacht hatte, als medizinische Fachangestellte tätig.* Um mit meinem eigenen Schmerz zu arbeiten, hatte ich schon im Teenageralter begonnen, Meditation und Yoga zu praktizieren. Ich war in einer schwierigen Familie von Alkoholikern

* Der »physician assistant« führt im US-Gesundheitssystem Tätigkeiten aus, die zwischen denen einer Krankenschwester und denen eines Arztes angesiedelt sind (Anm. d. Übers.)

aufgewachsen, in einer Atmosphäre von Gewalt und Vernachlässigung, und hatte viel Schmerzhaftes erlebt, vor allem Gefühle der Wertlosigkeit und Einsamkeit. Zum Meditieren kam ich, weil ich verzweifelt nach Frieden und Verbundenheit mit anderen suchte.

Auf den Rat eines Freundes hin stieß ich auf die Lehren des vietnamesischen Zen-Meisters Thich Nhat Hanh. Ich machte mein erstes Retreat bei ihm, und nach einer Woche der Stille bei ihm, seinen Mönchen und Nonnen und Hunderten von anderen ernsthaften Praktizierenden verspürte ich einen Hauch Freiheit, der mein Herz gewann und mich die Möglichkeit ahnen ließ, dass mit mir vielleicht doch alles in Ordnung war. Das brachte mich auf den Weg des Buddha, dem ich seither bis heute gefolgt bin. Jahrelang existierten meine Meditations- und Yogapraxis und meine medizinische Berufspraxis nebeneinander her. Nun schien es möglich, dass beide sich die Hand reichten.

Als ich die Dokumentation sah, in der die Patienten, die den meinigen glichen, in einer Klinik, die mir ebenfalls ziemlich vertraut vorkam, Meditation und Yoga machten, um *innerlich gesund zu werden*, wie der Übungsabschnitt hieß, kamen die beiden Welten zusammen. Ich war fasziniert und inspiriert. Die Sendung wecke in mir eine tiefe Sehnsucht, meinen Patienten genauso zu dienen, wie man mir gedient hatte: durch diese Praxis, die mein eigenes Leid transformiert hatte. In den folgenden Jahren, nach einer intensiven Ausbildung zur MBSR-Lehrerin, habe ich diese Möglichkeit Realität werden sehen: in meinem örtlichen Krankenhaus und dem angeschlossenen Krebszentrum, aber auch an Schulen, Universitäten und in gemeinnützigen Organisationen. Ich biete MBSR inzwischen auch in dem Dharma-Zentrum an, wo ich leitende Lehrerin bin, aber ich erwähne weder den Buddha noch gebrauche ich Dharma-Begriffe. Ich vermittle die Kursinhalte, wie sie vorgegeben sind. Viele Flüsse, ein Strom. Jeder Fluss bereichert das Leben auf seine Art und braucht keine Ergänzung. Und doch ist da dieser eine, dieser ganz bestimmte Fluss …

MBSR und die zwei Nullen

Bei einem Retreat für Lehrende achtsamkeitsbasierter therapeutischer Interventionen, das Jon Kabat-Zinn vor einigen Jahren zusammen mit der langjährigen Dharma-Lehrerin Christina Feldman geleitet hat, erzählte uns Christina folgende Geschichte: »Neulich erschien in einer englischen Zeitung ein Artikel über Achtsamkeit. Der Titel lautete: ›Achtsamkeit in einer Rosine‹ und begann mit dem Satz: ›Vor 25 Jahren erfand ein amerikanischer Wissenschaftler die Achtsamkeit.‹ Wegen dieses doch arg saloppen Journalismus schrieb ich der Redaktion einen Leserbrief. Sie hatten zwei Nullen vergessen! Achtsamkeit entstammt einer Tradition, die mindestens 2500 Jahre alt ist.« In dem leisen Gelächter, das durch den Raum ging, blitzte etwas Wichtiges auf. Ich fühlte es und wusste es, und ich habe im Laufe der Jahre immer wieder darüber nachgedacht. Vielleicht war es auch die Keimzelle zu diesem Buch: *Was ist mit den zwei Nullen? Was finden wir da, wo die beiden Flüsse sich vereinigen?*

Buddhas Geschichte, unsere Geschichte

Die Geschichte des Mannes, der mit Familiennamen Siddhartha Gautama hieß und als der Buddha (das ist sein spiritueller Name und bedeutet »der Erwachte«) bekannt ist, und der vor rund 2500 Jahren gelebt hat, faszinierte über alle Zeiten hinweg Herz und Verstand von Millionen Menschen und tut es bis heute. Warum? Die Geschichte des Buddha – sein Leben, seine Anstrengungen und sein Weg zur Freiheit – ist eine, mit der viele Menschen etwas anfangen können, egal, welcher Kultur sie angehören, wie alt sie sind und welche Lebensgeschichte sie haben. Erlauben Sie, dass ich ein bisschen davon erzähle, und Sie können schauen, ob Sie etwas davon anspricht.

Die Historiker sagen uns, dass Siddhartha im 6. Jahrhundert vor Christus in Indien aufwuchs. Als Kind einer Adelsfamilie wurde er von seinem Vater gezielt von allen Schwierigkeiten und Herausforderungen dieses Erdenlebens abgeschirmt. Doch Siddhartha wurde allmählich unruhig und neugierig auf die Welt außerhalb der Palastmauern, so wie wir vielleicht auch schon eine Phase hatten, in der wir herausfinden mussten, ob es im Leben noch mehr gibt außer unserer Familie, der kulturellen Konditionierung und der Gesellschaft, in der wir aufwachsen.

Seine Neugier brachte Siddhartha dazu, mit einem Kutscher die Palastanlage zu verlassen und sich in den Trubel der indischen Straßen zu stürzen, wo ihm sehr schnell alle Aspekte des menschlichen Daseins begegneten. Es wird berichtet, dass er zum ersten Mal einen kranken Menschen sah, dann einen alten Menschen und schließlich eine Leiche. Jedes Mal fragte er seinen Gefährten: »Was ist mit diesem Menschen passiert, und wird mir das auch passieren?« Jedes Mal antwortete der Kutscher ihm wahrheitsgemäß: »Dieser Mensch ist krank, und ja, einen menschlichen Körper zu haben heißt, dass man Krankheit und Alter erlebt; und alle Lebewesen sterben.« Für den behüteten Prinzen war das ein Schock. Und auch für uns sind diese Aspekte des menschlichen Daseins vielleicht schockierend.

Bei diesem Ausflug begegnete Siddhartha auch einem Heiligen oder Mönch, dessen Gesicht, inmitten des ganzen Chaos und Elends, Frieden und große Gelassenheit ausstrahlte. Er fragte sich, ob er wohl auch lernen könnte, angesichts einer rauen Wirklichkeit friedvoll zu leben. Was er auf dem Gesicht des Mönches gesehen hatte, wollte er auch.

Nachdem er die harten Tatsachen des Lebens mit eigenen Augen gesehen hatte, ließ Siddhartha sein Vaterhaus und seine Pflichten als Adliger hinter sich und praktizierte sechs Jahre lang die spirituellen Traditionen seiner Zeit, um den Frieden jenes Mönches zu erlangen. Dazu gehörten körperliche Entbehrungen und extreme Formen der Kasteiung, durch die der physische Körper »transzendiert« werden sollte. Es heißt, dass er sich während dieser Zeit von einem einzigen Reiskorn pro Tag ernährte und dass man das Ergebnis an seinem Körper sehen konnte – seine Wirbelsäule zeichnete sich auf dem Bauch ab! Diese Praktiken erzeugten veränderte und mystische Bewusstseinszustände. Siddhartha wurde so gut darin, diese zu erreichen, dass er eine Schar von Jüngern um sich sammelte, aber diese Bewusstseinszustände dauerten jeweils nur kurz an und beantworteten seine drängenden Fragen nicht dauerhaft: »Wie kann ich angesichts all dieses Leidens in Würde und Frieden leben?«

Momentane Linderung oder dauerhafter Frieden?

Wir befinden uns heute in einer ähnlichen Situation. Als MBSR entstand, konzentrierte sich die medizinische Behandlung darauf (und tut es immer noch), die Symptome von Krankheiten zu behandeln, zumeist mit punktuellen Gegenmaßnahmen. Sie dringt selten zu den Grundursachen vor, die hinter einer Krankheit stecken. Und so verhält es sich mit unserem Leben insgesamt. Bevor sie zu MBSR kommen, probieren die Leute, so wie Siddhartha, viele verschiedene Wege aus, um ihren Schmerz zu heilen. Aber oft dringen wir nicht zu den Grundursachen unserer Probleme vor – und auch nicht zu irgendeiner Einsicht, wie wir trotz unseres Schmerzes in Würde leben können (so wie es Linda mit MBSR schaffte).

Statt ihn zur Erleuchtung zur führen, schwächten seine Praktiken Siddhartha so sehr, dass er eines Tages in einen Fluss fiel und fast ertrank. Eine junge Ziegenhirtin, Sujata, sah ihn, zog ihn aus dem Wasser und bot ihm etwas Reis und Milch an. Allmählich gewann Siddhartha seine Kräfte zurück und begann, den Weg, dem er gefolgt war, infrage zu stellen. Von dem natürlichen Mitgefühl dieser gewöhnlichen Frau, die keinem spirituellen Weg anhing, war er tief beeindruckt. Vielleicht, so dachte er, gibt es eine natürliche Art zu sein, vielleicht ist etwas schon in uns, das sich ohne Kasteiung und Extremismus kultivieren lässt. Dass es sich im Luxusleben nicht finden ließ, wusste er schon. Er erinnerte sich, wie er als Junge im Schatten eines Rosenapfelbaums gesessen war und einem Fest zugeschaut hatte, zufrieden, weil ihm nichts fehlte. Er begann sich zu fragen, ob er vielleicht so finden könnte, was er suchte: indem er still dasaß und seinen Geist auf entspannte Weise auf dem, was vor ihm lag, ruhen ließ.

Entschlossen, in diese natürliche Zufriedenheit zu erwachen, dieses Mitgefühl, diese Einsicht, ließ er alles sein, was er bisher getan hatte, und setzte sich einfach unter einen Baum. Eines Tages, nachdem er tagelang ununterbrochen so gesessen war, schaute er auf, sah den Morgenstern und erkannte etwas Klares und Wahres: Wir sind bereits wach und ganz – »alle Wesen und die große Erde«, sagte er, »nicht nur ich.« Oder, in den Worten von Jon Kabat-Zinn (und dies ist ein Kernthema von MBSR überhaupt): »Solange du atmest, ist viel mehr richtig mit dir als falsch, egal, was auch immer ›falsch‹ läuft.«

Die Menschen kommen zu MBSR mit genau denselben Fragen, so wie Linda: »Wie kann ich mit dieser Herausforderung in Frieden leben?« Was hat Sie zu dieser Praxis, zu diesem Buch gebracht? Welche Mühsal des menschlichen Daseins machen Sie gerade durch? Es könnte einfach sein, dass Sie wegen Ihres stressigen Jobs nachts nicht mehr schlafen können. Oder etwas so Schwieriges wie der Drogenmissbrauch Ihres pubertierenden Kindes. Was es auch immer ist, dem Sie sich gegenübersehen: Wie Siddhartha wollen auch Sie wissen, wie man damit in Frieden leben kann.

Den eigenen Platz einnehmen – ein radikaler Akt

Für Siddhartha (den ich von hier an den Buddha nennen will) war dieser Akt, sich unter jenen Baum zu setzen, etwas Radikales – mit einem Nachhall über alle Zeiten hinweg. Er beschloss, nach innen zu schauen, sein eigenes Erleben gründlich zu prüfen und herauszufinden, was sich an Wahrheit und Freiheit durch diese Erforschung realisieren ließe. Die Menschen, die zu MBSR kommen, vollziehen eigentlich genau denselben radikalen Akt: Sie nehmen ihren eigenen Platz ein, im Theater ihres Lebens einen Platz in der ersten Reihe. Sie brechen mit der Tendenz, die Lösung außerhalb zu suchen, der menschlichen Grundsituation entkommen zu wollen – eine heute noch viel größere Versuchung als zu Buddhas Zeiten. Im MBSR wenden wir uns nach innen, entdecken die Unversehrtheit wieder, die in uns bereits vorhanden ist, und würdigen sie. In der ersten Woche sind die Teilnehmer eingeladen, sich hinzulegen und unter der Anleitung der Lehrerin eine Dreiviertelstunde lang jeden Teil ihres Körpers zu besuchen. Der Körper bietet ein reiches Lernumfeld, das wir viel öfter nutzen sollten. Es sind Entdeckungen dieser Art, die wir in den folgenden Kapiteln in den Geschichten einzelner Teilnehmer erkunden werden.

Wie Achtsamkeits-Methoden und Medizin zusammenhängen

Es gibt einige Besonderheiten in der Art, wie der Buddha seine Lehren präsentierte. Zum einen offerierte er keine spezielle Doktrin, kein Dogma, sondern forderte die Menschen auf, eine Lehre »nur dann zu akzeptieren, wenn sie mit eurer Erfahrung und eurem Verstand übereinstimmt und dem guten Gedeihen eurer selbst und der anderen förderlich ist«. Der Ansatz im MBSR ist ähnlich. Die Lehrer bieten die Übungen in einem geschützten Rahmen an, Übungen, die die Teilnehmer befähigen sollen, Zugang zur eigenen inneren Weisheit zu finden. Es gibt sehr wenig schriftliche Unterlagen, wenig Lesestoff, und der größte Teil der Arbeit zu Hause und in den Sitzungen besteht aus der praktischen Erfahrung der Meditationsübungen und der anschließenden gemeinsamen Reflexion darüber. Wir lernen zusammen.

Aber wie geht dann jemand wie ich, die medizinisch ausgebildet ist mit dem Ziel, schnell für Abhilfe zu sorgen, Antworten zu liefern oder an entsprechende Fachärzte zu überweisen, jemand, der jahrelang Diagnosen gestellt, Medikamente und Therapien verordnet hat – wie geht jemand wie ich mit einem Menschen wie Linda um, ohne sofort Ratschläge anzubieten? Ein Buch über Buddhismus zu lesen oder ein großartiges Seminar zu besuchen, könnte mir das dafür nötige Selbstvertrauen nicht liefern. Was mir die Zuversicht und das Selbstvertrauen gibt, ist genau das Gleiche wie das, was meine Lehrer haben: eigene Erfahrungen der Veränderung auf dem Sitzkissen (und im Leben). Wer MBSR-Lehrer oder -Lehrerin werden will, muss eine regelmäßige persönliche Meditationspraxis nachweisen und mehrere mehrtägige Schweigeretreats mitgemacht haben.

In einem Artikel, den Jon Kabat-Zinn über die Ursprünge von MBSR geschrieben hat, sagt er: »Achtsamkeit kann nur von innen heraus verstanden werden. Sie ist nicht einfach eine weitere Technik, die im Rahmen einer kognitiven Verhaltenstherapie angewandt werden kann, sondern eine Art des Seins und des Sehens, die eine tiefgreifende Wirkung darauf hat, wie wir unseren Geist und unseren Körper verstehen und unser Leben so leben, als wäre es wirklich wichtig.« Und wissen Sie was? Es ist tatsächlich wichtig! Mit anderen Worten: Sie müssen praktizieren.

Den größten Teil meiner Retreat-Erfahrungen habe ich in der Zen-Tradition gesammelt. Ein Zen-Retreat hat einen streng geregelten Tagesablauf mit vielen Phasen der stillen Meditation im Sitzen, im Gehen und bei der Arbeit. Jeden Tag gibt es einen Dharma-Vortrag und viele Gelegenheiten, mit dem Lehrer unter vier Augen zu sprechen. Aber das meiste geschieht in der Stille der eigenen Praxis. Hier lernte ich, Haltung zu bewahren, zu mir selbst zu stehen, ohne »etwas zu machen«, während ich den Schmerz in den Knien kommen und gehen sah, erlebte, wie Trauer hochkam, mich überschwemmte und wieder abebbte und wie ich beim Spülen eines Kochtopfes plötzlich fröhlich wurde.

Am Ende eines solchen Retreats gibt es ein Abschlusstreffen. Jeder ist willkommen, sich einzubringen. Nach Dutzenden solcher Treffen muss ich sagen, dass ich immer wieder erstaunt bin, was in der Stille und im Schweigen passiert und was am Ende davon bleibt. Natürlich sagen alle, dass es eine Herausforderung war, dass sie dachten, sie schaffen es nicht, dass sie davonlaufen und sich lieber ein Schinkensandwich gönnen wollten – aber am Ende sind sie dankbar, voller Mitgefühl und einem Gefühl tiefer Verbundenheit mit anderen. Niemand hat mit ihnen explizit über solche heilsamen Qualitäten gesprochen, obwohl sie in den täglichen Dharma-Vorträgen angedeutet werden. Es scheint, dass sie auf natürliche Weise entstehen, wenn wir den Weg frei machen. Und das ist es, was der Buddha erkannte. Das ist der Prozess, der es uns ermöglicht, leidenden Menschen dieses bewusste »Nichts-Tun« zu bieten und staunend zuzusehen, wie sich etwas verändert. In vielen Lehrreden sagte der Buddha: «Ich würde euch nicht bitten, dies zu tun, wenn ich nicht wüsste, dass ihr das könnt.« Nun sage ich dasselbe zu Ihnen. Sie können das! Sie müssen es nur selbst erleben.

MBSR und die Lehre des Buddha: radikale Offenheit

Buddhismus und MBSR teilen eine Haltung radikaler Offenheit. Es war unter anderem die Tatsache, dass seine Lehren für alle zugänglich waren, die den Buddha auszeichnete. Vor ihm war der Weg zur Freiheit nicht für alle verfügbar gewesen, sondern nur für einige wenige – Männer aus der Brahmanenkaste, der gesellschaftlich höchsten, und für solche, die bereit waren, alles aufzugeben und Wandermönch zu werden. Dem Buddha war daran gelegen, jeden zu unterrichten, der ein ehrliches Interesse hatte, jeden, der aufwachen und weniger leiden wollte. Es heißt, dass er ganz normale Familienväter und -mütter unterrichtete, auch Könige, Bettler, Diebe, Prostituierte, Kaufleute, Händler. Heute hat MBSR eine ähnlich offene Haltung, indem Achtsamkeitspraxis aus dem Tempel herausgeholt und an die Orte gebracht wird, wo wir leben, arbeiten und spielen.

Eines steht jedenfalls fest: Sie brauchen kein Buddhist zu sein, um MBSR (oder andere moderne, nicht-buddhistische Achtsamkeitskurse) zu machen oder zu unterrichten. Das ist auch nicht die Absicht dieses Buches. Tatsächlich war ja der Buddha überhaupt kein Buddhist! Er war ein Mensch, der die Natur der Realität klar erkannte, einen Weg zur Freiheit sah und diese Erkenntnis mit jedem teilte, der Interesse hatte. Seine Einladung bleibt gültig, ohne Wenn und Aber. Genauso wie meine. Ich lade Sie ein, an einem Abenteuer teilzunehmen und zu schauen, ob es eine Facette des Dharma kennenzulernen gibt, die Sie, wie Linda, zu dem Schatz in Ihrem Herzen und Ihren inneren Werte führt. Ich glaube, dass Sie, wie so viele andere im Laufe der Jahrhunderte, entdecken werden:

Der beste Lehrer ist die Praxis; durch die Praxis (und alte und neue Geschichten und Lehrinhalte) werden Sie die Weisheit finden, die Sie im Herzen tragen; Sie selbst sind der beste Lehrer. An welchem Fluss Sie auch trinken, es ist mein Wunsch, dass dieses Buch Ihnen ermöglichen wird, Ihren Schmerz in einem größeren Rahmen zu sehen: im Rahmen eines Flusses, der so groß ist wie das Universum.

Jedes Kapitel führt Sie in einen MBSR-Kurs, wo wir Woche für Woche der inneren Weisheit der Lernenden zuhören können. In manchen Kapiteln werden Sie zu einer bestimmten Übung geleitet. Ich habe für viele Übungen in diesem Buch geführte Audio-Meditationen entwickelt, die Sie herunterladen können. Auch gibt es, um Sie in Ihrer persönlichen Erforschung des vermittelten Wissens zu unterstützen, für jedes Kapitel geführte Reflexionen, Absichten und Übungen. Das gesamte Material ist im Arbor Online Center, *www.arbor-online-center.de/Mulligan_HerzderAchtsamkeit* zum Download erhältlich.

Eine Bemerkung zu der Geisteshaltung, aus der dieses Buch entstanden ist

Das Curriculum eines MBSR-Kurses weist einige Grundelemente auf. Dazu gehören: Lernen durch Erfahrung; die Psychologie und Physiologie von Stress; Neurowissenschaften; nicht-duale Weisheitstraditionen und Lehrinhalte sowie Übungen aus dem Buddhismus. Dieses Buch konzentriert sich vor allem auf die buddhistischen Grundlagen, nicht weil diese wichtiger wären, sondern weil es der Blickwinkel ist, mit dem ich mich am besten auskenne und unter dem wir MBSR betrachten können. Sie werden sehen, dass die anderen Grundlagen in impliziter Form in das gesamte Buch eingeflossen sind.

Es war nie ein Geheimnis, dass Jon Kabat-Zinn, der Schöpfer der Stressbewältigung durch Achtsamkeit, buddhistische Meditation praktizierte und einen großen Teil des MBSR-Kursinhalts – und vor allem die praktischen Übungen – von diesen traditionellen Lehren ableitete. Bei der Übertragung der Lehren in die Sprache von heute ging er aber sehr geschickt und vorsichtig vor und achtete zum Beispiel bewusst darauf, keine Begriffe aus dem Pali oder Sanskrit und keinen Bezug auf den Buddha aufzunehmen, um so möglichst viele Menschen aus allen möglichen Lebenswelten erreichen zu können. Dass dies ein kluger Ansatz war, hat sich längst erwiesen: Millionen Menschen haben von diesem Curriculum profitiert, die sich sonst vielleicht nicht angesprochen gefühlt hätten.

In dem Maße, wie Achtsamkeit immer populärer wird und aus den medizinischen Fachblättern den Weg in die Talkshows und auf die

Titelseiten großer Zeitschriften gefunden hat, fühlen sich viele von uns veranlasst, das Konzept der Achtsamkeit wieder mit seinen Wurzeln zu verbinden – den »zwei Nullen«, die ich in der Einleitung erwähnt habe, und mit dem, wofür sie stehen. Sonst könnte der Eindruck entstehen, dieser allgegenwärtige Begriff »Achtsamkeit« sei lediglich eine weitere Methode, Aufmerksamkeit zu trainieren und Produktivität und Leistung zu steigern. Womöglich erscheint er sogar als das nächste große Ding, das man machen oder kaufen sollte. Ohne ein gewisses Grundverständnis der zwei Nullen geht vielleicht das Fundament der Warmherzigkeit und der ethischen Orientierung verloren. Ich habe Jon Kabat-Zinn sagen hören: »Wenn ich Achtsamkeit sage, meine ich immer den gesamten Dharma.«

Bevor ich dieses Buch begann, besprach ich das Thema mit Jon Kabat-Zinn und gewann seine Unterstützung dafür, dass ich Aspekte des Dharma bespreche, die im MBSR eingebettet sind. Ich schlug vor, das strikt aus meiner persönlichen Erfahrung heraus zu tun, im Kontext eines fiktiven MBSR-Kurses, der sich aus vielen Kursen zusammensetzt, die ich im Laufe der Jahre geleitet habe. Nicht als Wissenschaftlerin oder Expertin, die ich nicht bin. Der achtwöchige Kurs (und meine Erfahrungen beim Unterrichten) hat sich für mich als wirklich fruchtbarer Rahmen erwiesen, um die Zusammenhänge zwischen buddhistischen Grundbegriffen und dem MBSR-Weg zu erforschen. Damit möchte ich keinesfalls sagen, dass Jon Kabat-Zinn diese spezifischen Lehrinhalte in der ersten oder der zweiten oder der achten Sitzung unterbrachte. Es geht nur um meine Perspektive als Lehrende und Praktizierende.

Der Buddhismus verbreitete sich als Weisheitstradition und Übungspraxis von Indien aus über ganz Asien und kam irgendwann auch in den Westen. Jedes Land und jede Kultur hat den Lehren eine eigene Nuance gegeben, und es gibt viele verschiedene Formen der Übungspraxis, je nachdem, in welchem Land Sie sich befinden. Den einen Buddhismus gibt es also nicht, obwohl sich alle Formen irgendwie überschneiden. Der tibetische Buddhismus beispielsweise sieht ganz anders aus als der japanische oder Zen-Buddhismus. Wenn ich also sage, dass wir die buddhistischen

Grundlagen von MBSR erforschen werden, dann meine ich damit die zentralen und essenziellen Inhalte, die sich in allen Traditionen finden. Das sind vor allem die Vier Edlen Wahrheiten (zu denen der Achtfache Pfad gehört) und die Vier Grundlagen der Achtsamkeit. Am Ende des Buches finden Sie beim weiterführenden Material die Quellen, die ich beim Schreiben des Buches und zur Vertiefung meiner eigenen Praxis benutzt habe.

Nachdem all dies gesagt ist, bleibt es für uns alle, die wir MBSR unterrichten, wichtig, dass wir in unseren Kursen weiterhin konsequent auf buddhistische Terminologie verzichten. Wenn Sie also frischgebackene MBSR-Lehrerin oder -Lehrer oder auf dem Weg dahin sind, verwenden Sie bitte in Ihren Kursen keine Dharma-Begriffe aus diesem Buch. Wenn Sie die buddhistische Perspektive hilfreich finden, dann üben und erkunden Sie sie für sich selbst; in Ihnen selbst wird sie Früchte tragen, und andere Menschen werden das spüren, auch wenn Sie die Begriffe nicht gebrauchen. Damit ist die Offenheit gewährleistet, die Jon Kabat-Zinn ursprünglich anstrebte, und das macht es möglich, dass MBSR weiterhin jedes Jahr Tausenden von Menschen guttut, weil sie lernen, sich und ihr Leben rückhaltlos anzunehmen.

Kapitel 1

Der Dharma des Leidens

Es nicht persönlich nehmen

Ein langer Arbeitstag mit Patienten geht zu Ende, und ich hänge den weißen Kittel und das Stethoskop an den alten hölzernen Kleiderständer in meinem Büro. Es liegen nur noch zwei Krankenakten auf dem Schreibtisch – ein Wunder! Die erledige ich morgen. Ich nehme meine Handtasche und die kleine rote Kühlbox mit meinem Abendessen und gehe zur Tür.

»Heute Abend wieder Kurs?« fragt Chris, die Rezeptionistin.

»Ja. Und du? Fußball mit den Mädels?« Sie hat zwei Enkelinnen, die sie abgöttisch liebt.

»Nee, heute Abend ist Schwimmen angesagt.«

»Viel Spaß, und danke für alles. Heute war schon heftig.«

Sie lächelt. »Bis morgen.«

Ich steige in meinen alten Honda und fahre zwanzig Minuten ostwärts zu der Klinik in Palm Desert, wo ich jeden Donnerstagabend meinen MBSR-Kurs halte. Heute ist der Einführungsabend eines neuen Kurses. Ich fahre gemächlich und ruhig, damit ich alles loslassen kann, was ich heute im Laufe des Tages gesehen, gefühlt und gehört habe. Vierundzwanzig Patienten, alle mit einer Leidensgeschichte und einem Körper, der Probleme macht.

Der Umgang mit Patienten ist mir schon lange vertraut, seit meinem fünfundzwanzigsten Lebensjahr, als ich nach meinem Abschluss an der Duke-Universität meinen ersten Job am Los Angeles County Hospital antrat. Nun arbeite ich in einer kleinen, aber gut frequentierten Managed-Care-Praxis, zu deren Patientenstamm Lehrkräfte der staatlichen Schulen, Gärtner und Landschaftspfleger örtlicher Hotels, ältere Menschen, die Medicaid beziehen, und Familien am Ort gehören.* Meine Aufgabe ist es, ihre Beschwerden zu diagnostizieren und zu behandeln. Manchmal gelingt es mir, oft auch nicht. Ich hatte zwar, was die körperliche Untersuchung, die Diagnostik und Behandlung angeht, eine großartige Ausbildung genossen, aber niemand hatte jemals mit mir darüber gesprochen, dass mir in einer medizinischen Praxis enorm viel Leid begegnen würde. Sobald die Tür zum Behandlungszimmer aufgeht, eröffnet sich auch das ganze Spektrum dessen, was es heißt, Mensch zu sein – alle Freude und alles Leid dieses Lebens. Gut möglich, dass ich plötzlich bei jemandem sitze, der gerade eine Tochter, Ehefrau oder den Ehemann, seine Stelle oder seine Gesundheit verloren hat. Tag für Tag begegne ich in meiner Praxis dem, was der Buddha die »Erste Edle Wahrheit« genannt hat: Leiden ist eine Grundtatsache. Leiden, so lehrte er, sei eine Grundbedingung der menschlichen Erfahrung.

In den ersten Jahren konzentrierte ich mich bei meinen Patienten vor allem auf die physischen Befunde. Ich sprach mit ihnen über Diagnosen und Therapien; selten sprachen wir über ein gebrochenes Herz oder Verlusterlebnisse. Ich wusste es eben nicht besser. Später dann, als ich von Buddhas Lehre erfuhr und vor allem, als ich eine persönliche Meditationspraxis aufbaute, konnte ich diese stürmischen und tiefen Gewässer mit mehr Geschick und Verständnis navigieren. Ich war für mein Gegen-

---

* »Managed Care« ist die Bezeichnung für ein Steuerungsmodell im US-Gesundheitswesen. Dabei werden die freie Arztwahl und die Marktmechanismen zugunsten von geplanten, vertraglich geregelten Abläufen eingeschränkt, um Kosten zu senken (Anm. d. Übers.)

über präsenter und versuchte, ihr oder ihm in ihrem ganzen Wesen zu begegnen, nicht nur dem Körperteil oder der Diagnose. Dem Leid dieses Menschen – und unser aller Leid! – zu begegnen.

Ich parke vor dem Anbau der Klinik mit den Seminarräumen. Ich nehme mir einen Moment, um die grünen Wiesen und die künstlichen Teiche, in denen munter ein paar Enten herumschwimmen, zu genießen. Ich brauche ein bisschen Zeit, um meinen Tag und meine Rolle als Ärztin hinter mir zu lassen – als jemand, von dem die Patienten eine Antwort wollen und der den ganzen Tag Anweisungen gibt (»Nehmen Sie sechs Einheiten Insulin«; »Stellen Sie Ihre Ernährung um«) – und in die Lehrerrolle zu schlüpfen. Hier werde ich keine Antworten parat haben, und alle meine Ratschläge werden in dem einladenden Stil erfolgen, den wir in der MBSR-Ausbildung lernen (»Den Platz einnehmen, wenn Sie so weit sind, und den Körper auf dem Stuhl spüren.«)

Ich erkenne, dass ich in ein »Nicht-Wissen« eintrete, in die Bereitschaft, als Partnerin der Teilnehmer, nicht als Expertin, zusammen etwas zu erforschen.

Ich setze mich ins Gras, ziehe die Schuhe aus und spüre die Kühle an meinen Füßen. Langsam esse ich mein Avocado-Sandwich und denke über den Dharma-Vortrag nach, den ich am Sonntag gehört habe. Fast jeden Sonntag kann man mich im Yokoji Zen Mountain Center antreffen. Wir praktizieren zusammen Zazen (Meditation im Sitzen), hören einen Vortrag, essen zusammen und waschen zusammen das Geschirr ab.

Vergangenen Sonntag hielt mein Lehrer Tenshin Roshi einen Vortrag über »Nicht-Wissen«. Solche Zen-Vorträge kreisen gewöhnlich um Koans, historisch überlieferte Dialoge zwischen Schüler und Lehrer oder zwischen zwei Schülern.

In diesem Beispiel fragt Meister Jizo seinen Schüler Hogen: »Wohin gehst du?«

Hogen antwortet: »Ich schlendere nur so herum.«

»Wohin schlenderst du?«

»Ich weiß nicht.«

Darauf sagt Meister Jizo: »Nicht zu wissen ist das Vertrauteste.«

Da erlangte Hogen Erleuchtung.

Während mir nun also dieser neue Kurs bevorsteht, erinnere ich mich, dass ich nicht weiß, wie er laufen wird, obwohl ich schon so viele gehalten habe. Dieses »Nicht-Wissen« lädt uns auch dazu ein, uns wirklich mit dem Leben vertraut zu machen, so, wie es im Moment ist, und nicht, wie es in unseren Ideen und Vorstellungen aussieht. Dieses Nicht-Wissen kann einem zwar Angst machen, aber es ist Realität: Es kann alles Mögliche passieren. Und Nicht-Wissen ist ein viel größeres Abenteuer! Vor Kurzem fragte ich im Starbucks den jungen Mann, der mich bediente, wie es ihm gehe, und er antwortete: »Immer das Gleiche, immer das Gleiche.« Es machte mich traurig, obwohl ich mich oft auch so fühle, wenn ich nicht richtig acht gebe. Ich betrete den Kursraum also im Geiste des Meisters Hogen.

Ich packe meine Unterrichtsmaterialien aus – Arbeitsbücher, CDs, ein paar Yogamatten – und meine Umhängetasche mit dem Gong, Gedichten, meinem Labello und der Wasserflasche. Heute Abend werde ich zusammen mit anderen Menschen im Kreis sitzen. Hier habe ich keinen weißen Kittel, der mich schützt, kein Otoskop oder Skalpell, keinen Rezeptblock und keine Untersuchungsergebnisse. Ich werde niemanden abklopfen oder abtasten und nicht versuchen, zu diagnostizieren oder zu behandeln. Es gibt nur mich, einen Meditationsgong, ein, zwei Gedichte, altbewährte Übungen und die Teilnehmerinnen und Teilnehmer. Ich weiß auch, dass ich hier der Allgegenwart des Leidens begegnen werde; mit einem etwas anderen Arztbesteck, einem, das zum größten Teil unsichtbar ist. Ich habe meine Praxis und meine Lehrer im Rücken und vertraue dem Lehrplan. Was die Teilnehmer angeht, so habe ich ihre Namen auf der Anmeldeliste gesehen, sie bei der Einführung kurz getroffen und mit ihnen gesprochen. Ich habe die Gründe für ihr Kommen gelesen, ich kenne die Diagnosen und die Medikamente, kenne sie aber nicht persönlich – noch nicht.

Als ich mit den Vorbereitungen gerade fertig bin, spricht mich eine große, rundliche, blonde Frau in blauen OP-Klamotten an. Im Schlepptau hat sie einen jungen Mann, der ihr sehr ähnlich sieht, bis auf die tätowierten Arme und die zu Spitzen gegelten Haare.

»Ich bin Carol, die Geburtshilfeschwester. Wir haben telefoniert.«

»Hi Carol, freut mich, schön, dass du da bist. Such dir doch einen Platz.«

»Also, ich hab meinen Sohn mitgebracht. Das ist Zach.« Sie nimmt mich beiseite, während er an die Decke starrt. »Er ist grade in einer ziemlich schwierigen Phase. Er …« Sie schluckt. »Unsere Familie hat einige Schicksalsschläge hinter sich. Und er ist schwer depressiv. Nichts hilft, und er weigert sich, Medikamente zu nehmen. Das hier ist irgendwie unsere letzte Hoffnung.«

Ach du meine Güte, denke ich. Das klappt in der Regel nie. Normalerweise würde ich nie zulassen, dass jemand zu dem Kurs ein Familienmitglied anschleppt, das eigentlich gar nicht will. Ich halte einen Moment inne und hole tief Luft. Was soll ich machen? »Nun, nach meiner Erfahrung«, sage ich, »bringt dieser Kurs nur Leuten etwas, die zur Teilnahme auch motiviert sind, weil es sehr stark darauf beruht, dass jeder sich wirklich einbringt. Ich weiß es zu schätzen, dass du deinem Sohn helfen willst – das ist ja ganz natürlich! –, aber es ist auch wichtig, dass du dir selbst hilfst, was auf Dauer vielleicht auch ihm hilft. Und wenn er eigentlich gar nicht hier sein möchte …«

»Ich weiß, ich weiß«, sagt sie. »Aber jetzt sind wir hier.«

»Allerdings. Na gut, warum versuchen wir es nicht dieses eine Mal und sprechen nachher darüber?«

Mittlerweile hat sich der Kreis mit Menschen jeden Alters, jeder Größe und jeder Statur gefüllt. Carol und Zach sitzen weit voneinander entfernt. Interessanterweise sitzt er direkt neben meinem Platz. Wir beginnen mit einer vierminütigen Meditation zum Ankommen. Ich sage in die Runde, dass der Körper manchmal früher da ist als der Geist und dass wir jetzt die Möglichkeit haben, uns selbst einzuholen. Ich sehe Lächeln und Nicken. Ich lade jeden ein, den gegenwärtigen Moment mit den

Augen aufzunehmen – die Farben, Formen und Schatten des Raumes zu sehen, so neugierig, wie es vielleicht ein Kind tun würde. Dann zum Hören überzugehen und danach zum Fühlen. Ja, Sie sind auch gemeint! Wo immer Sie gerade sind, Sie können das auch ausprobieren! Eine geführte Audio-Version dieser Übung »Das Navi in den gegenwärtigen Moment« können Sie unter *www.arbor-online-center.de/Mulligan_Herz-derAchtsamkeit* herunterladen.

Danach frage ich: »Hat das auf jemanden von euch eine Wirkung gehabt?«

»Ich fühl mich ein bisschen ruhiger.«

»Ich bin mehr ›hier‹.«

»Ich bin nicht mehr so hektisch.«

»Obwohl es nur kurz war, war in meinem Kopf die Hölle los!«

Was ist Ihnen aufgefallen, liebe Leserin, lieber Leser? Was es auch war, es ist okay. Die Übung liegt im Wahrnehmen.

Mein Lebenspartner und Kollege Hugh O'Neill, ein hervorragender MBSR-Lehrer, nennt diese Übung »das Navi in den gegenwärtigen Moment«. Versuchen Sie es immer mal wieder, wenn Sie sich verirrt haben. Vielleicht zeigt es Ihnen den Heimweg.

Danach gebe ich einen Überblick über das achtwöchige Programm, wobei ich betone, wie viel Mut es braucht, zu einem Kurs zu kommen, der eine Art Sprung ins Unbekannte verlangt. Schließlich ist MBSR kein fertig abgepacktes Produkt mit einer feststehenden Liste der Inhaltsstoffe.

Wir stellen auch die Bedingungen auf, die nötig sind, damit wir für unsere gemeinsame Reise einen schützenden Rahmen haben. Sie lauten: Vertraulichkeit; keine Gespräche über andere; keine Ratschläge; niemand muss »in Ordnung gebracht« werden. Ich weiß, dass uns heute Abend jede Menge Leid erwartet; meine Intention ist, aus diesem Kursraum eine sichere Zuflucht zu machen.

Nun ist der Moment gekommen, wo es im Kreis herumgeht und die Teilnehmer eingeladen sind, ihren Namen, den Grund ihres Kommens und das, worauf sie hoffen, mit den anderen zu teilen.

»Ich pflege meinen Mann, der Alzheimer hat. Ich bin erschöpft. Ich brauch ein bisschen Zeit für mich selbst und ein paar Techniken, damit ich durchhalte », sagt Renée, eine elegante Frau mit einer Perlenkette.

»Ich heiße Norma«, sagt die nächste Frau. »Mein Mann hat Bauchspeicheldrüsenkrebs.« Ihre Stimme erstickt. »Die Prognose ist nicht gut. Ich denke ständig daran.«

»Der Mann bin ich«, sagt Alan und schaut zu Boden.

»Ich habe drei Kinder und jede Menge Stress im Job. Ich bin einfach dauernd wütend«, sagt ein junger Latino namens Raúl. Seine Frau sitzt neben ihm und drückt liebevoll seinen Arm. Sie sagt: »Ich bin Lisette. Bei mir haben sie Diabetes festgestellt. Ich glaube, das kommt vom Stress.«

Und so geht es weiter im Kreis. Wir hören von chronischer Migräne, von Eltern, die mit den Drogenproblemen ihrer Kinder kämpfen, vom Altwerden, von Todesfällen, Rückenschmerzen … und kommen schließlich zur letzten Person im Kreis: zu Zach.

»Meine Mama hat mich hierher geschleppt. Echt, es war ein Ultimatum. Ich wollte überhaupt nicht kommen. Aber jetzt, wo ich euch allen zugehört habe, habe ich das erste Mal seit Langem das Gefühl, dass ich richtig bin. Ich hab das Gefühl, ihr seid die richtigen Leute für mich. Mir ist es ziemlich dreckig gegangen, und ich war eigentlich, na ja, ein ziemlich hoffnungsloser Fall. Nichts hat funktioniert, und ich will keine Tabletten nehmen. Aber jetzt im Moment habe ich das Gefühl, dass ich am richtigen Platz bin.« Er nickt heftig, schaut alle an, mit weit offenen Augen.

Das habe ich nun nicht erwartet. Ich bin so bewegt, dass ich eine Weile brauche, bis ich Worte finde. Das ist auch gut, ein bisschen Stille nach so einem beeindruckenden Beitrag braucht wahrhaftig keine zusätzliche Ausschmückung.

Und in die Stille lässt Renée den Satz fallen: »Ich denke, jeder hat irgendwas.«

Es ist so, als hätte sie eine Perle aus ihrer Kette sanft in die Mitte des Kreises gelegt. Da ist sie, eine klar umrissene, mitfühlende Wahrheit, strahlend, leuchtend.

Die Erste Edle Wahrheit: Wir leiden alle

Renée ist keine buddhistische Lehrerin und auch keine praktizierende Buddhistin. Aber gerade hat sie eine Kernaussage der buddhistischen Lehren auf den Punkt gebracht. Man nennt dies »Die Erste Edle Wahrheit«. Als der Buddha mit seiner tief empfundenen Frage, die ich in der Einleitung erwähnt habe, dasaß, gelangte er zu der Einsicht: Dieses Leben ist voller Leiden. »Leiden« ist die Übersetzung des Pali-Wortes dukkha, man könnte auch »Enttäuschung« sagen. Indem er das eine »edle Wahrheit« nannte (oder zumindest eine »veredelnde«), gab er der Sache irgendwie etwas Befreiendes. An und für sich ist diese Aussage schon eine Wohltat, bevor wir überhaupt den nächsten Schritt machen. Unser Leiden ist kein Zeichen, dass wir irgendwie versagt hätten, es ist einfach da.

In Zachs Antwort auf das, was er im Kreis der Teilnehmer gehört hatte – Leiden in allen möglichen Variationen –, kann man das sehr klar sehen. Vorher hatte er sich einsam gefühlt, wegen seiner Probleme vielleicht sogar ausgestoßen. Nun erkannte er, dass er zu einer Gemeinschaft von Menschen gehört, Menschen, die auf die Tatsache des Leidens reagieren. Blitzartig sah er etwas, was er vorher nicht gesehen hatte. Das ist Weisheit: zu erkennen, dass unser Leiden nichts Persönliches ist, obwohl es sich so anfühlen mag.

Wie Zach fühlen sich viele mit ihren Problemen isoliert. Krank zu sein – oder jemanden zu pflegen, der krank ist – ist oft eine ziemlich einsame Angelegenheit. In unserer westlichen Kultur haben wir vielleicht auch die Vorstellung, das Leben müsste so sein wie in der Fernsehwerbung: Menschen, die hinreißend attraktiv sind, schlank und glücklich. Wir schauen uns um und denken, dass garantiert niemand anderes sich so fehl am Platz, so blöd, so elend vorkommt (weitere Wörter bei Bedarf ergänzen …). Aber als Buddha sagte: »Leiden ist eine Tatsache«, meinte er uns alle.

Welche Erleichterung diese Erkenntnis bringen kann, wird nirgendwo klarer als in der alten Geschichte von der Frau, die in einem Dorf lebte, in dem der Buddha gerade lehrte. Ihr Baby war gestorben. Sie war vor Kummer so aufgelöst, dass sie das tote Kind mit sich herumtrug, es nicht mehr loslassen wollte und nicht mehr aufhörte zu weinen. Völlig verzweifelt kam sie zum Buddha und fragte: »Kannst du meinen Sohn wieder lebendig machen?«

»Ja«, sagte der Buddha. »Aber zuerst musst du im Dorf herumgehen und aus jedem Haus, in dem es noch nie einen Todesfall gab, ein Senfkorn mitbringen.«

Die Frau versuchte das mit voller Überzeugung. Nachdem sie im ganzen Dorf die Runde gemacht hatte, kam sie zum Buddha zurück – ohne Senfkorn. Und nun war sie bereit, ihr Kind loszulassen. Sie begriff die Tatsache des Leidens und die universale Natur des Todes. Und obwohl es ihren Kummer nicht beseitigte, gab es ihr doch vielleicht ein bisschen Frieden, sodass sie weiterleben konnte.

Die dreifache Zuflucht: ein Dach über dem Kopf

Der Buddha nannte Krankheit, Alter und Tod die Himmelsboten, weil sie uns aus der Trance unserer Isolation aufwecken und auf den Weg zur Freiheit bringen – so, wie es bei ihm gewesen war. Ja, sagt er, Leiden ist ein Teil unserer Existenz. Aber er lässt uns nicht hängen. Wie wir in den folgenden Kapiteln bei den drei anderen Edlen Wahrheiten sehen werden, gibt es einen Weg, der zur Linderung des Leidens führt.

Es gibt auch einen Weg, jederzeit und an jedem Ort Hilfe zu bekommen. Das nennt sich »Zuflucht nehmen«. Wenn es regnet, suchen wir uns ein Dach über dem Kopf, nicht wahr? Die buddhistische Variante vom Dach über dem Kopf in den Wolkenbrüchen des Lebens nennt sich »Dreifache Zuflucht«: zum Buddha, zum Dharma und zur Sangha. Eine Betrachtungsweise zur ersten Zuflucht ist die, dass uns der Buddha als historische Figur Mut machen kann; schon allein die Tatsache, dass solch ein weises, erleuchtetes Wesen existiert hat, dessen Lehren da sind, uns zu helfen. Eine andere Sichtweise ist die: Wir können Zuflucht zu dem

Bewusstsein nehmen, dass auch wir unsere eigenen Fähigkeiten haben aufzuwachen, unsere eigene Weisheit und Bewusstheit. Die zweite Zuflucht ist der Dharma, der auch auf zweierlei Art betrachtet werden kann: einmal als die Lehren des Buddha – der Weg der praktischen Übung, den der Buddha anbot, um unser Leiden zu lindern – und um anderen die Lehren, die aus unserem Leben kommen und uns überall zur Verfügung stehen. Das dritte Dach über dem Kopf ist die Sangha, die Gemeinschaft spiritueller Freunde – der Menschen, die den Weg gemeinsam mit dir gehen, der Menschen, auf die du dich verlassen kannst.

Oft kommen Menschen zu einem MBSR-Kurs, weil sie vor allen möglichen Arten des menschlichen Leidens Zuflucht suchen. Wie Sie am Beispiel der oben geschilderten Gruppe sehen, ist da alles dabei – vom Stress am Arbeitsplatz bis zur lebensbedrohlichen Krankheit. Auch Sie haben in Ihrem Leben viele Stressfaktoren und Schwierigkeiten. Suchen Sie eine echte Zuflucht? Wir suchen ja gerne Zuflucht bei Dingen, die man als »falsche Zuflucht« bezeichnen kann, bei schnellen Trostmitteln, die uns kurzfristig über etwas hinweghelfen – Alkohol, Essen (derzeit die Nummer eins, wenn ich frage), Drogen (auf Rezept oder ohne), technische Spielzeuge oder unsere Arbeit, um mal ein paar zu nennen.

Mit MBSR beginnen wir, in unserer eigenen wachen und wahrnehmenden Natur eine verlässlichere und weniger schädliche Zuflucht zu finden. Schließlich ist ja Buddha nicht der Name dieses Typen, sondern es heißt schlichtweg »wach«! Ich weise neue Teilnehmer oft darauf hin, dass es ein Zeichen von ziemlich großer Bewusstheit ist, sich für ein Programm zu entscheiden, das eine unsichtbare Lösung bietet – stilles Dasitzen oder Liegen sowie die Bereitschaft, das eigene Erleben anzuschauen, egal, wie schwierig es sein mag. In diesem Kontext bedeutet Zuflucht zum Buddha, dass wir unserer eigenen Fähigkeit vertrauen können, mit unseren Schwierigkeiten mutig umzugehen. Wir können uns selbst vertrauen.

In den MBSR-Kursen können wir zu der Tatsache Zuflucht nehmen, dass wir die Wirklichkeit wirklich wahrnehmen, wenn wir sie hören, fühlen, schmecken, berühren oder sehen. Wenn Renée sagt: »Ich denke, jeder hat irgendwas«, können wir alle Trost daraus beziehen. Das ist Zufluchtnahme zum Dharma.

Indem wir so den Kreis nach und nach durchgehen, nachdem wir die Regeln für ein sicheres und vertrauensvolles Miteinander aufgestellt haben, schaffen wir eine Sangha, eine Gemeinschaft. Und sogar am ersten Abend haben wir gesehen – wieder mit Zachs Augen –, wie ungeheuer heilsam das sein kann.

Achtsamkeit in einer Rosine

Nachdem wir uns über unsere Motivation, den Kurs zu besuchen, im Kreis ausgetauscht haben, lege ich allen Teilnehmern zwei Rosinen in die Hand und bitte sie, diese Gegenstände zu betrachten, als hätten sie sie noch nie gesehen. »Stellt euch vor, ihr kämt von einem anderen Planeten, wärt hier zu Besuch und müsstet dem Mutterschiff Bericht erstatten.« Die Teilnehmer beschreiben ihren visuellen Eindruck gewöhnlich mit Eigenschaftswörtern wie etwa »runzlig«, »oval«, »unregelmäßig«, »goldbraun«. Dann riechen wir an ihnen, befühlen sie, lauschen ihnen und nehmen zu guter Letzt eine Rosine in den Mund, wobei wir wahrnehmen, was alles mit der Zunge und den Speicheldrüsen schon passiert, bevor wir überhaupt mit dem Kauen angefangen haben und der Geschmack förmlich explodiert. Wir erforschen etwas, was wir jeden Tag tun – essen. Aber wir tun es auf eine Weise, die diese Erfahrung für die meisten Menschen völlig verwandelt. Ich hatte bei der Sache manchmal ein komisches Gefühl, weil manche Menschen es albern oder peinlich finden. Aber eigentlich können die meisten Menschen etwas damit anfangen, und was noch interessanter ist: Sie lernen etwas dabei. Wenn es vorbei ist, frage ich: »Wie ist das, eine Rosine so zu essen? Wie fühlt ihr euch?«

»Friedlich.«

»Dankbar.«

»Komisch, sie blieb mir an den Zähnen kleben.«

»Vertrautheit.«

»Unangenehm.«

»Ich habe gemerkt, dass ich gar nichts gedacht habe.«

»Ich habe gemerkt, dass ich mehr möchte.«

»Witzig, ich war überrascht, wie satt ich von nur zwei Rosinen bin.«

Und schon sind sie die Lehrer.

So wie ich den MBSR-Kursaufbau verstehe, wird die Rosinen-Übung deshalb am Anfang des gemeinsamen Weges gemacht, damit die Leute erleben können, wie sie die Bewusstheit, die in den formellen Meditationen geübt wird, auch bei etwas ganz Alltäglichem und Bekanntem anwenden können. Es soll uns helfen zu sehen, dass Meditation nichts Schrulliges ist, bei dem man auf einem Kissen sitzen muss, sondern eine Art und Weise, aufmerksam zu sein, die leicht zugänglich ist; etwas, was man mühelos und ganz natürlich in zahlreichen Situationen machen kann. »Das ist Meditation«, sagen wir. Wenn wir später die Teilnehmer bitten, den Atem zu fühlen, können wir auf diese Erfahrung wieder Bezug nehmen und können sagen: »Neugierig atmen – so, wie ihr die Rosine gekostet habt.«

Die Rosinen-Übung verkörpert dieses »Lernen von innen heraus«, von dem Jon Kabat-Zinn sprach, und auch Buddhas Anweisung, den Weg direkt zu erfahren. Wir halten keine Vorlesung über das Thema »Wie falle ich aus dem Autopilot-Modus heraus?«, wir fallen tatsächlich heraus. Wenn Sie schon einmal in einem MBSR-Kurs waren oder ein Dharma-Zentrum besucht haben, dann wissen Sie, dass jede Sitzung mit einer Phase stiller Meditation beginnt, bevor Lehrinhalte präsentiert werden. Auf diese Weise können Sie sehen, ob das, was gelehrt wird, Ihnen etwas sagt. Der Kurs ist die Erfahrung und das Bewusstsein, dass etwas erfahren wird.

Nach der Rosinen-Übung kündige ich an, dass wir eine geführte Meditation machen werden, den Bodyscan. Man macht ihn gewöhnlich im Liegen, aber man kann ihn auch auf einem Stuhl machen. Im nächsten Kapitel werde ich ihn ausführlich erläutern, aber Sie können eine Audio-Aufnahme davon unter *www.arbor-online-center.de/Mulligan_HerzderAchtsamkeit* herunterladen (Track 2: »Der Bodyscan«).

»Wir werden uns jetzt ein wenig Zeit nehmen, unseren eigenen Körper zu besuchen und zu fragen, was wir in diesem einen Moment spüren«, erläutere ich. »Es ist kein Gefühl vorgeschrieben. Einfach neugierig sein auf das, was da ist. Man könnte sagen, wir erforschen unseren Körper mit derselben Geisteshaltung wie die Rosine.«

Ich lege mich auf den Boden und zeige allen meine Lieblingsposition, die Astronautenhaltung: Ich liege auf dem Rücken, die Beine angewinkelt und mit den Waden auf der Sitzfläche eines Stuhls, wie ein Astronaut in der Raumkapsel. Während die Leute sich ihre Plätze suchen und sich einrichten, kommt eine Frau namens Jean zu mir und beugt sich über mich. Sie hat mir bis jetzt fast nur böse Blicke zugeworfen. »Nur dass du es weißt: Ich habe überall Schmerzen!« sagt sie. »Andauernd! Ich weiß nicht, wie ich das machen soll!«

Ich stütze mich auf, damit ich ihr in die Augen schauen kann. »Jean, das ist natürlich ein echtes Problem. Mir ist klar, dass das erst mal nicht so überzeugend klingt, aber möchtest du es nicht trotzdem versuchen? Versuch es einfach, so gut es geht, und nimm alles zu Hilfe, was du sonst auch benutzt.« Überraschenderweise geht sie still an ihren Platz zurück und stapelt ein paar Polster und Kissen aufeinander, während ich atme, meiner Beunruhigung bewusst, und mich beruhige.

Zum Ende der Meditation läute ich die Glocke und bitte alle, sich ganz gemächlich wieder aufzusetzen. Die Menschen sehen nach dem Bodyscan immer anders aus als vorher, sanfter und meist ein wenig schläfrig.

Jean richtet sich auf und schaut mich an, aber nicht böse, und ihre Stimme tönt voller. »Ich habe was gemerkt!«

»Ach ja?« (»Oh Gott«, denke ich …)

»Ich habe nicht im ganzen Körper Schmerzen und auch nicht die ganze Zeit. Es gibt Stellen, die tun nicht weh. Und die wirklich schlimmen Stellen, na ja, ein bisschen haben die sich verändert!« Sie lächelt sogar.

Jean hat offensichtlich sehr genau aufgepasst!

Okay, ich gebe zu, in mir ist alles in Aufruhr. Denn es nimmt ja nicht immer so einen märchenhaften Verlauf, ich habe es auch schon ganz anders ablaufen sehen. Nach dem Motto: »Mein Körper schmerzt mehr, als ich es mir jemals hätte vorstellen können!« Aber diese Geschichte ist wahr, und sie ist ein Grund zum Feiern, wenn auch nur für einen flüchtigen Moment. Dies ist der wahre Dharma: Tatsächlich die eigene Erfahrung zu sehen und nicht die schmerzerfüllte Geschichte über die Erfahrung.

Wie ist es mit Ihnen? Gibt es Momente, in denen Ihre gefühlte Erfahrung nicht zu Ihren Gedanken darüber passt? Oder dass sie doch passt?

In dieser Sitzung ist nicht viel Zeit für Diskussionen, sondern ich gebe die Aufgaben für zu Hause bis zur nächsten Sitzung aus: Sechs Mal in der nächsten Woche den Bodyscan machen; eine Mahlzeit (oder einen Teil davon) achtsam essen; und versuchen, bei anderen täglichen Aktivitäten achtsam zu sein. Ich schlage dabei immer vor, etwas ganz Konkretes zu nehmen, zum Beispiel Händewaschen (das ist für Leute in Heilberufen ein echter Knüller!), Autofahren, Gartenarbeit, Kochen – oder auch nur die Klinke fühlen, wenn sie das Haus betreten.

»Spürt das Wasser auf der Haut, während ihr duscht«, sage ich, »nehmt wahr, ob ihr gedanklich schon bei der Arbeit seid, und bringt dann die Aufmerksamkeit wieder zum Spüren des Wassers zurück, zum Duft der Seife. Oder ihr probiert es beim Kochen und riecht den ersten Schnitt in die Tomate. Oder probiert achtsames Autofahren, fühlt das Lenkrad in den Händen, den Sitz hinter eurem Rücken, seht die Farben und Formen um euch herum.«

Ich stehe in der Tür und verabschiede die Teilnehmer. Zach und Carol bleiben noch.

»Ich würd doch gern mitmachen, Beth«, sagt Zach. »Für mich selbst.«

»Das freut mich, Zach. Dann sehen wir uns nächste Woche.«

Carol umarmt mich, und zwar ziemlich fest. Dann gehen sie. *Dieses Nichtwissen ist das Vertrauteste*, denke ich. Wie hätte ich wissen können, was an diesem einen Kursabend zum Vorschein kommt, durch diesen jungen Mann, der zufällig da war – na gut, die Mama hat ein wenig nachgeholfen. Und doch sind wir plötzlich einen Moment lang ganz intim vertraut.

Kapitel 2

Der Dharma des Körpers

Was wir vertreiben, das wird bleiben

Heute Nachmittag denke ich, während ich in die Klinik fahre, über einen neuen Teilnehmer nach, den ich vor der Sitzung treffen werde. Das MBSR-Programm wird von einer Abteilung der Klinik namens Center For Healthy Living veranstaltet und von zwei wunderbaren Frauen geleitet, Sandra und Louise, die sich dafür eingesetzt haben und es tatkräftig unterstützen. Am Montag hatte mich Louise angerufen, dass ihr Mann ein ernstes Problem habe. »Brian hat vor drei Monaten eine neue Hüfte bekommen, aber sie ist nicht eingewachsen. Dann bekam er eine Infektion, und nichts wirkt. Sie haben die Prothese wieder herausgenommen und versuchen jetzt, alles sauber zu kriegen, sodass sie überhaupt wieder operieren können. Aber er ist mit den Nerven völlig am Ende. Uns ist klar, dass dein Kurs schon angefangen hat, aber ich weiß nicht, was ich sonst machen soll! Er weint andauernd, und dann weine ich auch, und meine Kinder sind völlig neben der Spur. Die Antidepressiva machen alles nur noch schlimmer …« Sie redet wie ein Wasserfall.

»Oh Louise, das tut mir sehr leid! Das muss unglaublich schwierig für euch sein. Sag ihm doch, er soll mich um sechs treffen, und dann schau ich, was ich tun kann.«

Ich bin etwas früher da als sonst, und auf einer Bank vor der Tür sitzt ein untersetzter Mann mit einem Wuschelkopf grauer Haare, in sich zusammengesunken, einen Rollator neben sich. Ich strecke die Hand aus und beuge mich hinunter, um ihm in die Augen schauen zu können, weil er den Kopf kaum hebt. »Hi, du musst Brian sein. Ich bin Beth. Kannst du mir ein bisschen erzählen, was los ist?«

Er fasst die Geschichte mit der Hüftprothese zusammen, wobei ihm die Tränen übers Gesicht laufen. Dann sagt er: »Ich war Sanitäter bei der Marine. Jetzt bin ich Intensivpfleger. Ich habe eine Familie großgezogen. Ich bin der, zu dem alle kommen, die Hilfe brauchen. Herrgott, ich bin aus dem Hubschrauber ins eiskalte Wasser gesprungen, um Leute zu retten! Jetzt kann ich gar nichts mehr, ich fühle mich völlig wertlos. Dauernd muss ich andere um Hilfe bitten. Ich konnte nicht mal selbst hierherfahren! Ich weiß nicht, wie ich weiterleben soll, wenn das nicht besser wird.«

Ich sehe, dass schon die ersten Teilnehmer eintrudeln, also mache ich es kurz. »Brian, heute Abend fangen wir den Kurs mit einer Meditation an, die Bodyscan heißt. Du brauchst dazu nichts weiter zu tun, als dich hinzusetzen oder hinzulegen und zuzuhören. Du musst mit niemandem reden, wenn du nicht willst. Danach gebe ich dir ein paar Blätter zum Mitnehmen. Okay?« Er nickt, und wir gehen zusammen hinein.

Ich sehe, wie Leute sich begrüßen, und kann nicht umhin zu bemerken, dass Zach auch da ist. (Yep! Na gut, ich muss zugeben, mir liegt was an ihm.)

Ich lasse mich auf meinen Platz nieder und sage dabei Hallo. Neben mir sitzt Joe, ein schlanker, älterer Herr, mit dem ich letzte Woche noch nicht so richtig warm geworden bin. Er lehnt sich zu mir: »Ich habe letzte Woche akustisch nicht ein einziges Wort von dem verstanden, was du gesagt hast, und diese Stühle, Herrgott noch mal, wie soll ein vernünftiger Mensch auf diesen Sch…dingern denn Stress abbauen?« Er faucht und stößt seinen Stuhl heftig zurück.

Ich stelle fest, dass die Lehrerin zum Thema Stressreduzierung – also ich – sich plötzlich gestresst und gereizt fühlt. Ich denke ein paar unfreundliche Dinge und fühle mich auch angegriffen. Okay, Beth, atmen.

»Gut, dass du jetzt neben mir sitzt, Joe«, sage ich. »Ich werde versuchen, lauter zu sprechen. Ich kann diesen Platz neben mir in Zukunft auch für dich reservieren.« Ich sehe, dass er ein spezielles Kissen mitgebracht hat. »Ich hoffe, dass das hilft. Wenn nicht, lass es mich wissen.«

Könnte sein, dass er enttäuscht ist, weil er nicht den Streit bekommen hat, auf den er aus war. Jetzt fällt mir ein, dass er zahlreiche Rückenoperationen hinter sich und starke Schmerzen hat. Er ist 77 und muss schon lange mit diesen Schmerzen leben. Er hat uns erzählt, er könne nach seiner letzten Operation nun nicht mehr operiert werden. Ich verbuche es als positiv, dass er an diesem Punkt seines Lebens MBSR ausprobiert.

Indem ich meine impulsive Reaktion auf Joes Kommentar wahrnehme, ist das auch der Moment, wo ich selbst praktizieren kann, was ich lehre. Ich halte inne und fühle meinen Atem und erinnere mich, dass er hier ist, weil er leidet.

Die zweite Sitzung beginnt mit der Bodyscan-Meditation. Sie ist eine Gelegenheit für uns, miteinander zu praktizieren, zu sehen, wie sie jetzt in diesem Moment ist, nachdem wir sie eine Woche lang zu Hause gemacht haben. Der Bodyscan wird in der Reihenfolge der Kursabende früh eingeführt, um das Gewahrsein von Körperempfindungen kontinuierlich aufzubauen, was uns wiederum im weiteren Verlauf helfen wird, herauszufinden, wie Stress sich im Körper manifestiert. Der Bodyscan hat viele Funktionen, unter anderem die, Heilungsvorgänge zu unterstützen, denn, wie Jon Kabat-Zinn sagt: »Ein Körper, in dem Sie anwesend sind, lässt sich leichter heilen.«

Ich fordere die Gruppenmitglieder auf, ihre Lieblingspositionen für den Bodyscan einzunehmen. Wie meist in der zweiten Woche, sind die Leute mit mehr Requisiten wie Kissen und Decken ausgerüstet. Ich habe ein Auge auf Brian, der sitzen geblieben ist.

Wir beenden die Übung, und ich lade die Teilnehmer ein, sich in Dreiergruppen zusammenzutun. Dann sage ich: »Ich werde euch jetzt gleich bitten, euch gegenseitig über diesen Bodyscan auszutauschen. Über den, den wir gerade gemacht haben. Nicht den vom letzten Dienstag, nicht über die Meditation, die ihr damals in den Siebzigern gemacht habt.« Diese Ansage habe ich mir erarbeitet, weil ich viele Gespräche mitbekommen habe; manchmal wird da über Haustiere geredet oder sogar gute Restaurants! »Und wir werden uns auf eine ganz bestimmte Art und Weise austauschen, nämlich: Was habt ihr während dieses Bodyscans erlebt? Nicht im Sinne einer Bewertung nach dem Motto, es war gut oder schlecht, ich habe es gut oder schlecht hinbekommen, oder der Lehrer war schlecht. Keine Filmkritik: Der und der hat mir gefallen, die Frau Soundso hab ich gehasst … Nein, schaut einfach, ob ihr das, was tatsächlich passiert ist, miteinander erfassen und kommunizieren könnt. Zum Beispiel: ›Ich konnte meine Zehen nicht spüren, aber meine Waden haben irgendwie wehgetan; bei den Armen hab ich dauernd an meine Tochter gedacht, und dann bin ich, glaube ich, eingeschlafen.‹«

Ich gebe diese Anleitung, weil es per se schon eine Achtsamkeitspraxis ist, sich auf diese Weise auszutauschen. Es fördert eine Art zu sprechen und zuzuhören, die sich von unseren gewöhnlichen Mustern unterscheidet und die Leute ganz nahe an ihr Erleben bringt – und genau das ist ja die Praxis!

Ich schaue, dass sich alle zusammentun, während ich zu Brian gehe und ihn frage, ob er in eine Gruppe gehen oder sich mit mir austauschen möchte. »Mit dir«, flüstert er. Wir sitzen eng beieinander. Ich lehne mich zu ihm und kann den Rest des Raumes trotzdem noch sehen. Er wirkt verändert. »Ich hätte nicht gedacht, dass ich es kann, und ich scheue mich fast, es zu sagen, aber ich konnte mich konzentrieren, und das erste Mal seit einer halben Ewigkeit habe ich nicht mehr an meine Probleme gedacht. Zuerst dachte ich, unmöglich, aber ich habe es geschafft.« Ich habe so ein Gefühl, dass ihm seine militärische Ausbildung dabei geholfen hat.

»Also, du konntest der Sache folgen und …«

»Na ja, ich hab einfach meinen Körper gespürt und deine Stimme gehört. Es war schön beruhigend.« Er lächelt ein bisschen. »Ich möchte damit weitermachen.«

»Dann habe ich eine gute Nachricht für dich! Das ist die Hausaufgabe für die kommende Woche, und ich habe eine CD mit dem Bodyscan für dich. Bitte daran denken, dass es vielleicht nicht immer so läuft, aber versuch es einfach weiter, und wir schauen, was passiert. Ist es okay, wenn ich dich der Gruppe vorstelle? Letzte Woche hatten alle die Gelegenheit zu sagen, warum sie gekommen sind, und sie sollten wissen, dass du dazugekommen bist. Du kannst so viel oder so wenig sagen, wie du möchtest.« Er nickt.

Ich lade alle wieder in den großen Kreis ein und stelle Brian vor. Er erzählt seine Geschichte schnell, mit ein paar Tränen, aber weniger als vorhin. Dann bitte ich die Gruppe um einen Austausch. »Wie war das für euch? Und es ist auch in Ordnung, wenn ihr jetzt über die Bodyscans der ganzen Woche redet oder das achtsame Essen – alles, was euch aufgefallen ist, vielleicht ja auch, dass ihr gar nicht praktiziert habt.«

»Es verändert tatsächlich die Art und Weise, wie ich mit meinen Schmerzen umgehe. Wenn ich meinen Körper wirklich fühle, ist es so, wie ich dir letzte Woche erzählt habe, aber nicht so, wie ich denke. Eigentlich fange ich an, noch ein paar Dinge mehr infrage zu stellen«, sagt Jean, die heute Abend ein bisschen strahlt.

»Ist bei mir ganz anders«, sagt Eileen, eine Hauptschullehrerin, die den Stress bei der Arbeit als Hauptgrund ihres Kommens genannt hat. »Ich spüre meine Nackenschmerzen viel stärker und meine rechte Schulter bringt mich um. Kannst du mir sagen, warum ich das machen soll, wenn es noch mehr wehtut?«

Das ist eine häufige Frage, und ich bin froh, dass sie aufs Tapet kommt. »Also, ich weiß, was du meinst«, sage ich. »Es kann die Schmerzen auf eine gewisse Art tatsächlich noch verschärfen, und ich verstehe vollkommen, warum du diese Frage stellst.« Alle wirken interessiert. »Was denkst du? Warum könnte es der Mühe wert sein, obwohl es sich im Moment noch unangenehmer anfühlt?»

Sie denkt nach. »Vielleicht muss ich den Schmerz kennenlernen, damit ich etwas dagegen tun kann?«

»Möglich. Was war der Grund, dass du nicht aufgesprungen und rausgerannt bist, obwohl es so unangenehm war? Wie bist du damit umgegangen?«

Wieder eine Pause. Oft wissen Leute gar nicht, dass sie gerade eben schon einer Herausforderung mutig begegnet sind. »Ich habe ihn gefühlt, und dann habe ich deiner Stimme zugehört und in einen anderen Körperteil hineingespürt. Aber ich bin immer wieder zu meinen Nackenschmerzen zurückgekommen.«

»Hört sich an, als wäre da schon eine Menge Bewusstheit für dein gesamtes Erleben da gewesen, vor allem angesichts dieser Herausforderung.«

Sie wirkt überrascht und dann erfreut.

Eine junge Ärztin namens Nikki piepst: »Ich hab gemerkt, dass ich sehr ungeduldig bin, ich mein, nach dem halben Bein hatte ich Horror vor dem zweiten Bein und dachte: ›Oh je, ich glaube nicht, dass ich noch ein Bein schaff, das dauert ja ewig! Können wir nicht ein bisschen schneller machen? Ich muss noch so viel erledigen!«

»Kennst du das Gefühl? Geht es dir auch mit anderen Dingen so?«

Sie denkt einen Moment nach und lacht dann. »So ziemlich mit allem!« Alle lachen. Sogar Joe.

Wir hören das ganze Spektrum an Berichten: die guten, die schlechten und die zwischendrin. Für viele Leute ist es eine neue Erfahrung, einfach den Körper zu spüren, so wie er ist, ohne irgendetwas verändern oder manipulieren zu wollen. In meinem medizinischen Beruf sehe ich so viele Beschwerden und Krankheiten, die darauf zurückgehen, dass die Signale des Körpers ignoriert werden. Ich habe oft das Gefühl, dass die Leute ihr Auto besser kennen – und sich auch mehr darum kümmern! Von ihren Hunden oder Katzen ganz zu schweigen. Ich habe den Eindruck, wenn sie könnten, dann würden sie einfach ihren Körper bei mir abladen und sagen: »Hey Beth, kannst du diese Kiste hier schnell wieder auf Vordermann bringen? Sie macht so komische Klappergeräusche und läuft nicht mehr rund.« Und immer, wenn ich das in einer Gruppe sage, spüre ich, dass es einen Nerv trifft.

Manchmal erzähle ich die Geschichte von einer Patientin, einer Krankenschwester mit einer »frozen shoulder«. Das ist eine Schulter, die nur noch wenig beweglich ist. Wegen einer Sehnenentzündung schmerzt jede Bewegung, und deshalb nimmt die Beweglichkeit immer stärker ab. Helens Schulterschmerzen kamen davon, dass sie Patienten heben musste, und sie unternahm monatelang nichts dagegen. Als sie dann endlich zu mir kam, konnte sie die Schulter kaum mehr bewegen. Es dauert sehr lange, sich von einer »frozen shoulder« zu erholen; es ist schmerzhaft, schwierig und zeitraubend. Früh erkannt, ist eine Sehnenentzündung jedoch gut behandelbar. Das ist die Antwort auf Eileens Frage von vorher, warum man auch etwas Unangenehmes bewusst wahrnehmen sollte.

Letzte Woche hatte ich einen neuen Patienten, Will, einen netten Kerl, von Beruf Bauunternehmer, bei dem soeben Diabetes festgestellt worden war. Diese Diagnose war im Krankenhaus erfolgt, wo ihm der Fuß amputiert werden sollte. Wegen des (nicht erkannten) Diabetes konnte er seine Füße nicht mehr spüren, und eine nicht heilende Wunde war viel zu lange unbehandelt geblieben. Fairerweise muss man sagen, dass Will seinen Körper nicht aus Zerstreutheit oder Desinteresse vernachlässigte. Er hat ein starkes Pflichtgefühl gegenüber seiner Familie und seinem Geschäft, und wie für viele andere hat es für ihn oberste Priorität, ihnen zu dienen. Was wir nicht sehen: Wenn wir uns nicht um das Vehikel kümmern, mit dem wir diesen Dienst erbringen, hat niemand etwas davon, ganz im Gegenteil, wir werden selbst zu einer Belastung. Das soll nicht zu dramatisch klingen, liebe Leserinnen und Leser; es ist einfach eine gute Idee, verstehen Sie, ab und zu mal seinen Körper zu spüren. Ihn zu bewohnen, sogar wenn es sich am Anfang nicht so gut anfühlt. Sie haben nur den einen, Sie können ihn nicht umtauschen.

Genau das passierte dem Buddha, als er Askese praktizierte und seinen Körper abmagern ließ. Er starb fast daran. Aber den Körper abzutöten ist nicht der Weg zum Frieden, wie der Buddha und viele andere feststellten. Aufzuwachen bedeutet, sich seines Erlebens Moment für Moment bewusst zu sein – dessen, was innen und außen geschieht.

Die zweite Edle Wahrheit: Es gibt einen Grund für das Leiden

Manchmal wird der Buddha als meisterhafter Arzt dargestellt, weil er die Krankheit sah, nämlich das Leiden (Erste Edle Wahrheit), die Ursache des Leidens diagnostizierte (Zweite Edle Wahrheit), die Heilung beschrieb, nämlich das mögliche Ende des Leidens (Dritte Edle Wahrheit) und etwas verschrieb, den Achtfachen Pfad (Vierte Edle Wahrheit). All das werden wir in den nächsten Kapiteln untersuchen.

Als der Buddha sagte, es gebe eine Ursache für das Leiden, so meinte er nicht einfach Alter, Krankheit und Tod, sondern er meinte überhaupt die Art und Weise, wie wir mit den beschwerlichen Realitäten des Lebens umgehen. Der Begriff, den er benutzte, um die Ursache des Leidens zu fassen, lautet auf Pali *tanha*, was oft als »unstillbarer Durst« übersetzt wird. Tanha wird auch als »Verlangen« übersetzt, wozu als Gegenstück »Aversion« tritt. Indem er sein eigenes Erleben gründlich untersuchte, sah der Buddha, dass wir deswegen leiden, weil wir entweder die Dinge anders haben wollen, als sie sind (Aversion), oder aber uns an das klammern wollen, was wir haben oder einmal hatten, oder wünschen, etwas Schönes würde für immer bleiben (Verlangen). Die Macht des Verlangens, Leiden zu verursachen: das ist die Zweite Edle Wahrheit. Als Buddha Leiden sagte, und diese Differenzierung ist wichtig, meinte er nicht nur die großen Tragödien und Krisen des Lebens, sondern auch dieses dumpfe Gefühl, dass irgendwas nicht stimmt, dass die Dinge nicht ganz so laufen, wie wir es uns wünschen würden. Ich weiß nicht, wie das bei Ihnen ist, aber ich habe es noch nie geschafft, mein Leben ein für alle Mal zu ordnen und es dann so beizubehalten. Zu akzeptieren, dass das Leben nicht so ist, wie wir es haben wollen, kann eine riesige Herausforderung sein und zu einer chronischen Unzufriedenheit führen.

Nehmen wir zum Beispiel Brian. Seine Situation ist wirklich extrem hart: Seine Hüftoperation war nicht erfolgreich. Aber sein Leiden liegt zum Teil daran, dass er das nicht akzeptieren kann. Er ist – was verständlich ist – in Gedankenschleifen gefangen, dass »es hätte anders laufen sollen, so hätte es einfach nicht laufen dürfen, die Genesung dauert normalerweise fünf Wochen, ich sollte schon längst wieder arbeiten«. Er ist in seinen Gedanken gefangen – seiner Aversion gegen die Umstände, wie sie sind, und seinem Verlangen, dass sie anders sein sollten, was wiederum starke Emotionen hervorruft. Als er die Gedanken für ein paar Minuten fallen ließ und einfach im Hier und Jetzt in seinen Körper fühlte, war sein Leiden stark verringert. Auch Joe leidet physische Schmerzen mit einer anatomischen Ursache, aber er leidet auch unter allem, was seinem Gefühl nach nicht richtig ist – im Kursraum, mit mir, mit seinem Stuhl. Das ist es, worauf sich sein Geist richtet. Und sogar Nikki mit ihrem ausgeprägten Sinn für Humor hat das dringende Verlangen, zum nächsten Punkt zu kommen, eine Aversion gegen das stille Daliegen.

Das soll nicht heißen, die Erfahrungen dieser Menschen seien nicht so schlimm. Sie sind schlimm. Aber das, was mit Brian, Joe und Nikki passiert, wird noch schwieriger, weil unser Geist diese Tendenz hat, etwas anderes zu verlangen oder aber gegen das, was ist, Widerstand zu leisten.

Wie wir mit Schmerzen umgehen

Zu diesem Phänomen gibt es eine klare und hilfreiche Lehrrede vom Buddha, die er »den zweiten Pfeil« nannte. Der Buddha fragte einmal einen Schüler: »Wenn du von einem Pfeil getroffen würdest, würde das wehtun?« Der Schüler antwortete: »Ja.« Dann fragte der Buddha: »Wenn du dann von einem zweiten Pfeil getroffen würdest, wäre das noch schmerzhafter?« Der Schüler antwortete: »Natürlich!« Darauf sagte der Buddha: »Auf den ersten Pfeil haben wir im Leben normalerweise keinen Einfluss. Aber der zweite Pfeil ist unsere Reaktion auf den ersten. Wir können den zweiten Pfeil als unsere eigene Zutat betrachten.«

Vielleicht erinnern Sie sich an Jean im 1. Kapitel, die erkannte, dass ihre Gedanken über ihre Schmerzen anders und viel schlimmer waren als das tatsächliche Erleben der Empfindung, die sie als Schmerz etikettierte.

Brians Gedanken und Gefühle über seine Situation, darunter auch, wie es vor der Operation war, und seine Angst, was in der Zukunft passieren oder nicht passieren wird, sind der zweite Pfeil. Genauso wie Joes Reaktion auf den Kursraum, den Stuhl und mich. Vielleicht nehmen Sie sich hier einen Moment Zeit, um zu überlegen, wo es in Ihrem Leben einen ersten und einen zweiten Pfeil gibt.

Mein Zen-Lehrer Tenshin Roshi fragt uns oft: »Wenn ihr von einem Pfeil getroffen würdet, würdet ihr euch dann als Erstes fragen, wer ihn abgeschossen hat? Warum? Wo er hergestellt wurde? Ob es euch recht geschehen ist?« Seine Fragen bringen mich zu der Einsicht: Das einzig Kluge, was man tun kann, ist, den Pfeil zu entfernen und die Wunde zu versorgen. Um das zu tun, müssen wir die Wunde anschauen, sie betasten und vielleicht Hilfe holen. Zum Beispiel sagt jemand etwas, das für mich verletzend ist. Nun könnte ich anfangen zu analysieren, warum diese Person das gesagt hat oder was ich getan habe, um mir das einzuhandeln. Mehr noch, ich könnte eine ziemlich komplizierte Geschichte daraus basteln, inklusive Beweismaterial, eidesstattlichen Erklärungen und Fotos, die belegen, wie falsch diese Person liegt. Ich nenne das »Wir sehen uns vor Gericht!« Oder ich könnte mich einfach um die Tatsache kümmern, dass ich mich verletzt fühle, mich erst einmal um mich selbst kümmern oder mit einem klugen Menschen sprechen (also jemandem, der nicht noch Öl ins Feuer gießt) und schauen, was im Moment wirklich Sache ist, bevor ich mich mit dem Vorfall beschäftige. Meiner Erfahrung nach ist es so: Wenn ich zuerst das tue, brauche ich nicht vor Gericht zu gehen. Ich habe meine Gefühle anerkannt und brauche keine Geschworenen, die mich oder die andere Person freisprechen, und ich kann die ganze Angelegenheit klarer sehen. Wenn ich es so mache, dann merke ich vielleicht, dass ich eigentlich mehr Informationen brauche; oder ich lasse es los; oder vielleicht muss ich es ansprechen. Aber ich habe nicht durch eine schnelle Reaktion oder Rechtfertigung – mit anderen Worten: einen zweiten Pfeil – alles noch schlimmer gemacht.

Im Kontext von MBSR hat das für uns zweifache Bedeutung. Zum einen werden uns die Gedanken bewusst, die den zweiten Pfeil erschaffen, und indem wir Meditationen wie den Bodyscan einsetzen, trainieren wir, unser direktes Erleben wahrzunehmen, ohne die Geschichten dazu. Beispielsweise ist der Gedanke, dass eine Empfindung »uns umbringt«, ein Gedanke und nicht die Empfindung selbst. Zum anderen setzen wir, indem wir den Körper direkter und ohne die gewohnheitsmäßigen Geschichten drum herum erleben, einen Anker der Achtsamkeit im Körper. Was heißt direktes Erleben? Die gedankliche Vorstellung oder das Bild eines Apfels ist nicht das Gleiche wie die Sinneserfahrung, in einen reinzubeißen. Den Körper auf diese Weise erleben: Das ist laut Buddhas Lehre der beste Ansatzpunkt, um den geistigen Würgegriff zu lockern, in dem uns Verlangen und Aversion gefangen halten. Um das zu tun, müssen wir etwas in unserer westlichen Kultur geradezu Radikales machen: Wir müssen uns unserer Erfahrung zuwenden, statt sie verleugnen, vermeiden oder loswerden zu wollen. Bitte glauben Sie das nicht, weil ich es sage oder weil Buddha es gesagt hat. Versuchen Sie es, und prüfen Sie, ob es stimmt.

Ganz bewusst hinschauen

Alles, was wir gerade besprochen haben – den ersten und den zweiten Pfeil sowie die Ursache des Leidens beobachten –, erfordert von uns eine Art nicht-urteilende Bewusstheit für unser Erleben im gegenwärtigen Moment. Das ist die fundamentale Praxis der Achtsamkeit. Das Pali-Wort dafür lautet *sati.* Sati kommt in den Lehrreden des Buddha sehr häufig vor. Was bedeutet es? Manche Experten sagen, es beinhalte so etwas wie Erinnerung oder Gedächtnis – nicht in dem Sinne, dass man sich an ein Ereignis oder eine Geschichte erinnert, sondern in dem Sinne, dass man heimkehrt zu einer Art des Seins, die man womöglich lange nicht mehr gefühlt und erlebt hat. Viele MBSR-Teilnehmer berichten von diesem Gefühl schon nach ganz kurzen Praxisphasen. Sie sagen Dinge wie: »Ich war einfach da, als die Wolken hoch am Himmel vorbeizogen, ich glaube, so hab ich sie seit meiner Kindheit nicht mehr gesehen.« Das ist ziemlich genau das, was Buddha erlebte (und was ich in der Einleitung beschrieben habe), als er sich an diese natürliche Zufriedenheit erinnerte, die aufstieg, als er einfach unter einem Baum saß und einem Fest zusah. Ich mag diese Idee des »Er-Innerns« – sich innerlich zu sammeln, all die verstreuten Teile zusammenzubringen, die irgendwann einmal voneinander getrennt wurden, Körper und Geist, Geist und Herz.* Andere Experten sagen, sati bedeute »Bewusstheit im gegenwärtigen Moment«, wieder andere »beistehen« oder »nahestehen«.

Zum Zwecke unserer Achtsamkeits-Erforschung im Kontext dieses Buches schlage ich Jon Kabat-Zinns Definition vor: »Achtsamkeit ist eine Bewusstheit, die sich ergibt, wenn wir im Moment der Gegenwart gezielt aufmerksam sind, ohne zu urteilen.« Hilfreich ist auch die Definition der buddhistischen Lehrerin Christina Feldman, die sagt: »Achtsamkeit ist die Bereitschaft und die Fähigkeit, mit Wohlwollen, Lernbereitschaft und Unterscheidungsvermögen allen Ereignissen und Erlebnissen gleichermaßen nahe zu sein.« Was mir bei beiden dieser Definitionen besonders auffällt, ist die Tatsache, dass sie unsere Mitwirkung implizieren. Wir sind eingeladen, gezielt zu handeln, eine gewisse Bereitschaft zu haben und unsere Fähigkeiten auszuweiten. An unseren Teilnehmern haben wir das schon gesehen, und vielleicht haben Sie es auch schon erfahren. Wie es bei Kabat-Zinn und Feldman zwischen den Zeilen durchklingt, sind wir, wenn wir Achtsamkeit kultivieren, in der Lage, sogar den schmerzhaftesten Erfahrungen wohlwollend und offen zu begegnen statt mit Aversion und Verlangen nach etwas anderem.

---

* Im englischen Original steht für »Erinnerung« neben »remembering« auch der schwer übersetzbare Begriff »recollection«, in dem das Wort »to collect«, »sammeln« steckt. Interessanterweise ist »sich sammeln« wiederum in etwas älterem Deutsch ein anschaulicher Begriff für meditative Achtsamkeit. Deshalb der Versuch, über »erinnern« und »sammeln« das Wesentliche wiederzugeben (Anm. d. Übers.)

Von den verschiedenen Übersetzungsvarianten des Wortes *sati* gefällt mir besonders »beistehen oder nahestehen; sich bewusst etwas widmen«. Ich erlebe ein Gefühl der Freundschaft, wenn ich darüber nachdenke und wenn ich Achtsamkeit praktiziere. Jemand steht nahe bei mir, ist auf freundliche Weise neugierig und aufmerksam auf mein Erleben – und diejenige bin ich selbst.

Die Vier Grundlagen der Achtsamkeit

Bei seiner gründlichen Untersuchung dieses menschlichen Lebens entdeckte der Buddha vier Bereiche oder Felder, in denen wir Achtsamkeit etablieren und dadurch Freiheit erleben können. Sie werden die »Vier Grundlagen der Achtsamkeit« genannt und in einem Text namens *satipatthana sutta* behandelt, der Lehrrede über die Erweckung der Achtsamkeit (im Anhang finden Sie Literaturhinweise zu diesem klassischen Text). Der Buddha liefert darin detaillierte Praxisanweisungen, sozusagen eine Bedienungsanleitung. Es handelt sich nicht um einen abstrakten oder theoretischen Lehrvortrag. Er bezeichnete diese Meditationen als »direkten Weg zur Überwindung allen Kummers, zur Beseitigung der Unzufriedenheit, zur Erlangung der wahren Methode, wie Frieden geschaffen werden kann«. Ich weiß ja nicht, wie es Ihnen geht, aber mit dieser Empfehlung hat er meine volle Aufmerksamkeit. Schauen wir uns doch die erste einmal an, ja?

Die Erste Grundlage der Achtsamkeit: Achtsamkeit auf den Körper

Die Erste Grundlage der Achtsamkeit, so der Buddha, ist die Achtsamkeit auf den Körper, die damit beginnt, dass man die Aufmerksamkeit auf den Atem richtet. Das ist im MBSR und in vielen buddhistischen und anderen Weisheitstraditionen eine grundlegende Methode. Buddha sagt uns nicht, wie wir atmen sollen, sondern formuliert: »Lang einatmend zu wissen, ich atme lang ein; lang ausatmend zu wissen, ich atme lang aus; kurz einatmend zu wissen, ich atme kurz ein, kurz ausatmend zu wissen, ich atme kurz aus.« Mit anderen Worten, er lädt uns ein, den Atem so, wie er gerade ist, einfach wahrzunehmen. Beim MBSR geben wir Anweisungen wie »den Atem spüren« oder »die Empfindungen beim Atmen wahrnehmen, das Ausdehnen und Zusammenziehen von Brustkorb und Bauch«. Wir müssen den Menschen das Atmen ja nicht erst beibringen. Was witzig ist: Wenn wir die Leute fragen, was in dem Kurs am nützlichsten war, antworten sie oft: »Das Atmen.« Ich möchte in dem Moment oft fragen: »Welches Atmen? Das, was Sie schon Ihr ganzes Leben lang machen?« Was sie natürlich meinen, ist, dass es ihnen guttut, die Aufmerksamkeit auf etwas zu richten, was schon da ist und dauernd passiert. Ich glaube, das ist teilweise der Grund, warum der Buddha die Atempraxis so stark betonte. Viele Menschen, darunter ich selbst, haben in dieser Methode einen direkten Weg zur Freiheit entdeckt, und wenn es nur Freiheit für einen Moment ist. Probieren Sie es und schauen Sie, wie es bei Ihnen wirkt. Unter *www.arbor-online-center.de/Mulligan_HerzderAchtsamkeit* haben Sie auch Zugang zu einer Audio-Aufnahme dieser Meditation (Track 3: »Kurze Atemmeditation«).

Die Anweisungen zur Ersten Grundlage der Achtsamkeit im und auf den Körper laden weiterhin dazu ein, sich verschiedener Körperhaltungen bewusst zu sein – Sitzen, Stehen, Gehen, Liegen – und auch zu reflektieren, woraus der Körper besteht: Flüssigkeiten, Knochen, Organe, Haare, Nägel, Zähne, Fleisch, Sehnen und so weiter. Die Liste umfasst insgesamt 32 Komponenten. Der Buddha bittet uns nicht, den Körper zu beurteilen oder zu verändern, sondern unsere Achtsamkeit auf ihn zu richten. Das ermöglicht es uns, ihn kennenzulernen und für ihn zu sorgen. Wir haben bereits Gründe gehört, bereitwilliger für ihn zu sorgen, aber dieser Ansatz, ihn als sozusagen unpersönliches Resultat aus diversen Komponenten zu betrachten – die bei allen die gleichen sind –, könnte uns helfen, nicht so hart zu urteilen, sondern uns im Gegenteil mit dem Rest der Menschheit noch verbundener zu fühlen. Ich hatte einmal eine wunderbare junge Frau in einem Kurs, die mit ihrem eigenen Körperbild ziemlich im Clinch lag. Sie dachte ständig an ihr Gewicht und ihr Aussehen; es war eine Quelle enormen Leidens für sie, und nichts, was sie bis dato versucht hatte, hatte den Würgegriff dieser Gedanken durchbrechen können. Nachdem sie den Bodyscan und das achtsame Gehen ausprobiert hatte, berichtete sie: »Ich war nicht dick, ich war nicht dünn, ich war auch nichts anderes. Ich war jemand, der dastand. Plötzlich spürte ich so eine Dankbarkeit für meine Füße und meine Beine, ich fühlte mich so dankbar für diesen Körper. Und dann erkannte ich, dass jeder einen hat – einen Körper, meine ich – und das klingt vielleicht komisch, aber ich fühlte mich weniger allein. Ich weiß nicht, ob ich so etwas schon einmal erlebt habe.« Die Tränen liefen ihr übers Gesicht, und eine tiefgreifende Verwandlung hatte begonnen – einfach, weil sie dem Körper Achtsamkeit geschenkt hatte.

Zu Buddhas Zeiten galt der Körper als etwas, was zu transzendieren, ja sogar zu verachten war. Dies findet sich auch in anderen spirituellen Traditionen wieder. In unserer heutigen Kultur ist der Körper oft etwas Abgespaltenes. Eine verschärfte Form dieser Abspaltung zeigt sich darin, dass wir, wenn wir an unseren Körper denken, ihn normalerweise bewerten, messen und ihn manipulieren oder verändern wollen, als wäre er ein Objekt und nicht ein lebendiges, erlebbares, funktionierendes Geschenk. (Haben Sie in letzter Zeit mal an Ihre absolut fantastische Schilddrüse oder Niere gedacht? Oder an die Zellen Ihrer Bauchspeicheldrüse oder Ihres Gehirns?)

Ich möchte Sie fragen: Wie ist Ihr Verhältnis zu Ihrem Körper? Sehen Sie ihn zerlegt in nicht ganz perfekte Einzelteile? Wie zum Beispiel: »Ich hasse meine Oberschenkel.« (Arme Oberschenkel, die haben doch gar nichts getan!) Wir versehen ihn mit Make-up, färben die Haare, lassen uns operieren, setzen ihn auf strenge Diät, trainieren ihn – nicht, weil wir Freude an der Bewegung und am Gesundsein haben, sondern um ihn fürs Essen zu bestrafen. Und ganz bestimmt kritisieren wir ihn. Aber was wäre, wenn der Körper eine Quelle der Weisheit, der Ruhe und der Freude wäre? Wie wäre es mit dieser Möglichkeit?

Das Erleben des Körpers als Lektion in Unbeständigkeit

In der Lehrrede über die Erste Grundlage der Achtsamkeit – Achtsamkeit auf den Körper – und während der gesamten Lehrrede über die Erweckung der Achtsamkeit (*satipatthana sutta*) gibt es einen Refrain, der dreizehn Mal wiederholt wird. Ein Teil dieses Refrains fordert uns auf, »die Natur des Entstehens und des Vergehens im Körper« zu betrachten. Mit anderen Worten, präsent zu bleiben und bewusst lange genug achtzugeben, um sehen zu können, dass die Dinge sich verändern – auch die, die wir für konstant halten.

Als Jean zum ersten Mal den Bodyscan machte, wurde ihr bewusst, dass Empfindungen nicht konstant sind, dass sie tatsächlich »entstehen und vergehen«, ganz anders als die ursprüngliche Beschreibung ihrer Schmerzen, die lautete: »Mein ganzer Körper tut weh. Ständig.« Schon allein diese Einsicht verringerte ihr Leiden ein wenig. Achten Sie einmal darauf, wie es sich anfühlt, wenn Sie Ausdrücke gebrauchen wie »So fühle ich mich immer!« Und jetzt: »Manchmal fühle ich mich so, dann wieder so…« Das weist auf eine weitere zentrale Lehre des Buddha hin, der ein scharfer Beobachter war: Die Lehre von der Unbeständigkeit. Er wollte wirklich, dass wir dieses Phänomen sehen: dass Veränderung allgegenwärtig ist. Wenn wir wahrnehmen, dass die Realität sich ständig wandelt, und uns damit anfreunden, dann leiden wir weniger. Wir werden diese wichtige buddhistische Lehraussage zum Thema Unbeständigkeit im Laufe dieses Buches noch weiter untersuchen.

Was an der Praxis der Achtsamkeit auf den Körper und den Atem außerdem sehr praktisch ist: Wir haben sie immer dabei. Mit ein bisschen Übung können wir wählen, unsere Aufmerksamkeit auf die Empfindungen im Körper zu richten und damit einen schmerzhaften Kreislauf aus Gedanken und Emotionen zu unterbrechen. Wir brauchen keine Ausrüstung, keine spezielle Körperhaltung, nicht einmal Stille. Es fügt sich also mit Leichtigkeit ins Alltagsleben ein. Wenn ich zum Beispiel ein Gespräch mit einem schwierigen Patienten habe und merke, wie ich mich zu ärgern oder zu fürchten beginne (und das weiß ich, weil ich es im Körper fühle), kann ich schnell und still meine Aufmerksamkeit in die Fußsohlen lenken oder in meinen Po, wie er auf dem Rollhocker sitzt, oder einfach zwei, drei Atemzüge lang das Heben und Senken der Bauchdecke fühlen. Das verhindert die emotionale Eskalation und erlaubt mir, in dem Moment ein wenig Klarheit und Stabilität aufrechtzuerhalten, wo ich sie dringend brauche.

Wenn wir eine Meditation praktizieren, bei der es darum geht, den Körper zu spüren, achtsam, auf eine nicht-wertende und nicht-manipulierende Weise, sehen wir viele Dinge. Zum einen nehmen wir ihn nicht so persönlich, erkennen, dass er uns nicht definiert, und doch bewohnen wir ihn paradoxerweise mehr, was bedeutet, dass wir uns mehr um ihn kümmern. Die bewusste Wahrnehmung des Körpers erlaubt uns, auf die Weisheit seiner Signale zu hören. Oft lasse ich meine Kursteilnehmer untersuchen, wie sich das in unserer Sprache spiegelt. Zum Beispiel sagen wir: »Das war so ein Bauchgefühl« oder »Ich war nicht mit ganzem Herzen dabei« oder »Ich war so wütend, dass ich nicht mehr denken konnte.« Hatten Sie auch schon einmal den Gedanken oder die Wahrnehmung, dass irgendwas sich einfach nicht richtig *angefühlt* hat? Was ist passiert, als Sie dem keine Beachtung geschenkt haben? Was passiert, wenn Sie es tun? Für mich ist es so: Wenn ich solche Fingerzeige ignoriere, stelle ich später oft fest, dass ich sie lieber nicht hätte ignorieren sollen, und wenn ich auf sie achte, sehe ich oft die Weisheit, die in ihnen steckt.

Und nun zu guter Letzt noch die Frage: Erinnern Sie sich an die Rosine? Oder irgendeine Erfahrung mit dem achtsamen Essen oder einer achtsam ausgeführten alltäglichen Aktivität? Viele Leute sagen, dass sie sich nicht vorstellen konnten, wie köstlich es ist, einfach eine oder zwei Rosinen zu essen. Die Krankenschwestern, mit denen ich arbeite, sagen oft, das achtsame Händewaschen bringe in ihren hektischen Alltag viele kleine Momente der Entspannung und des Wohlbefindens. Bewusste Körperwahrnehmung kann also, über die machtvollen Pforten unserer

Sinne, auch die Freude stärken, einfach am Leben zu sein. Schauen Sie, ob das für Sie stimmt. Ich kann Ihnen kaum sagen, wie oft mich schon eine leichte Brise auf dem Gesicht oder der Ruf eines Blauhähers aus einem sorgenvollen Gedankenstrom aufgeweckt und in den Frieden des Moments zurückgebracht hat.

Am Ende der Sitzung ermutige ich meine Teilnehmer, weiterhin jeden Tag den Bodyscan zu üben und in ihren Kursunterlagen die Seite »Kalender angenehmer Ereignisse« zu suchen. »Ihr werdet in euren Unterlagen einen Kalender finden, wo ihr jeden Tag ein angenehmes Ereignis eintragen könnt«, sage ich. »Darin werden euch Fragen gestellt wie: Welche Körperempfindungen haben das Ereignis begleitet? Welche Gedanken waren damit verbunden? Und was waren die Emotionen? Ich schlage euch vor, dass ihr es so macht wie ein Anthropologe, der eine fremde Kultur, die Kultur der Nikki oder Zach oder Raúl erforscht. Was ist für Raúl angenehm? Aus welchen Komponenten besteht das, was Carol ›erfreulich‹ nennt? Es ist für jeden unterschiedlich. Versucht, mit echtem wissenschaftlichem Forscherdrang vorzugehen. Es muss kein Staatsakt sein, mit Feuerwerk und Blasorchester, aber andererseits sollte es sich auch nicht so lesen: ›Montag: Schöner Sonnenuntergang. Dienstag: Schöner Sonnenuntergang …‹ Wissenschaftler sind von dieser Übung fasziniert, und das hat einen Grund: Mit derselben Einstellung macht man nämlich ein Experiment oder betreibt Forschung. Was gilt in deiner Kultur als angenehm und welche Dinge machen es dazu?«

Brian steht mit seinem Rollator in der Tür. Ich sehe, dass Louise draußen gespannt wartet. Ich kann fast ihre Gedanken lesen: »Und? Hat's geklappt?«

»Danke, Beth«, sagt Brian, als ich ihm seine Kursunterlagen gebe.

»Keine Ursache. Da ist meine Telefonnummer drauf. Du kannst mich jederzeit anrufen.«

Zach bleibt kurz stehen. »Hey Beth, bis dann.« Er streckt die Hand aus. Ich ergreife sie.

Norma und Alan, das Paar, das mit Bauchspeicheldrüsenkrebs zu tun hat, bleiben zurück. Ich gehe auf sie zu. »Wir machen den Bodyscan zweimal am Tag. Er hilft uns gegen die Ängstlichkeit. Können wir ihn auch öfter machen?«

»Natürlich«, antworte ich. »Und letzte Woche habe ich ja über Achtsamkeit bei alltäglichen Aktivitäten gesprochen, beim Geschirrspülen, beim Duschen, beim Autofahren. Was haltet ihr davon, das mal zu probieren?«

»Ich koche gerne«, sagt Norma, »aber in letzter Zeit ist es schwierig. Vielleicht versuche ich da mal zu praktizieren.«

Ich verabschiede mich mit einem übervollen und irgendwie zerfließenden Herzen, gerührt von der ehrlichen Frage dieses Paares, das mutig Leben und Tod ins Auge schaut: von dieser Bereitschaft, zu ihrem Erleben, zu ihrem Leben zu stehen, so wie es jetzt gerade ist.

Kapitel 3

Der Dharma der Neugier

Was ist jetzt gerade da?

Plötzlich ist es wieder Donnerstagnachmittag, und ich packe meine Sachen zusammen, um meine Klinikschicht zu beenden und zum MBSR-Kurs zu fahren. Heute hatte ich einen Termin mit Lynn, einer Patientin, die ich letztes Jahr in meinen MBSR-Kurs geschickt hatte. Wie viele Menschen war Lynn aus einer kälteren Klimazone nach Palm Desert gekommen, kurz nachdem sie aus ihrer leitenden Position in einem Großkonzern in den Ruhestand gegangen war. Als ich sie das erste Mal untersuchte, war ihr Blutdruck so hoch, dass ich selbst hohen Blutdruck bekam! Sie hatte bereits einen Schlaganfall erlitten und wirkte auf mich wie jemand, die, bevor es überhaupt losgeht, schon fünf Tassen starken Kaffee und vier Zigaretten zu sich nahm, was sich bei der sorgfältigen Aufnahme ihrer Krankengeschichte auch bestätigte.

Während der ersten sechs Monate der Behandlung konzentrierte ich mich vor allem auf ihren Blutdruck, da ich fürchtete, sie würde bald einen ernsteren, katastrophalen Schlaganfall bekommen. Zu dem Zeitpunkt, als ich MBSR ins Spiel brachte, nahm Lynn sechs verschiedene Blutdrucksenker, aber ihr Blutdruck war immer noch nicht unter Kontrolle. Ihr Ruhestand war nicht besonders geruhsam, denn sie hatte in der Firma, bei der sie arbeitete, Diskriminierungsvorfälle aufgedeckt, und sich damit einen teuren, langwierigen Prozess eingehandelt, der nicht gut ausgegangen war. Genauer gesagt, er war noch gar nicht ausgestanden. Ihre Lebenspartnerin, der juristischen Streitereien müde, hatte sie deswegen verlassen. Lynn war wütend, verbittert und traurig.

Während des Kurses machte sie zum ersten Mal Meditation und Yoga und stellte fest, dass sie es wirklich genoss. Es gefiel ihr auch, in der Gruppe zu sein, weil sie merkte, wie einsam sie bisher gewesen war. Sie freundete sich mit einem jungen Mann namens Matt an, der sehr schüchtern war, und sie unternahmen viel zusammen.

Der heutige Termin war eine Art Wegscheide. Zum einen war ihr Blutdruck zum ersten Mal einigermaßen normal. Sie raucht immer noch, aber viel weniger, und auch den Kaffeekonsum hatte sie eingeschränkt. Aber das war es nicht, weshalb sie in Hochstimmung war.

»Beth, du wirst nicht glauben, was ich gemacht habe.«

»Erzähl's mir.«

»Na, du weißt doch, die ganzen Kartons mit den Gerichtsakten. Ich glaube, es waren inzwischen siebenundzwanzig. Ich hab ein ganzes Zimmer in meiner Wohnung dafür gebraucht!«

»Stimmt.«

»Ich schmeiß alles weg. Ich hab eine Firma beauftragt, und alles wandert in den Schredder.«

»Wow.«

»Als wir uns kennenlernten, fraß dieser Prozess mich auf. Ich dachte an nichts anderes mehr – na ja, bis Ronnie mich verließ. Dann waren es zwei Dinge, die mich beherrschten. Ich weiß noch genau, wie dann in den ersten Wochen des Kurses auf einmal ab und zu Unterbrechungen in meinen Gedanken waren. Und so kleine Momente – na ja, nicht direkt Freude, aber so etwas wie Frieden. Und ich habe angefangen, mich für andere zu öffnen.«

»Daran kann ich mich auch noch erinnern. Du hattest dann wirklich Kontakt mit den anderen Teilnehmern.«

»Das ist auch so geblieben. Matt und ich gehen jetzt immer chanten, im ›Urban Yoga‹, und neulich waren wir bei ›Opera in the Park‹ und haben gepicknickt.«

»Oh, das freut mich sehr!« Das war untertrieben, denn ich war völlig verblüfft. Sieben Jahre Rechtsstreit, und jetzt konnte sie loslassen! Und hatte Spaß dabei.

»Dieses Programm, was du da machst, das ist schon sagenhaft. Weißt du, ich mache immer noch jeden Tag den Bodyscan.«

»Genau das ist der Punkt, Lynn, es ist nicht mein Programm, es ist jetzt deines. Du hast es gemacht. *Du* machst es.«

»Bei mir hat sich so viel geändert, ich hätte das nicht für möglich gehalten. Ich dachte, ich würde wegen dieses Prozesses und der Trennung immer das Gleiche empfinden. Es ist schon erstaunlich, diese Veränderungen zu sehen.«

Allerdings, denke ich, und gleichzeitig auch wieder nicht. Meiner Erfahrung nach sind das die Früchte regelmäßiger Praxis und eine Art, wie Unbeständigkeit sich äußern kann.

Lynn ist für mich eine großartige Lehrerin. Ich hatte ja einen recht einfachen Therapieplan für sie gehabt. Ich wollte ihren Blutdruck runterkriegen, damit ihr Kopf nicht platzt oder noch Schlimmeres passiert. Ich wollte … Sehen Sie es? Was um alles in der Welt hatte, was ich wollte, mit ihrem Leben zu tun? Sie lebt ihr Leben auf eine ganz neue Art, und sie hat das Steuer selbst in der Hand.

Lynns Geschichte und die Veränderungen, die sie durchlebt hat, machen das anschaulich, was wir in diesem Kapitel erforschen wollen, nämlich das, was Jon Kabat-Zinn in seinem Buch *Gesund durch Meditation* »eine Ahnung von Heilsein« genannt hat. Die Menschen kommen in den Kurs mit einem Gefühl, dass sich alles auf ihr Leiden reduziert, mit Gedanken, die sich selbstreferentiell um das drehen, was ihnen zugestoßen ist, oder um ihre Diagnose. Unsere Vorstellung davon, wer wir sind, ist sehr reduziert, und auch das Leben ist dann sehr reduziert.

Aber indem wir praktizieren und unser Gewahrsein wachsen lassen, beginnt sich ein Raum zu öffnen, in dem etwas Neues passieren kann.

In diesem Kapitel werden wir sehen, sowohl am Beispiel des Kurses wie auch an der buddhistischen Lehre, wie die Neugier, die durch die Praxis entsteht, die Art und Weise, wie wir das Leben generell und auch jeden gelebten Moment wahrnehmen, offener und weiter wird. Ich lade Sie ein, genau darauf zu achten, während Sie die Geschichten und die Lehrinhalte lesen. Sie könnten es als Achtsamkeitsübung machen!

Ich erinnere mich noch sehr lebhaft daran, wie ich das erste Mal eine Ahnung von Heilsein erlebte. In einer sehr schwierigen Phase meines Lebens, als es mir wegen meiner Familie sehr schlecht ging, ermutigte mich ein junger Freund, das Buch von Thich Nhat Hanh *Ich pflanze ein Lächeln* zu lesen. Ich las darin zum ersten Mal über die Übung der Achtsamkeit. Thich Nhat Hanh schlug vor, man solle einfach dem, was man im Moment gerade tut, volle Aufmerksamkeit widmen, und er gab dazu konkrete Beispiele wie Geschirrspülen oder Gehen. Das klang für mich machbarer als Meditation. Als ich also das nächste Mal das Abendessen zubereitete, widmete ich dem Karottenschnippeln meine volle Aufmerksamkeit: der leuchtenden Farbe, dem frischen, süßen Duft, dem Gewicht und der Kühle des Messers in meiner Hand. Und für ein paar Augenblicke war ich frei.

Wir haben über die Erste Edle Wahrheit gesprochen – Leiden oder Dukkha – und die Zweite Edle Wahrheit: die Ursache des Leidens, das Verlangen, die Dinge anders haben zu wollen, als sie sind. (Darin steckte Lynn lange fest.) In diesem Kapitel werden wir noch die Dritte Edle Wahrheit untersuchen, in der der Buddha das lehrt, was Lynn erlebte und was ich in diesem kurzen Moment beim Karottenschneiden tat – dass es ein Ende des Leidens gibt, das für jeden erreichbar ist. Vielleicht können wir es nicht die ganze Zeit erleben so wie der Buddha, aber wir erleben im Laufe der Zeit und bei regelmäßiger Praxis mehr und mehr Unversehrtheit und Freiheit. Und das, meine Freunde, ist diese Möglichkeit: dass das Leiden ein Ende hat.

Achtsamkeit in Bewegung – Dritte Sitzung

Es ist wieder Zeit für den Kurs. Ich habe einen kurzen Spaziergang gemacht, mein Abendessen gegessen und dabei den bisherigen Teil des Tages losgelassen. Ich sehe, wie Leute den Kursraum betreten, die Schuhe ausziehen und sich begrüßen. Es herrscht ein Gefühl der Wärme und Freundlichkeit. Wir werden zu einer Gemeinschaft, einer Zuflucht – erinnern Sie sich an die Dreifache Zuflucht? Man kann häufig beobachten, dass die Dritte Zuflucht, nämlich Sangha oder Gemeinschaft, mit der dritten Sitzung stärker wird.

An diesem Abend wird ein weiterer Zugang in den gegenwärtigen Moment und in die Achtsamkeit angeboten, indem wir mit einer längeren Yoga-Sequenz auf dem Boden anfangen. Nach einer kurzen Meditation zum Ankommen spreche ich über achtsame Bewegung. »Heute Abend machen wir ein paar längere Bewegungs-Übungen, die auf Yoga basieren. Das wird hauptsächlich auf dem Boden gemacht, aber es lässt sich auch gut auf einen Stuhl übertragen, und ich werde das vormachen. Yoga ist ein uraltes Wort, dessen Grundbedeutung ›anjochen‹ oder ›vereinigen‹ ist. Was meint ihr, was das für uns bedeuten könnte? Was jochen wir zusammen?«

»Geist und Körper?« antwortet Debbie.

»Ja, und vielleicht auch das Herz«, sage ich, ohne auf das Thema einzugehen, dass wir im Westen diese Dinge als getrennt ansehen. »Ich möchte ein bisschen darüber reden, wie wir das im Kontext von MBSR angehen werden. Hier ist einfach wieder die Einladung, den Empfindungen bei der Bewegung dieselbe Neugier und nicht-urteilende Bewusstheit entgegenzubringen, wie wir es beim Bodyscan und beim Essen der Rosine getan haben. Der Fokus liegt nicht so sehr darauf, eine bestimmte Position oder ein Ergebnis zu erreichen, sondern auf den gesamten Prozess neugierig zu sein, auch auf unseren Freund, den Geist – der ja manchmal nicht so freundlich daherkommt. Wenn wir zu praktizieren anfangen, dann werdet ihr vielleicht den einen oder anderen kritischen Kommentar aus der mentalen Sprecherkabine vernehmen, der eure Leistung bewertet, als ginge es um ein Sportereignis: ›Hey, die ist aber ganz schön steif!‹ ›Oh, er ist nicht mehr so gut wie letzte Saison.‹ Kennt ihr diese Stimme?« Ich sehe Lächeln und Nicken. »Und, ist sie hilfreich?«

»Wahrscheinlich nicht, aber der Typ kommentiert mich immer. Das kann einen schon runterziehen«, sagt Zach.

»Also, seid euch einfach bewusst, dass das passieren kann, und wenn ihr könnt – ich werde euch daran erinnern –, bringt eure Aufmerksamkeit wieder sanft und bewusst zu den Empfindungen des Körpers zurück, wie er sich bewegt. So, wie ihr es beim Bodyscan gemacht habt. Wenn ich euch bitte, euch selbst zu prüfen und für euch zu sorgen, die Grenze dessen nicht zu überschreiten, was sich im Moment für euch richtig anfühlt, dann ist das etwas, was ihr die letzten Wochen schon jeden Tag geübt habt. Über diese Art fürsorglicher Aufmerksamkeit wisst ihr schon einiges.«

Und so beginnen wir eine Praxisform achtsamer Bewegung, mit gelegentlichen Hinweisen, den Körper von innen und von außen zu fühlen, oder zu schauen, was der Geist gerade treibt. Das bedeutet, die Erste Grundlage der Achtsamkeit, über die ich im 2. Kapitel geschrieben habe, in der Praxis zu erleben – wahrzunehmen, dass da ein Körper ist, und außerdem die sich ständig wandelnde Natur der Dinge. Während ich weiter anleite, gehe ich vom Fußboden zum Stuhl über und setze mich zu Joe, Brian und einer Frau namens Francine, damit sie mögliche Varianten sehen können. Wir machen diese Übungen zusammen: Meine Intention ist, dass keiner ausgeschlossen bleibt.

Nach der abschließenden Ruheposition gehen wir allmählich wieder in die Sitzhaltung über, und ich bitte alle, sich zu Dreiergruppen zusammenzutun. »Ihr seid eingeladen, euch auszutauschen, wie diese Übung lief, und dabei zu schauen, ob ihr die tatsächliche Erfahrung beschreiben könnt, statt wie ein Sportreporter in der Halbzeitpause zu kommentieren.« Es gefällt mir zu sehen, wie sie miteinander Kontakt aufnehmen. Die Gespräche sind lebhaft. Ich freue mich darauf zu hören, was sie zu sagen haben.

Als wir wieder in die Gesamtgruppe zurückkommen, meldet sich sofort Peter, ein Geschäftsmann, der gesagt hatte, er sei wegen beruflichem Stress gekommen. »Ich hätte nie gedacht, dass ich Yoga kann, ich meine, ich hab mir unter Yoga immer sowas vorgestellt, wie die Beine hinter dem Rücken verknoten und so. Das hat mir jetzt echt gefallen, und ich war selbst überrascht, dass ich das konnte. Ich war nervös, weil ich was mit einer Bandscheibe habe. Ich hab das Gefühl, das könnte helfen. Ich will mich nämlich auf keinen Fall operieren lassen.«

»Wie fühlst du dich jetzt?«

»Lebendig. Es kribbelt.«

»Ich mache schon lange Yoga«, sagt Cindy, »deshalb war es körperlich eigentlich richtig einfach, aber ohne das Beurteilen war es ganz anders. Ich bin es gewohnt, mich zu pushen. Jetzt war es angenehmer. Ich hab gesehen, wie streng ich mit mir bin. Ich freue mich darauf, das mal in meiner normalen Yogapraxis auszuprobieren.« In der ersten Woche hatte sie uns erzählt, dass sie trotz ihrer Meditations- und Yogapraxis in der Familie ziemlich ungeduldig ist, deshalb frage ich sie: »Gibt es noch einen Bereich in deinem Leben, wo diese Vorgehensweise vielleicht interessant sein könnte? Ich meine, du hättest in der ersten Woche gesagt, du würdest deine Praxis gerne ›runter von der Matte kriegen‹.«

Sie lächelt. »Oh ja, ich verstehe, was du meinst. Ich werde drüber nachdenken. Kommt das zu der Praxis zu Hause dazu?«

»Ja. Abwechselnd mit dem Bodyscan, ihr könnt aber auch beides machen.«

»Gott sei Dank! Ich bewege mich nämlich lieber, als still dazuliegen. Ich mag das Yoga mehr.« Ich sehe Nicken.

Dies ist ein interessanter Moment im Programm: Die Teilnehmerinnen fangen an, Vorlieben auszusprechen und zwischen Dingen zu wählen. Ich muss an eine klassische Zen-Unterweisung denken, die dem Dritten Patriarchen zugeschrieben wird. Die Übersetzung, die ich studierte, beginnt: »Der Große Weg ist nicht schwer für die, die keine Vorlieben haben.« Mein Zen-Lehrer Tenshin Roshi erklärte das so: »Es geht nicht darum, dass wir keine Vorlieben haben. Natürlich haben wir Vorlieben. Aber was machen wir, wenn sie nicht erfüllt werden? Oder wenn sie erfüllt werden und dann vorbei sind?« Hier deutet er auf die Zweite Edle Wahrheit hin – die Ursache des Leidens: das Verlangen, die Dinge anders haben zu wollen, als sie tatsächlich sind. So sage ich das im Kurs natürlich nicht. Ich sage Folgendes: »Es ist in Ordnung, zu wissen, was man bevorzugt. Aber es ist auch gut, sich zu fragen: ›Wo könnte ich noch wachsen? Was würde meine Grenzen erweitern, damit ich neue Bereiche entdecken kann, weshalb ich mich ja überhaupt für dieses MBSR-Programm angemeldet habe?‹ Oft ist es gerade diejenige Praxis, die man *nicht* bevorzugt. Aber ich lade euch ein, das selbst herauszufinden.«

»Die Hauptsache ist«, sagte Tenshin Roshi, »sich kein anderes Leben zu wünschen, als das, was ihr habt.« Ab und zu sagt ein Lehrer etwas, das tief ins Innere sinkt und dabei für eine lange Zeit immer weitere Kreise zieht. Diese Aussage war so etwas Ähnliches für mich. Ich begann mich öfter zu prüfen und zu fragen: Genau jetzt, lebe ich wirklich mein Leben? Dieses einzige Leben, das ich habe? Oder sträube ich mich dagegen – suche ich eine alternative Realität, die zu meinen Vorlieben passt, aber zu nichts führt? So zu fragen ist für mich ein überzeugender Ansatz. Prüfen Sie für sich selbst, ob er Ihnen hilft oder nicht.

Mir ist aufgefallen, dass Menschen oft die Yogaübungen bevorzugen, so wie Cindy, und mit dem Bodyscan, bei dem die Ruhe im Vordergrund steht, Schwierigkeiten haben. Aber nach all den Jahren, in denen ich praktiziert und unterrichtet habe, kann ich nicht genug betonen, wie wertvoll ein Training in stiller Ruhe ist. Es gibt im Leben Dinge, vor denen man nicht einfach weglaufen kann. Alans Pankreaskrebs ist ein gutes Beispiel. Er und Norma können ihm nicht entgehen. Der bipolaren Störung von Junes Sohn können beide nicht entfliehen. In einem meiner letzten MBSR-Kurse hatte ich einen Feuerwehrmann, der ein Topathlet war, immer unter Strom, auch nach Feierabend. Dann hatte er einen üblen Autounfall, der dem ein abruptes Ende setzte. Es war eine Qual für ihn, seinen Stress nicht mehr mit Fitnesstraining austoben zu können. Der Bodyscan, aber auch die Meditation im Sitzen, zu der wir im 5. Kapitel kommen, waren Rettungsanker für ihn, wie er sagte. Ich denke oft darüber nach, ob Buddhas großes Erwachen nicht zum Teil daher rührte, dass er gelobt hatte, von seinem Sitz nicht eher aufzustehen, als bis er erkannt und erfahren hätte, was er vor allem anderen wissen wollte: wie man angesichts des Leidens zu etwas Frieden und Gelassenheit finden könnte.

Eine regelmäßige Praxis zu haben, kann uns Alternativen eröffnen, die wir nutzen können, wenn unsere üblichen Strategien, was wir wann tun, nicht (mehr) verfügbar sind. Welche Kraft das hat, habe ich von Menschen wie dem Feuerwehrmann gelernt, die ständige Aktivität und Fitnesstraining als Hauptstrategie benutzt hatten, um mit Stress und Emotionen klarzukommen. Wenn das nicht mehr geht, wissen sie nicht mehr weiter, bis sie einen Eindruck haben, was bewegungslose Ruhe und Stille ist. In der erwähnten PBS-Dokumentation von Bill Moyers über MBSR gibt es einen Satz von Jon Kabat-Zinn zum Wert des täglichen Übens, den ich oft zitiere: »Es ist sinnvoll, seinen Fallschirm lange, bevor man ihn braucht, zusammenzunähen.«

Für den Moment empfehle ich nur ganz vorsichtig, dass jeder bei der Praxis für zu Hause, die vorgegeben ist, bleibt und neugierig ist, was Tag für Tag dabei passiert. Oder, wie es in dieser Phase des Programms oft heißt: »Du musst es jetzt noch nicht mögen, probiere es einfach aus.«

Um zu unserem Gruppengespräch zurückzukommen – ich fuhr fort: »Nun, wie ist eure Woche gelaufen? Gibt es irgendetwas Bemerkenswertes aus dem Kalender mit den angenehmen Ereignissen oder aus den anderen Übungen?«

Renées Hand schießt hoch. »Ich habe eines meiner Lieblingsgerichte gekocht. Ich habe Spaß daran, es zu kochen, nicht nur es zu essen, und mit meiner Schwester zu plaudern, was ich auch sehr mag. Normalerweise mache ich nicht beides gleichzeitig. Ich habe gemerkt, dass ich beides nicht so genießen konnte, wie wenn ich mich auf eines konzentriert hätte. Wenn wir das mit dem Kalender nicht gemacht hätten, wäre es mir wahrscheinlich gar nicht aufgefallen. Es war eigentlich ziemlich anstrengend. Und da ich mich um meinen Mann kümmern muss, brauche ich diese angenehmen Momente.«

»Ich habe gemerkt, dass ich mehr angenehme Momente habe, als ich dachte«, sagt Zach.

»Möchtest du uns ein Beispiel dafür geben?«

»Klar, ganz gewöhnliche Sachen. Nach dem Fitnesstraining duschen. Oder unseren Hund Max streicheln.«

»Ich hatte das Gefühl, dass es für mich schwer ist, viele angenehme Momente zu finden«, sagt Elaine. »Aber ich achte auf solche Dinge sowieso nicht. Ich fühle mich einfach jeden Tag überfordert.«

Norma hebt die Hand. »Als wir Alans Diagnose bekamen, hatte ich solche Angst, dass ich nicht mehr klar denken konnte. Ich war in Schockstarre. Jetzt machen wir zwei Mal am Tag den Bodyscan, und ich beruhige mich allmählich. Wir müssen ein paar wichtige Entscheidungen treffen, und erst jetzt habe ich so langsam das Gefühl, dass ich dafür bereit bin. Ich denke mal, mein angenehmes Ereignis ist der Bodyscan.«

Brian sagt: »Ich weine nicht mehr dauernd. Das ist ein Riesenfortschritt!« Er lächelt und kichert sogar ein bisschen. »Ich habe auch gemerkt, dass meine Familie es mag, für mich da zu sein. Meine Tochter sagt, dass sie helfen will und sie vorher nie Gelegenheit dazu hatte. Oooh, Mist, ich muss weinen … Egal, sie sagt, damit kann sie mir zeigen, wie sehr sie mich liebt.« Er schneuzt sich und spricht weiter: »Es ist wieder eine Operation geplant, ich werde also ein-, zweimal fehlen.«

Nachdem wir eine kurze Meditation mit Achtsamkeit auf den Atem gemacht haben, gebe ich Anweisungen für die kommende Woche: »Wie ich schon angekündigt habe, werden wir jetzt den Bodyscan und Yoga abwechselnd üben. Und diese Woche haben wir ein weiteres Experiment. Es heißt ›Kalender unangenehmer Ereignisse‹.« Ich höre ein leises Stöhnen. »Ich weiß, ich weiß, aber lasst uns einen Moment überlegen, warum es interessant sein könnte, das zu erforschen.«

Schweigen. Dann sagt Joe: »Ich hab jede Menge unangenehme Ereignisse! Zum Beispiel mein Partner! Ich kann das Blatt gleich ausfüllen – Frühstück, Mittagessen, Abendessen.«

Joes Reaktion ist typisch. Manchmal bitte ich die Teilnehmer: »Wer von euch meint, er oder sie könnte das Blatt jetzt gleich ausfüllen? ›Dienstag Personalversammlung, Freitag Schwiegereltern‹ ... und so weiter?« Das führt oft zu einem Riesengelächter der Selbsterkenntnis, und dann ermutige ich sie zu prüfen, wie es wirklich ist.

»Danke, Joe, das stimmt, Beziehungen können eine echte Herausforderung sein. Empfindet das noch jemand so und hat das Gefühl, das könnte in den Kalender gehören?« Viele Hände gehen hoch. »Noch mehr Ideen, warum wir das machen?«

»Vielleicht finden wir heraus, warum es unangenehm ist, und können etwas dagegen tun?«

»Vielleicht«, sage ich. »Und was denkt ihr: Was könnte passieren, wenn die Fragen im Kalender zu den Gedanken, Gefühlen und Körperempfindungen euch neugierig machen?«

»Na ja«, sagt Jean, »beim Bodyscan merke ich, wenn mich etwas belastet, dann versuche ich neugierig zu sein, was es ist, und dann ändert es sich oft. Irgendwie kommt es mir vor – wenn ich es aufmerksam anschaue und mich nicht mehr so aufrege wie früher, dann verändert sich irgendwie alles.«

»Danke, Jean.« Die Teilnehmer verkünden die Weisheit des Buddha, die eigentlich ihre eigene Weisheit ist. Immer.

Die Dritte Edle Wahrheit: Es gibt ein Ende des Leidens

Als der Buddha uns einlud, selbst die Ursache des Leidens zu erforschen, gründlich zu untersuchen, wie Verlangen und Aversion in unserem Leben wirken und welche Nachwirkungen sie in unserem Leben haben, da stieß er eine Tür auf: Freiheit ist möglich. Das Pali-Wort für diese Befreiung ist *Nibbhana*. Die wörtliche Übersetzung dafür ist »Verlöschen« oder »Versiegen«. Was verlöscht, fragen Sie sich vielleicht? Das Feuer des Verlangens und der Aversion. Wie werden sie gelöscht? In der Vierten Edlen Wahrheit zeichnete uns der Buddha dafür einen Weg vor, den wir in den nächsten Kapiteln beschreiten werden. In der Dritten Edlen Wahrheit öffnen wir uns für die Tatsache, dass Befreiung möglich ist, auch wenn wir nicht genau wissen, wie. Und hier kommt die Neugier ins Spiel.

Ein anderes Wort für Nibbhana, das Ihnen vielleicht vertrauter ist, ist der Sanskrit-Begriff Nirvana. Okay, das war eine Rockband, aber man stellt es sich auch oft als einen Ort vor, an dem alles wunderbar ist. Oder als einen Zustand transzendenter Verzückung, wie auf den Gesichtern der Models in den Yoga-Magazinen, wenn sie auf einem Felsen auf Hawaii in einer komplizierten Pose balancieren.

Ich stelle mir Nibbhana/Nirvana lieber als einen Raum vor denn als einen Ort. Es ist der Raum, den Norma und Alan sich geben, wenn sie zweimal am Tag den Bodyscan machen, um die vernichtende Diagnose und die dramatischen Veränderungen in ihrem Leben zu verarbeiten. Es sind die Ahnungen von Frieden, die Brian spürt, im Zwischenraum zwischen den schmerzhaften Gedanken über seinen Zustand. Lynn erlebte diesen Raum, als sie beschloss, den Prozess und die ganze Papierflut, die dazugehörte, loszulassen. Plötzlich hatte sie neuen Raum, nicht nur in ihrer Wohnung, sondern in ihrem Geist und ihrem Herzen. Raum für Freude und Frieden.

Wie bei allen diesen Lehren ist das Schlüsselelement, wenn wir Leiden reduzieren wollen, zunächst die Erkenntnis, *dass* wir leiden, und dann, *wie* wir leiden. Dieses Erkennen geschieht durch Achtsamkeit, durch die wohlwollende, neugierige und nicht-wertende Bewusstheit, die sagt: »Ah, schau dir das an! Ich fühl mich nicht wohl! Irgendetwas nagt an mir, ich spüre es im Körper, und ich sehe, wie mein Kopf rast, um irgendeine Strategie zu finden, wie ich da rauskomme oder wie ich etwas festhalten kann.« Dann – vielleicht – kommt eine Frage auf: »Mache ich vielleicht durch das, was ich tue, alles noch schlimmer?« Und in diesem Hinterfragen liegt die Möglichkeit des Aufatmens, die Möglichkeit, zu neuen Ufern aufzubrechen.

Die Zweite Grundlage der Achtsamkeit: Achtsamkeit auf die Gefühlsfärbungen

In der dritten Sitzung schauen wir uns gründlich an, wie wir die Welt erleben, und zwar durch die beiden Kalender zu den angenehmen und unangenehmen Ereignissen. Das hängt auch mit der Zweiten Grundlage der Achtsamkeit zusammen, die auch Achtsamkeit auf Vedana heißt, Bewusstheit im Bereich der Gefühle. Vielleicht denken Sie jetzt sofort: »Oh, das kenne ich, ›Gefühle‹ sind Emotionen. Glücklich, traurig, wütend, einsam. Ich glaube, das habe ich in meiner Therapie schon alles durchgearbeitet.« Aber das ist nicht genau das, was mit Vedana gemeint ist. Das ist sowieso das Interessante an diesen Pali-Wörtern – sie sorgen dafür, dass man kurz innehält und überlegt: »Hm? Wie bitte?« Egal nämlich, wie wir sie übersetzen, wir können die Bedeutung nur annähernd erfassen, und das heißt, wir müssen uns mehr ins Unbekannte wagen.

Das ist es, was mit Vedana gemeint ist: die Gefühlsfärbungen oder Empfindungen, die wir als angenehm, unangenehm oder neutral kategorisieren. Dieses Kategorisieren passiert fast sofort, wenn unsere inneren Sinne mit äußeren Objekten in Berührung kommen, und es passiert *vor* dem, was wir im Westen als Gefühle bezeichnen. Sie werden bald sehen, wie MBSR-Lernende die Art und Weise erforschen, wie sie die Dinge etikettieren und welchen Einfluss das schließlich auf ihr tatsächliches Erleben hat. Das ist die Zweite Grundlage der Achtsamkeit in der Praxis. Sie lädt ein zu untersuchen, wie wir blitzschnell die Welt und unser Erleben interpretieren, sobald wir mit ihr in Kontakt kommen. Ist es angenehm, unangenehm oder neutral? Schon die Frage an sich erweitert die Perspektive.

Hier nun die Zusammenfassung, wie der Buddha das Ganze in seiner Lehrrede über die Vier Grundlagen der Achtsamkeit erklärte. Er weist die Mönche an, Gefühlsfärbungen auf eine spezifische Weise zu erforschen – mit einem Wissen, das nicht intellektuell ist, sondern Merkmale der Neugier, Offenheit und des Nicht-Urteilens hat. Er bittet sie zu wissen, wenn sie ein angenehmes Gefühl haben: »Ich fühle ein angenehmes Gefühl.« Wenn sie ein unangenehmes Gefühl haben, sollen sie wissen: »Ich fühle ein unangenehmes Gefühl.« Wenn sie ein neutrales Gefühl haben, sollen sie wissen: »Ich fühle ein neutrales Gefühl.« Der Buddha gibt keine Anweisung, irgendetwas zu tun, er lädt uns einfach dazu ein zu wissen, was wir fühlen; zu sehen, wie schnell wir Dinge kategorisieren; und dann zu sehen, wie diese Bewusstheit Leiden steigern oder vermindern kann.

Diese Woche haben wir in die Sitzung Erlebnisse aus unserem Leben mitgebracht, die wir als Hausaufgabe im Kalender für angenehme Ereignisse festgehalten haben. Um das zu tun, müssen wir wirklich wissen wollen, was wir als angenehm etikettieren, und es dann mithilfe der spezifischen Fragen im Kalender weiter untersuchen: »Welche Empfindungen waren da? Welche Gedanken? Welche Gefühle?« (Hier sind mit Gefühlen Emotionen gemeint.)

Ein Vorteil hiervon ist, dass wir »wissen«, was passiert, während es passiert. »Wissen« auf buddhistische Art bedeutet, eine etwas breitere und präsentere Bewusstheit davon zu haben, was sich gerade in unserem Kopf abspielt. Es geht mehr um nicht-urteilendes Wissen als um den Inhalt. Ein weiterer Vorteil ist, dass wir anfangen können, die Gefühlsfärbung oder Empfindung zu isolieren und das Etikett zu erkennen, das wir draufkleben – gut, schlecht, angenehm, unangenehm.

Die Absicht dieser Übung ist zum einen, dass wir angenehmen Dingen, die wir vielleicht sonst verpassen würden, mehr Bewusstheit entgegenbringen, zum anderen aber, diese Art der Erforschung bei allen Dingen zu praktizieren. Wenn ein angenehmer Moment unbemerkt vorbeigeht, ist unser Leben weniger lebenswert. Wenn wir aber durch etwas Angenehmes völlig aus dem Häuschen geraten, was ist dann, wenn es vorbei ist? Im Sommer berichtete ein MBSR-Kursteilnehmer: »Ich genoss mit meiner Familie in vollen Zügen unseren sorgfältig geplanten Badeurlaub.« (Mittlerweile herrschten hier in der Wüste über 40 Grad!) »Drei Tage vor dem Ende merkte ich, dass ich Horror davor hatte, wieder zur Arbeit gehen zu müssen, wieder den Tagesablauf der Kinder zu organisieren und vor der Hitze. Ich merkte, dass ich es gar nicht mehr genießen konnte, obwohl ja immer noch Urlaub war. Dann erinnerte ich mich an die Übung, in den gegenwärtigen Moment zurückzukommen, und das hat mir geholfen.«

Ich will damit nicht sagen, dass wir keine Leidenschaft für etwas haben sollten. Aber es hilft eben, das zu wissen, damit wir nicht unwillkürlich anfangen, immer nach mehr und noch mehr zu jagen. Oder das Ende vorwegzunehmen und düstere Schatten werfen zu lassen, wie der Teilnehmer es gerade eben beschrieben hat. Wenn ich das in der zweiten Woche vorbereite, achte ich sehr darauf, den Faktor Neugier zu betonen, indem ich dieses Beispiel benutze: »Sei ein Anthropologe deines eigenen Lebens. Was wird in deiner Kultur ›angenehm‹ genannt?«

Manchmal stellen wir fest: Was wir angenehm nennen und gewohnheitsmäßig tun, weil das Etikett angenehm fest daran klebt, ist eigentlich gar nicht so angenehm. Ein Teilnehmer aus Großbritannien erlebte das wie eine Offenbarung: »Ich bin ein absoluter Fußballnarr, und ich hatte den ganzen Samstag so geplant, dass ich mit der Familie in einem Pub landete, wo ich das Spiel gucken konnte. Dabei ist mir einiges aufgefallen. Zum einen war ich seltsamerweise ziemlich angespannt, weil ich wusste, dass meine Frau die Kinder bei Laune halten musste, damit ich machen konnte, was ich wollte. Zum anderen war ich wegen der Spannung, wer das erste Tor schießt, die meiste Zeit körperlich total verkrampft. Und weil meine Mannschaft nicht so gut spielte, war ich emotional total aufgewühlt! Danach hab ich gedacht: ›Was hat daran jetzt so Spaß gemacht?‹, Davor hätte ich geschworen, dass es Spaß macht, ein Fußballspiel zu gucken.«

Andererseits stellen wir vielleicht fest, so wie es Zach ging, dass Duschen, wenn es achtsam gemacht wird, viel angenehmer ist, als wenn wir in Gedanken verloren sind. Und das können wir jeden Tag haben.

Am Ende dieser Sitzung sehe ich Leute in Grüppchen zusammenstehen und reden. Sie lächeln und suchen die Nähe der anderen. Zach hilft Joe, die Schuhe anzuziehen. Renée redet sehr lebhaft mit Nikki. Ich bleibe noch einen Moment sitzen und sauge die gemeinsame Wärme auf, die Verbundenheit, dieses Gefühl, eine echte Zuflucht zu haben. Jedenfalls weiß ich: Für mich ist es das.

Kapitel 4

Der Dharma der Bewusstheit

Sich dem Stress zuwenden

Der Tag heute ist wahrhaftig nicht einfach gewesen. Der zehnjährige Sohn meiner wunderbaren Assistentin Angela war krank. Zwar war die Oma zu Hause bei ihm, aber sie ist auch nicht mehr so fit. Ich fühlte mit Angela mit und spürte, dass sie nicht ganz bei der Sache war. Ich sagte ihr, sie solle nach Hause gehen, ich würde meine Patienten alleine registrieren – ihr Sohn hat Priorität. Sie lehnte ab, loyal und pflichtbewusst, wie es ihre Art ist, aber ich konnte spüren, dass das Angebot sie freute.

Ich muss zugeben, ohne sie wäre die Arbeit wirklich hart. Unser Tagesablauf ist vollgepackt mit Terminen, und das ist nur ein Teil der Arbeit. Der Arzt ist gestern nicht dagewesen, und deshalb liegt auf meinem Tisch ein ungewöhnlich hoher Stapel Krankenblätter mit Laborbefunden, die durchzuarbeiten sind, dazu Befundbriefe von Fachärzten und stapelweise Rezepte, die ausgestellt werden müssen (oder auch nicht). Und dann ist da noch der Anrufbeantworter …

Die MBSR-Lehrerin ist also ein bisschen gestresst. Es ist eine echte Herausforderung, in der heutigen Zeit Medizin zu praktizieren, mit einer neuen digitalen Datenbank für die Patientendaten umgehen zu lernen, jede Menge Formulare für die Kostenträger auszufüllen und vor allem, in der Sprechstunde so vielen Patienten zuhören zu müssen, die mit dem System unzufrieden sind. Ich versuche, eine gute Anwältin der Patienten zu sein, aber oft kann ich nicht mehr sagen als: »Ich bin genauso frustriert wie Sie.«

Glücklicherweise weiß ich es. Vor einigen Jahren hätte ich gar nicht gemerkt, dass ich gestresst bin. Ich hätte mein inneres Erleben schlichtweg ignoriert, meine Persönlichkeit an der Garderobe abgegeben und mich am Ende des Tages ziemlich erdrückt und ausgequetscht gefühlt. Aber durch die Achtsamkeitsübungen ist mir dieses Muster bewusst geworden und auch die Tatsache, dass es mir und meinen Patienten nicht weiterhilft. Mir wurde bewusst, dass es den Stress erhöht und zum Burnout führt, wenn man sich selbst vernachlässigt. Also startete ich ein Ritual, das ich »Ich bin auch da« nenne. Ich mache es, wenn ich meinen weißen Arztkittel anziehe. Wenn ich in die Ärmel schlüpfe, sage ich zu mir selbst: »Ich bin hier drin.« Und ich versuche, zu mir selbst freundlich zu sein, während ich für andere Menschen da bin. Das macht wirklich einen Unterschied.

Heute Abend fahre ich nicht ganz allein zum Kurs. Auf dem Rücksitz sitzt ein alter Freund, den Hugh und ich liebevoll den »Stress-Organ-Kumpel« nennen. Das ist ein Modell zum Veranschaulichen, das Hugh kreiert hat. Er nahm ein Whiteboard, zeichnete mit Permanent-Filzstift die Umrisse eines Menschen darauf und darin farbig die Organe, die durch Stress beeinflusst werden. Wir haben den Stress-Organ-Kumpel sehr gern. Er begleitet uns bei allen möglichen Abenteuern, geht mit in Schulen, Vereine und soziale Institutionen, wie zum Beispiel die Dienststelle des Kinderschutzbundes, wo wir letzte Woche unterrichteten. Er ist an den Ecken schon ein wenig ausgefranst, aber die Botschaft kommt trotzdem rüber.

Ich verbinde mich mit meinem Körper, Geist und Herz, und merke, dass ich mich ein bisschen mehr zentrieren muss, bevor ich zu unterrichten anfange. Also nehme ich mir ein wenig Zeit, um langsam barfuß durch das Gras zu laufen, bevor ich auf den Kursraum zusteuere. Ah, viel besser.

Die Leute richten sich ein, der Kursraum fühlt sich sicher und friedlich an. Gleichzeitig ist eine Spannung da, eine gewisse Energie, nach dem Motto: »Ich bin gespannt, was heute kommt?« Ich sehe, wie die Leute neugierig schauen, als ich den Stress-Organ-Kumpel auf den Ständer stelle.

Heute Abend beginnen wir mit ein wenig Yoga, danach kommt eine Gehmeditation und danach eine Übung im Sitzen – Bewusstheit für den Atem. Wir bauen die Meditationsübungen zu längeren Einheiten auf, während wir im Kursplan voranschreiten. Wir haben mit 45 Minuten in der ersten Woche angefangen und sind jetzt, in Woche vier, bei 90 Minuten. Vielleicht sehen Sie, während Sie weiterlesen und mit uns praktizieren, wie es ist, wenn Sie Ihre persönlichen Übungen ein wenig länger machen.

Ich teile allen mit, dass Brian operiert worden ist und es ihm gut geht. Dann lade ich alle ein, aufzustehen, bitte sie aber vorher noch, darauf zu achten, wie der Körper weiß, wie Aufstehen geht; wie es sich anfühlt, die Mechanik sozusagen, als wenn sie es noch nie getan hätten. »Steht da, als ob es die interessanteste neue Yoga-Haltung wäre, die ihr je ausprobiert habt.« Ich frage mich, ob ich selbst nachfühlen kann, wie Joe die Augen verdreht. Ich sehe Renée lächeln, während sie behutsam ihren Stand einnimmt.

Ich fahre fort mit meinen Anweisungen: »Und jetzt, wo wir stehen, die Fußsohlen auf dem Boden fühlen. So viel Fläche, wie ihr fühlen könnt.«

(Nebenbei bemerkt: Sie sehen, wie ich in meinen Anweisungen den Infinitiv verwende statt des Imperativs – »die Fußsohlen fühlen« statt »fühlt eure Fußsohlen«. Das wird in den MBSR-Kursen grundsätzlich so gehandhabt, um ein autoritäres Unterrichten, sozusagen von oben herab zu vermeiden.)

Während ich stehe, denke ich daran, wie schwierig das Stehen für Brian ist mit seiner wackligen Hüfte und für Joe mit seiner kranken Wirbelsäule.

Wir kommen zum Ende der Yoga-Einheit, dann gebe ich die Anweisungen für die Gehmeditation: einfach beim Gehen die Empfindungen in den Füßen und Beinen fühlen, wobei viel langsamer gegangen wird als gewöhnlich. »Und wenn der Geist abschweift – was er sicher tun wird –, ihn einfach wieder auf den Akt des Gehens zurücklenken.« Ich gebe ihnen ein paar Minuten, um es auszuprobieren. Manchmal ist das die perfekte Praxis für mich, so wie mein kleiner Gang zwischen der Klinik und dem Kurs. In der Zen-Tradition gilt die Gehmeditation oder Kinhin als Übergangspraxis, weil sie dem alltäglichen Leben ähnlicher ist als das Sitzen. Sie gibt uns die Möglichkeit, uns zu bewegen und gleichzeitig Aufmerksamkeit zu üben. Von da aus können wir dann dazu übergehen, auf – nun, auf alles unsere Achtsamkeit zu richten.

»Und nun den eigenen Platz finden«, sage ich. »Wir werden zu einer Meditation im Sitzen übergehen, die ein bisschen länger ist als bisher. Ich werde ein wenig Anleitung geben, in der es um die Aufmerksamkeit auf den Atem geht. Eine Sache, die man dabei ausprobieren kann: damit zu arbeiten, dass der Körper sich nicht bewegt. Also, wenn euch was juckt, dann schaut mal, was passiert, wenn ihr nicht gleich kratzt.« Das Problem bei dieser Anleitung ist, dass es mich sofort überall juckt, wenn ich sie ausspreche, und andere auch. Aber sie ist wichtig! »Macht es als Experiment, nicht weil Beth gesagt hat, wir dürfen uns nicht bewegen.›» Ich mache vor, wie jemand stocksteif dasitzt. »Es ist keine eiserne Regel; es ist eine Gelegenheit, nachzuforschen. Was passiert, wenn ich mich nicht kratze? Ob ihr's glaubt oder nicht, es ist ziemlich interessant. Also, wir machen hier eine kleine Reise ins Unbekannte. Es ist ja nicht nur der Körper, der sich bewegen will, was bewegt sich noch?«

»Mein Denken!« sagt Zach. »Es bewegt sich, und nicht wenig!« Viele nicken.

»Genau! Das tut es und wird es immer tun – das ist ganz natürlich. Also, wenn ihr es bemerkt, einfach die Aufmerksamkeit wieder auf den Körper zurücklenken, auf den Atem. Keine Kritik erforderlich. Keine Schläge. Und es gibt keinen Aufpasser, der misst, wie oft eure Gedanken abschweifen. Das geht nur jeden persönlich an. Und ihr dürft auch ruhig wissen, dass es allen anderen genauso geht. Egal, wie ruhig sie äußerlich wirken, glaubt mir, im Kopf geht es rund! Das ist einfach die Natur des Geistes. Er wandert.«

Wir beginnen diese längere Meditation, und ab und zu werfe ich kleine Hinweise ein, den Atem zu spüren, nicht ihn zu denken oder ihn zu kontrollieren, und den Geist sanft zurückzubringen, wenn er abwandert. Ich bin beeindruckt, wie still es im Raum ist. Es ist wie ein tiefer Weiher an einem windstillen Tag. Sie finden eine Audio-Aufnahme dieser Meditation unter *www.arbor-online-center.de/Mulligan_HerzderAchtsamkeit* (Track 4: »Meditation mit Achtsamkeit auf den Atem«).

Nachdem ich die Glocke geläutet habe, frage ich: »Nun … was habt ihr bemerkt?«

Norma sagt: »Ich war erstaunt, wie viel Zeit ich darauf verwendet habe, mir Sorgen zu machen – mache ich es auch richtig? Wird es Alan wieder gut gehen? Wird es mir wieder gut gehen? Aber wenn du uns erinnert hast, konnte ich zurückgehen.«

Alan sagt: »In meinem Kopf ist viel los, es war so, als könnte ich nur an unsere Pläne denken, an die nächsten Untersuchungen, Laborbefunde und so weiter, fast die ganze Zeit.«

»Also hast du wahrgenommen, dass da Gedanken waren. Und dann? Was hast du dann gemacht?«

»Dann habe ich deine Stimme gehört; es war, als würdest du meine Gedanken lesen …«

»Genau!« trompetet Zach.

»Und dann bin ich zum Atem zurückgekommen.«

»Und damit hast du gerade beschrieben, was Meditation ist«, antworte ich.

»Darüber hab ich nachgedacht«, sagt Jean, »weil ich im Laufe der Jahre so oft zu meditieren versucht habe und immer frustriert war. Diesmal hab ich gedacht: Vielleicht ist ja genau das Zurückkommen Meditation!«

»Und, was meinst du?« frage ich.

»Ich glaube schon. Es ist ganz anders, weil ich mich nicht mehr beurteile.«

»Da könnte was dran sein«, bemerke ich. »Was gibt's noch zu berichten?«

»Mich hat's gejuckt, und ich hab versucht, nicht zu kratzen«, sagt Peter. »Komisch, es ist tatsächlich weggegangen, und erst jetzt ist es mir wieder eingefallen.«

»Den ganzen Tag haben mir die Knie wehgetan«, sagt Carol. »Aber aus irgendeinem merkwürdigen Grund stören sie mich jetzt gerade nicht. Ich meine, sie tun schon weh, aber es stört mich nicht mehr so. Weiß nicht, wie ich das erklären soll. Und ich hab gar nichts gemacht.«

Peter und Carol demonstrieren beide, welchen Wert es hat, bei einer Empfindung einfach (sitzen) zu bleiben und nicht einzugreifen. Sie bekommen nämlich die Chance, das Entstehen und Vergehen zu sehen, die Unbeständigkeit der Empfindungen, und in Carols Fall auch die Emotionen zu der Empfindung. Und sie verlangsamen auch den Prozess des automatischen, habituellen Reagierens: jucken – kratzen, schmerzende Knie – sich bewegen … Dieser Raum zwischen einer Empfindung und einer Reaktion beginnt in der Meditation und überträgt sich mit der Zeit auf komplexere Lebenssituationen. Das ist eine der enorm wirkungsvollen Wohltaten der Meditation im Sitzen. Schauen Sie selbst, was Sie in Ihrer Meditation entdecken!

»Die Art, wie du uns erinnerst, zurückzukommen, ohne zu urteilen, sanft und freundlich – ich habe gemerkt, dass sich das auch in anderen Bereichen meines Lebens auswirkt. Ich bin manchmal nicht mehr so streng zu mir.« Nikki lächelt, nachdem sie das gesagt hat.

Ich danke allen und erkundige mich nach der Praxis der vergangenen Woche, vor allem nach dem Kalender unangenehmer Ereignisse.

Eileen beugt sich in ihrem Stuhl vor und sagt: »Ich hatte einen Zettel auf meinem Tisch, ich solle zur Direktorin kommen.« Viele lachen; jeder kennt dieses Gefühl. »Ja, aber sie ist halt meine Chefin!« fährt sie fort. »Jedenfalls, auf dem Weg zu ihrem Büro spürte ich, wie mein Herz raste und mein Mund trocken wurde. Ich hab überlegt, ob es wegen Billy ist, einem Jungen, der mich zum Wahnsinn treibt. Letzte Woche war mir mal der Kragen geplatzt. Vielleicht haben sich seine Eltern beschwert? Ich fing an, mir eine Verteidigung zurechtzulegen, wie absurd unsere Arbeitsbelastung ist und warum ich nichts dafür kann. Und plötzlich dachte ich an diesen blöden Kalender. Blitzartig dachte ich: ›Das ist ein unangenehmes Ereignis, dabei ist es noch gar nicht passiert!‹« Noch mehr Gelächter.

»Und?« frage ich.

»Sie wollte mir nur mitteilen, dass jemand von einer anderen Schule uns besucht und sie ihnen den Geschichts-Zirkel zeigen möchte, den ich kreiert habe. Im Fach Geschichte hab ich so meinen eigenen Methoden.«

»Also war es nicht das, was du erwartet hattest.«

»Nein, und dann habe ich überlegt, wie oft ich das mache – also mir Stress mache, bevor überhaupt etwas passiert ist. Und vielleicht nicht mal merke, dass etwas ganz anderes passiert ist. Und ich habe auch gemerkt, dass ich mich wegen dieser Auseinandersetzung mit Bill immer noch wirklich schlecht fühle und es ansprechen muss.«

Dann meldet sich Joe zu Wort. »Ich habe schon lange ein Riesenproblem in meiner Beziehung. Ich bin so frustriert, dass ich meinen Partner nicht dazu kriege, zu machen, was ich will. Er versteht mich nicht. Aber letzte Woche hat sich was verändert.«

»Ach ja?«

»Ja, Joe kommt sich selbst auf die Schliche!« Mit einem schlauen Grinsen tippt er sich an die Schläfe.

»Kannst du uns das noch ein bisschen erklären?« frage ich.

»Also, wir bekamen wieder Streit, wie üblich. Und dann habe ich gemerkt, dass ich am ganzen Körper verkrampft war. Ich war sehr gereizt, was bei mir normal ist, aber ich hab es gesehen, gefühlt, und ich wartete einen Moment, bevor ich etwas sagte. Ich fragte mich: Um was geht es eigentlich? Und ich habe gemerkt, dass das Problem ein Stück weit darin liegt, dass ich meine Sichtweise für die einzig richtige halte. Friss oder stirb! Und er sieht's halt anders. Und wenn dann erst mal eine Pause ist, kann viel passieren. Ober besser: nicht passieren, so wie der nächste dumme Streit. Jaja, Joe kommt sich auf die Schliche!«

In meiner Ausbildung zur MBSR-Lehrerin sagte Saki Santorelli, der Direktor des Center for Mindfulness: »Ihr werdet erleben, wie in kürzester Zeit der Lehrstoff aus euren Schülern förmlich herausquillt.« Was könnte ich denn sinnvollerweise dem, was Joe und Eileen gesagt haben, noch hinzufügen? Ich liebe es, wie die Teilnehmer selbst zu Lehrenden werden und auch mich etwas lehren. Sie erinnern mich ständig daran, dass wir alle Buddhas sind; wir alle haben das Potenzial, aufzuwachen.

Raúl, der bis jetzt meistens geschwiegen hat, bekommt einen Stupser von seiner Frau. »Meine Kinder, sie kommen zu mir und umarmen mich öfter, ohne Grund. Ich glaube fast, sie hatten vorher Angst vor mir. Und dann bin ich jetzt auch Trainer in der Little League.* Diese Achtsamkeits-Geschichte ist für Baseball toll. Ich geb den Kindern einfach nur kleine Tipps wie in unserem Kurs, zum Beispiel ›Spür den Schläger‹, ›Spür deine Füße‹, ›Atme‹ … und es ist ein Riesen-Unterschied!«

Jetzt ist es Zeit für den Stress-Organ-Kumpel. Zusammen malen wir mit bunten Stiften all die Stellen aus, an denen Stress gefühlt wird, im Grunde alle die bunten Organe, die Hugh eingezeichnet hat. Und ich rekapituliere das Thema »Kampf/Flucht/Totstellen«, die archaische Überlebensstrategie des Menschen, die angesichts moderner Stressfaktoren nicht mehr so richtig funktionieren will (wie am Beispiel von Eileen zu sehen war).

Dann gehen wir über zu dem, was wir »externe und interne Stressoren« nennen, und wie wir sie bewältigen. Sie haben ihre externen Stressoren schon ganz früh aufgezählt – gesundheitliche Probleme, Familie, Finanzen, Arbeit, Verkehr … und auch die typischen Bewältigungsstrategien der ungesünderen Art: Essen, Alkohol, Drogen oder Flucht in die Arbeit. Wir reden darüber, wie diese Mittel uns in Stressreaktionen gefangen halten.

Aber der wirklich interessante Teil kommt beim Thema »interne Stressoren«. »Stellt euch vor, ihr habt zwischen Daumen und Zeigefinger eine saftige Zitronenspalte«, sage ich. »Stellt euch vor, ihr seht die einzelnen Segmente, die Farbe, riecht den Zitrusduft, fühlt die Schale. Und jetzt führt ihr sie zum Mund, als ob ihr reinbeißen wolltet.« Ich warte. »Was passiert?«

»Speichel fließt«, sagen viele. Ich schaue mich um, sehe zusammengezogene Münder und grinsende Gesichter. Von vielen Fingern hochgehalten, schweben überall imaginäre Zitronen. Sogar mir fließt der Speichel.

---

* Die »Little League« ist eine gemeinnützige Organisation in den USA, die Baseball und Softball für Kinder von fünf bis 18 Jahren organisiert (Anm. d. Übers.)

»Wir können also auf eine imaginäre Zitrone eine reale physische Antwort produzieren. Warum ist das wichtig?«

»Nun, Eileen hat das perfekte Beispiel dafür geliefert, als sie erzählte, wie auf dem Weg zum Büro der Direktorin ihr Herz raste, dabei war noch gar nichts passiert«, sagt June. »Und mir passiert das manchmal, wenn ich schlafen will. Ich fange an, an Dinge aus der Vergangenheit zu denken oder an den nächsten Tag, und mein Herz klopft bis zum Hals. Dann steh ich voll unter Strom.«

»Warum klopft dir das Herz bis zum Hals?«

»Meine Gedanken und Ängste und Erfahrungen aus der Vergangenheit!« antwortet sie.

»Das ist es, was mit internen Stressoren gemeint ist. Unsere Gedanken sind mit dem Körper verbunden, und deshalb können sie Stressreaktionen auslösen und tun es auch. Deswegen kommen die Leute auch zum Meditieren, weil sie einen ruhigen Geist ohne Gedanken wollen, was praktisch unmöglich ist. Ein ruhiger Geist ist natürlich hilfreich, aber nicht unbedingt unser Ziel; ihn direkt anzustreben kann nämlich geradezu das Gegenteil bewirken. Habt ihr das auch schon bemerkt? Bei der Praxis geht es eigentlich darum, zu sehen, was unser Geist so treibt, und dann zu sehen, was das in uns für Gefühle und Handlungen auslöst. Sich ›auf die Schliche zu kommen‹, wie Joe das so schön formuliert hat.«

Zach hebt vorsichtig die Hand. »Ich will ehrlich zu dir sein, Beth. Ich verspüre manchmal schon eine gewisse Erleichterung, wenn ich die Übungen mache, und wie ich erzählt habe, habe ich jetzt ein bisschen öfter schöne Momente erlebt. Aber in den letzten Jahren sind in unserer Familie halt ein paar echt krasse und schreckliche Sachen passiert.« Er wirft seiner Mutter einen Blick zu. »Und ich habe immer noch nicht das Gefühl, dass ich dem in die Augen schauen kann. Ich will eigentlich den Deckel draufhalten, aber dann…«, er schluckt, »dann kommen immer wieder Erinnerungen hoch. Das macht mir Angst.«

In den Wochen seit Kursbeginn hat Zachs Mutter mich an der ungeheuren Familientragödie teilhaben lassen, die sie in den Kurs geführt hat. Zachs Vater und Tante waren bei einem Autounfall getötet worden, und Zach wurde zum Unfallort gerufen, weil er als Einziger zu Hause gewesen war. Natürlich war das für ihn und für die ganze Familie extrem traumatisch. Wir haben über Therapiemöglichkeiten gesprochen, und nachdem er einige ausprobiert hat, verweigert er sich ziemlich hartnäckig. Ich behandle Zach wie ein rohes Ei, aber ich weiß, dass er sehr stark ist.

»Ich finde es gut, dass du das mit uns teilst, Zach. Wie fühlt es sich jetzt gerade an, darüber zu reden?«

»Ich bin nervös, mein Herz klopft wie wild, so wie die anderen das gerade erzählt haben.«

»Darf ich dich was fragen?«

»Klar, sicher.«

»Was machst du, wenn diese Erinnerungen kommen?«

»Ich mach … ääh … irgendwas …Ich lenk mich ab, glaube ich. Ich beschäftige mich. Ich geh auf Facebook oder texte irgendwas Unwichtiges. Oder, wenn ich zu Hause bin, geh ich raus und spiele Basketball oder so.«

»Es klingt, als wärst du dir ganz bewusst, was vor sich geht, und dass du dich ganz gut um dich selbst kümmerst. Meiner Erfahrung nach brauchen diese richtig schwierigen Dinge ihre eigene Zeit. Es braucht viel Mut, überhaupt zu praktizieren und dann noch darüber zu sprechen. Wärst du bereit, es weiter so zu machen und zu schauen, was dabei herauskommt?«

»Ja. Ich mag die Leute hier sowieso, und das hilft mir.« Er lächelt. Man spürt, wie die anderen sich ihm innerlich zuneigen, obwohl sie sich nicht in den Prozess einmischen, der in ihm vorgeht.

Es gibt aber etwas, was ich klarstellen muss, für mich und für Zach. Ich muss ihm nicht helfen oder ihn wieder in Ordnung bringen, sondern ich bin hier, um ihn zu unterstützen und in engem Kontakt mit ihm zu bleiben. Und trotz allem Sprechen darüber, sich den Schwierigkeiten zuzuwenden – es gibt dafür den richtigen Ort und Zeitpunkt und auch das richtige Tempo. Ich respektiere vollkommen, wo er gerade steht. Seine eigene Weisheit sagt ihm, dass es freundlich und mitfühlend ist, wenn er Basketball spielen geht oder Freunde kontaktiert. Das ist schlicht und einfach klug. Wenn ich denke, dass er Probleme hat, ist das eine andere Geschichte, aber im Moment scheint es nicht so. Ich sehe jemanden, der wirklich Mut hat. Ich werde mit ihm in Kontakt bleiben und weiter Ausschau halten, ob eine Therapie im Bereich des Möglichen liegt.

Die Vierte Edle Wahrheit: Da sein und praktizieren, das ist der Weg zum Ende des Leidens!

Wer an einem MBSR-Kurs teilnimmt, hat sich auf einen Weg gemacht und sich über acht Wochen auf zweieinhalb Stunden pro Woche und einem Tag der Achtsamkeit an einem Samstag eingelassen. Sie oder er hat sich verpflichtet, eine Dreiviertel- bis ganze Stunde pro Tag eine Form von Meditation zu üben. Man könnte sagen: Die Praxis ist der Weg, und die Bewusstheit, die dabei entsteht, ist der Weg in die Freiheit. Mehr noch: Sie ist Freiheit. Wir sehen das an dem Austausch diese Woche – die Leute ahnen weiterhin Chancen und Spielräume für ihr Leben. Sie praktizieren und erleben, dass sich ihr Leiden verringert. Die Lehre des Buddha beschreibt ebenfalls einen Weg, der in der Vierten Edlen Wahrheit beschrieben ist – dem sogenannten »Achtfachen Pfad«.

Bevor wir uns das näher ansehen, möchte ich noch auf etwas hinweisen. Alle acht Elemente dieses Weges beginnen mit dem Pali-Wort samma. Samma wird oft als »richtig« oder »recht« übersetzt, aber es meint nicht «richtig» im Gegensatz zu «falsch», wie wir im Westen es vielleicht auffassen würden. Ich bevorzuge die Übersetzungen «klug«, »heilsam«, »umfassend«.* Im weiteren Verlauf werde ich das Wort »klug« gebrauchen.

* Im Deutschen ist als Übersetzung das Adjektiv »recht« üblich. Für »wise«, das die Autorin fortan benutzt, finde ich »klug« am treffendsten. Das Wort »wisdom« gebe ich aber als »Weisheit« wieder (Anm. d. Übers.)

Die Vierte Edle Wahrheit, wie sie der Buddha beschreibt, skizziert seine Anweisungen zu einer Lebensführung, die, wie er feststellte, Dukkha oder Leiden lindert oder beendet. Sie heißt der Achtfache Pfad, weil sie aus acht Verhaltens- und Daseinsweisen besteht, die man üben kann:

- Kluge Sichtweise: Einblick in die wahre Natur der Realität.
- Kluge Absicht: Verzicht, guten Willen und Nicht-Verletzen kultivieren.
- Kluges Sprechen: Sprache mitfühlend gebrauchen.
- Kluges Verhalten: ethisches Handeln, Mitgefühl empfinden.
- Kluger Lebensunterhalt: seinen Lebensunterhalt auf ethische und nicht-schädigende Weise verdienen.
- Kluge Anstrengung: heilsame Eigenschaften kultivieren, schädliche Eigenschaften aufgeben.
- Kluge Achtsamkeit: Gewahrsein auf Körper und Geist.
- Kluge Meditation: durch meditative Praxis ein tiefes Verständnis der Natur der Wirklichkeit gewinnen, mit einem stabilen Herz-Geist.

Bitte bedenken Sie: Dieser Weg ist keine Bedienungsanleitung, die Sie Schritt für Schritt abarbeiten können. Er ist nicht linear, obwohl das Üben eines Elementes die anderen fördert. Er ist nicht das, was die Lifestyle-Magazine im Wartezimmer versprechen: »Die fünf Schritte zum Glück« oder »Bauch weg in sechs Wochen!« Er ist eher wie eine Spirale oder eine Doppelhelix, wie ein DNA-Strang. Innen und außen sind schwer zu unterscheiden, und alle Teile hängen miteinander zusammen und beeinflussen sich gegenseitig. Sie stärken sich auch gegenseitig, wie ein Seil, das stärker ist, wenn es aus vielen Strängen zusammengedreht wird.

Für den Rest dieses Buches werden wir uns den Achtfachen Pfad anschauen. Ich folge ihm nicht exakt, sondern so, wie ich ihn im MBSR-Kursraum sich entfalten sehe.

Kluge Sichtweise

Der erste Schritt des Achtfachen Pfads ist die Kluge Sichtweise. Das ist ja auch sinnvoll, denn ohne eine solche Sichtweise wäre es sehr schwierig, die Richtung zu wählen, die man einschlagen will. Wir könnten den Weg nicht beschreiten, wenn wir die Richtung nicht wissen würden. Wir müssen nicht alles überblicken, wir brauchen nur einen Ausgangspunkt. In den Bergen, wo ich wohne, kommt manchmal die Wolkendecke bis zu uns herunter, und dann ist es schwer, die Straße oder sogar das Auto noch zu sehen. Ohne Kluge Sichtweise zu praktizieren ist wie Autofahren in den Wolken. Klassisch interpretiert heißt Kluge Sichtweise einfach, dass man für sich persönlich die Vier Edlen Wahrheiten eingesehen hat – die Tatsache, dass Leiden existiert; dass Leiden eine Ursache hat; dass es ein Ende des Leidens gibt; und dass es einen Weg gibt, der dorthin führt. Sehen Sie, wie die Lehren sich gegenseitig unterstützen?

Es beginnt damit, dass wir die Vier Edlen Wahrheiten begreifen oder verstehen, denn um Heilung zu suchen, muss man sich erst eingestehen, dass man leidet. Das klingt vielleicht banal, aber ist es überraschenderweise oft nicht. In der medizinischen Praxis ist es oft erstaunlich zu sehen, was die Leute alles zu ertragen gewillt sind und in welchem Ausmaß menschliche Wesen sich an Unannehmlichkeiten gewöhnen können. Die frühen Stress-Physiologen nannten das die Krankheit der Anpassung. Natürlich müssen wir uns manchmal anpassen, jemand mit einer Wirbelsäulenverletzung und daraus resultierender allseitiger Lähmung zum Beispiel. Es gibt jedoch Spielarten des Leidens, die wir nicht einfach hinnehmen sollten, und zwar deshalb, weil man sie behandeln und lindern kann, zumindest ein bisschen. Das kostet allerdings Zeit und Mühe. Wenn bei Patienten Diabetes oder eine Depression diagnostiziert wird, geben wir ihnen (hoffentlich) nicht einfach eine Pille oder Spritze. Wir bilden sie weiter hinsichtlich der vielen Möglichkeiten, die sie selbst haben, um ihre Gesundheit zu fördern. Genauso sagt der Buddha in dieser Vierten Edlen Wahrheit, dass man bestimmte Dinge praktizieren und üben muss, um ein freieres und weniger leidvolles Leben zu haben. Und die erste Praxis besteht darin, die Art unseres Leidens – und unsere Beziehung zu ihm! – klar zu sehen.

Ich glaube, jeder, der zum MBSR kommt, hat schon die Kluge Sichtweise. Dazu gehört etwa, dass man sich Fragen stellt wie: »Kann man das Leben auch noch auf andere Art leben, als ich es bisher getan habe?« Die meisten haben sich diese Frage schon gestellt, sonst hätten sie sich nicht für den Kurs angemeldet. Und sie haben schon etwas seelischen Freiraum neben ihrem Leiden gespürt, sonst könnten sie nicht im Kreis sitzen und es benennen. Die Neugierde und die Bewusstheit, die in ihnen entsteht (über die ich im 3. Kapitel geschrieben habe und die ich hier weiter erläutere) sind Anzeichen für diese Klarheit.

Ganz zu Anfang des MBSR-Kurses werden alle aufgefordert zu überlegen, dass sich gestresst zu fühlen und Stressfaktoren ausgesetzt zu sein nur ein Element der Gleichung ist. Wir sind eingeladen, einen Blick darauf zu werfen, auf welche Art und Weise wir die Dinge betrachten und wie uns das beeinflusst – so, wie wir es mit den beiden Kalendern für angenehme und unangenehme Ereignisse und beim Austausch im Kurs getan haben. Das gibt die Grundlage dafür ab, was Joe in der vierten Sitzung tut, als er einsieht, dass sein Standpunkt schädlich für die Beziehung ist und sein Partner einen anderen Standpunkt hat, der vielleicht in Erwägung gezogen werden könnte. Diese neue Sichtweise ist eine Kluge Sichtweise.

Die Dritte Grundlage der Achtsamkeit – Achtsamkeit auf den Geist

Die Dritte Grundlage der Achtsamkeit ist die Achtsamkeit auf den Geist. Hier müssen wir wirklich aufpassen, was zur Zeit des Buddha mit dem Pali-Begriff *citta* gemeint war, damit Sie nicht denken, das beträfe nur den Inhalt Ihres Schädels. Eine Übersetzung von Citta ist »Geist *und*

Herz«. Für Citta achtsam zu sein heißt: Wir üben Bewusstheit für mentale Zustände *einschließlich* der Emotionen sowie der Zusammenhänge zwischen mentalen Zuständen und Emotionen.

Der Buddha ist sehr konkret in seinen Anweisungen. Zum Beispiel verlangt er, wir sollten einen »zornigen Geist erkennen als zornig und einen zornlosen Geist erkennen als zornlos, einen verkrampften Geist erkennen als verkrampft und einen zerstreuten Geist als zerstreut, einen weiten Geist erkennen als weit und einen engen Geist als eng«.* Die Liste ist ziemlich umfangreich. Er will wirklich, dass wir neugierig und vertraut werden mit diesen diversen Geisteszuständen.

Mir gefällt diese nüchterne Sachlichkeit außerordentlich. Er verurteilt nicht, er zählt nur sehr anschaulich auf, in welchen unzähligen Varianten die Geisteszustände auftauchen – die menschliche Grundsituation wird wieder beim Namen genannt, und wir können alle daran teilhaben.

Wie beim Thema »Bewusstheit über die Gefühlsfärbung« im Kapitel 3 ist es die nicht-urteilende Bewusstheit, die hier so wichtig ist. Wenn uns ein gewisser Zustand unseres geistigen Herzens vertraut und bewusst ist, ist es viel weniger wahrscheinlich, dass wir uns von ihm hinreißen lassen und uns darin verlieren. Das soll nicht heißen, dass wir keine zornigen, zerstreuten oder engstirnigen Geisteszustände haben oder haben sollten. Die Lehrrede schlägt lediglich vor, dass wir sie realistisch erkennen, aber auch die Momente nicht verpassen sollen, wenn der Geist nicht zerstreut ist, wenn er klar ist.

An diesem Punkt des Programms fangen die Teilnehmerinnen und Teilnehmer an, allmählich etwas über ihren Geist und den Zusammenhang von Körper und Geist zu wissen. Eileen zum Beispiel erwartete eine bestimmte Art von Interaktion im Büro der Direktorin, sie hatte bestimmte Gedanken dazu, und sie wusste, dass sie diese Gedanken hatte und diese auf ihren Körper einwirkten, denn sie war fähig, uns all das zu beschreiben. Sie ist sich bewusst, was ihr Geist tut. Sie ist nicht allein. In

* Zitiert nach Analayo, S. 195 (Anm. d. Übers.)

der Sitzmeditation waren sich viele Leute ihrer Gedanken bewusst. Das bedeutet, dass sie sich nicht komplett darin verloren haben.

Wenn Joe sagt: »Joe kommt sich auf die Schliche!«, dann erlebt er die Dritte Grundlage der Achtsamkeit. Er weiß, sein zorniger Geist und Körper sind zornig und rigide, und er ist sich auch bewusst, dass in ihm etwas Größeres als dieser Zustand ist, nennen wir es Weisheit oder Klarheit – und das macht neue Verhaltensweisen möglich. Zach erlebt in viel größerer Bewusstheit, was sein Geist tut. Alan weiß, dass ein geschäftiger Geist geschäftig ist, und Eileen weiß, dass ein sorgenvoller Geist sorgenvoll ist. Sie sehen ihre Geisteszustände klarer.

Bewusstheit ist der Beginn der Freiheit

Diese Bewusstheit, wozu der Geist fähig ist und wie wir uns fühlen, wenn bestimmte Gedanken aufsteigen – das ist der Beginn der Freiheit von Gewohnheitsmustern, die uns Leiden verursachen. Hier ist ein Beispiel aus meinem Leben. Es gibt einen bestimmten geistig-körperlichen Zustand, für dessen Signale ich sehr wachsam zu sein gelernt habe, weil sie mir endlosen Ärger bereiten. Ich nenne diesen Zustand den »müden Kopf«. Wenn ich körperlich oder geistig erschöpft bin, dann bekommt mein Kopf Panik und fängt an, all die Dinge aufzulisten, die ich machen muss, wobei er Monate in die Zukunft vorauseilt, andererseits aber auch brachliegende Projekte ausgräbt, die ich noch nicht erledigt habe, zum Beispiel die Garage aufzuräumen. Dieses Gedankenmuster katapultiert mich in helle Panik. Wenn ich es früh bemerke: »Aha, hier ist wieder mein müder Kopf, der mal wieder die Welt retten (oder sauber machen) will«, und ich dann vielleicht eine Minute innehalten kann, dann drehe ich nicht durch. Vielleicht treffe ich sogar die kluge und freundliche Entscheidung, mich auszuruhen und meine Listen auf später zu vertagen.

Natürlich ist der »müde Kopf« nicht der einzige schwierige Geisteszustand. Es gibt auch den »hungrigen Kopf« (wenn mein Blutzucker niedrig ist, bin ich kein so angenehmer Zeitgenosse) und den »einsamen Kopf«. Ja, es gibt tatsächlich in den zwölfschrittigen Programmen, wie sie zum Beispiel von den Anonymen Alkoholikern praktiziert werden, ein nützliches Akronym, das den Betroffenen helfen soll, sich der Situationen bewusst zu werden, in denen sie rückfallgefährdet sind. Es lautet H.A.L.T. (für englisch hungry, angry, lonely, tired: hungrig, ärgerlich, einsam, müde). Sich dieser geistig-körperlichen und seelischen Zustände bewusst zu sein, wenn sie auftreten, ermöglicht es uns, das aktuelle Thema direkt anzugehen statt indirekt (durch ein Sucht- oder destruktives Verhalten).

Im MBSR fangen die Teilnehmer so etwa um die vierte Sitzung herum an, sich durch den Bodyscan, die Sitzmeditation und das Wissen über Stressreaktion auf die Schliche zu kommen. Durch regelmäßiges Üben beginnen wir ein wohlwollendes und unterstützendes Wissen zu entwickeln, was unser Geist-Körper-Herz-System tut und fühlt. Wir steigern allmählich unsere Fähigkeit, stressreiche Reaktionen realistisch zu sehen und vielleicht auch die fehlgeleiteten Bewältigungsstrategien, die damit einhergehen. Es tun sich für manche Menschen neue Wege auf, während andere ihre Gewohnheitsmuster auf neue Weise wahrnehmen, ohne etwas zu ändern.

An diesem Punkt des Kurses ist es eine der Herausforderungen sowohl für die KursleiterInnen wie auch für die TeilnehmerInnen, dass wir gehalten sind, diese kritischen Momente einzufangen und in Bewusstheit stehen zu lassen, ohne irgendwie einzuschreiten. Wir lassen das Erkennen selbst die Medizin sein und fügen nichts hinzu. Wir werden gebeten, einfach weiter zu praktizieren. Das erfordert sowohl von den Lehrenden wie auch von den Teilnehmern eine Menge Mut. Zwar hatten den schon alle, die zu dem Kurs kamen, im Überfluss, aber es erfordert auch eine gewisse Beharrlichkeit und Stabilität. Wenn die Praxisübungen regelmäßig gemacht werden, fördert das diese Beharrlichkeit. Es braucht auch Zeit, und das ist der Grund, warum wir das Thema erst in der vierten Woche anschneiden.

In der Zen-Tradition gibt es eine Geschichte über Bodhidharma, der den Buddhismus von Indien nach China brachte und als »Erster Patriarch des Zen« bezeichnet wird. Die Geschichte illustriert das erwähnte Thema, und sie geht so: Als Bodhidharma vor einer Mauer sitzend meditierte, stand ein eifriger Schüler im Schnee und rief immer und immer wieder um Hilfe. Was wollte er? Er wollte, dass Bodhidharma seinen (des Schülers) Geist beruhigen solle. Er bettelte: »Bitte schenke mir einen ruhigen Geist.« Angeblich antwortete Bodhidharma: »Bring mir deinen Geist, und ich beruhige ihn!« Der Schüler rief: »Ich habe ihn überall gesucht und finde ihn nicht!« Bodhidharma antwortete: »Dann habe ich ihn bereits beruhigt!«

In den ersten Jahren meiner Zen-Praxis nahm ich an vielen Retreats im Yokoji Zen Mountain Center teil. Während dieser Retreats hatten wir Zen-Schülerinnen das Glück, mit unserem Lehrer Tenshin Roshi persönliche Gespräche führen zu können. Gewöhnlich meditierte ich eine Zeit lang und ging dann zu ihm hinein und schilderte ihm, wie furchtbar ich mich anstellte. »Mein Denken hört einfach nicht auf, ich denke ständig.«

»Und welche Beziehung hast du zu diesem Denken?«

Meine erste Reaktion war, dass ich ihm antworten wollte: »Was meinen Sie damit? Ich hasse es! Ich bin eine schlechte Meditierende!« Aber an der Frage und an der geduldigen, nicht verurteilenden Art und Weise, wie er sie stellte, war etwas, was mich stutzig machte. Immer und immer wieder versuchte ich, ihm meinen Geist mit all seinen Eskapaden zu Füßen zu legen, damit er ihn beruhigen möge, mein Denken stoppen möge, und immer wieder lenkte er mich von der Aktivität meines Geistes weg und hin zu meiner Beziehung zu dieser Aktivität – und die war kritisch und wertend. Wie steter Tropfen, der den Stein höhlt, nagten seine unerschütterliche Präsenz und sein freundliches Nachfragen an meiner starken Identifikation mit meinem Geist, und allmählich begann ich, weniger gereizt darauf zu reagieren. Ich bekam eine freundlichere, offenere Beziehung zu meinem Geist, und was meinen Sie, was geschah? Meinem Geist gefiel das, und er beruhigte sich! Tenshin Roshi hatte mir diese Beziehung vorgelebt und eine Neugier hervorgelockt, sodass ich es irgendwann alleine konnte.

Die Unterweisung des Buddha zur Achtsamkeit auf den Geist will von uns auch, dass wir das Entstehen und Vergehen unserer emotionalen Geisteszustände sehen, was in dem Refrain der Lehrrede über die Vier Grundlagen der Achtsamkeit, die ich bereits erwähnt habe, wiederholt wird. Und auch eine der Bibel entlehnte Formulierung wird benutzt, um Menschen zu helfen, und ist in MBSR-Kursen oft zu hören: »Auch dies wird vorübergehen.« Diese Wahrheit bewusst zu begreifen, wird möglich durch nachhaltige Aufmerksamkeit und dadurch, dass wir uns unserem Erleben zuwenden. Wir sehen allmählich, dass jede Empfindung, jeder Gedanke entsteht und verschwindet. Wir sehen hier auch wieder die Unterweisung zum Thema Unbeständigkeit. Die Erkenntnis, dass alles sich verändert, kann zwar manchmal eine Zumutung sein, aber sie kann uns auch große Freiheit bringen. Ich möchte Sie einladen, selbst zu schauen, wie es sich in Ihrem Leben auswirkt, wenn Sie sich die Tatsache der Vergänglichkeit bewusstmachen. Und wie Ihnen das ab und zu eine Ahnung von Freiheit bieten kann.

Kapitel 5

Der Dharma der Entscheidungsfreiheit

Einen größeren Rahmen finden

Ich habe meine grüne Daunenjacke an, stehe auf der hinteren Terrasse meines Hauses, trinke heißen schwarzen Kaffee und spüre die kalte Bergluft im Gesicht. Herrlich orange und golden leuchtet das Herbstlaub der Eichen durch das Grün der Kiefern. Hier in unserem Zuhause in den Bergen spüren wir jetzt, Anfang November, wie der Winter naht. Gestern Abend haben wir den Holzofen angefeuert, und ich habe mir zum Schlafengehen Wollsocken angezogen. Es ist ganz schön wild hier oben; unser knapp ein Hektar großes Grundstück grenzt an über 40 Hektar Wildnis und Naturschutzgebiet. Es gibt nicht viele Häuser, und die Landschaft ist völlig naturbelassen.

Obwohl nur knapp 50 Kilometer entfernt, weiß ich, während ich zur Arbeit fahre, dass Palm Springs auf vielerlei Art anders ist. Wüste statt Berge, Kakteen statt Kiefern, Hitze statt Kälte, Einkaufsmeilen statt Bäume. Zu Hause habe ich Schuhe mit Stahlkappen an und hacke Holz, während ich in der Praxis Sandalen trage und am Computer sitze. Der Kontrast zwischen meinem Leben in den Bergen und in der Wüste erinnert mich daran, dass das Leben nicht nur eine Seite hat – genauso wenig wie ich. Heute Abend werden wir im Kurs ebenfalls zu einer anderen und weiträumigeren Art des Übens und Hinschauens übergehen.

Als ich in die Praxis komme, sehe ich, dass die Halloween-Dekoration an der Eingangstür geändert wurde – es ist nicht mehr ein Skelett mit Spinnweben, sondern ein Truthahn mit einem Pilgerhut.* Und die Gespräche mit den Mitarbeitern drehen sich nicht mehr um Kinderkostüme, sondern um Rezepte für Thanksgiving. Ich liebe diese Gespräche, weil sie durch ihre tröstliche Alltäglichkeit einen Ausgleich zu der Intensität der Arbeit mit den Patienten bilden.

Heute sehe ich meinen Patienten Arthur, 82 Jahre alt, der nie ohne ein Geschenk für die Mitarbeiter kommt. Das kann ein Exemplar der *Vanity Fair* für Angela sein, ein japanischer Fächer für Chris oder ein paar Kekse für Marcie. Weil er weiß, dass ich Vögel auch sehr liebe, brachte er mir einmal von Wal-Mart ein Vogelbad aus Plastik mit. Jetzt steht es bei uns vor dem Haus unter einer Kiefer und ist der Lieblingsplatz von zwei Rotkopfspecht-Pärchen, von denen ich ihm immer berichten muss. Ich spüre Arthurs Präsenz die ganze Zeit.

Ich erwarte, dass er mich wie immer nach den Spechten fragt, sehe aber sofort, dass er Tränen in den Augen hat. »Ich muss ins Betreute Wohnen umziehen und darf Louie und Rocky nicht mitnehmen«, die Hunde, die er gerettet hat und abgöttisch liebt. Er hat einen Kloß im Hals. Ich rolle mit meinem Drehstuhl ganz nah an ihn heran und lege den Arm um seine zuckenden Schultern. Es gibt nichts zu sagen. Einfach Zeuge sein. Es ist herzzerreißend. Ich wusste, dass das kommen würde; er kann sich nicht mehr selbst versorgen und muss immer wieder ins Krankenhaus. Ich sage ihm, wie weh es auch mir tut, und wir sitzen still da und atmen miteinander. Ich bitte Angela, ihm für nächste Woche gleich wieder einen Termin zu geben. Ich möchte ihn in der nächsten Zeit öfter sehen, einfach, um in Verbindung zu bleiben.

---

* Ein breitkrempiger Hut, als historische Reminiszenz an den Kleidungsstil der amerikanischen Pilgerväter (Anm. d. Übers.)

Während ich zuschaue, wie Arthur mit seinem Gehstock davonhinkt, stehe ich einen Moment in der Eingangshalle, fühle meinen Körper und meine Füße auf dem Boden stehen. Ich atme mit diesem herzzerreißenden Gefühl in der Brust. Ich gehe ins Büro zurück und setze mich einen Moment hin, sehe die Stapel mit den Krankenblättern, tue aber absolut gar nichts, sondern gebe mir und dieser Traurigkeit einen wohlwollenden Raum. Ich weiß, dass ich gleich Gas geben muss, aber diesen Moment brauche ich. Ich höre, dass Angela und Marcie über ein Rezept für Kartoffelgratin reden, und bin getröstet.

Ich könnte natürlich in unsere Küche gehen und einen von den übrig gebliebenen Almond-Joy-Riegeln essen. Ich könnte zu meinem nächsten Patienten eilen oder den Anrufbeantworter oder meine Mails checken. Ich könnte in Aktivität ausbrechen oder mich irgendwie betäuben. All diese Dinge habe ich schon oft getan, aber heute nicht. Überhaupt nur noch selten. Ich lasse die vielen Stunden, die ich praktiziert habe, eine Weile mein Halt sein, bevor ich irgendetwas tue, dann gehe ich ins nächste Untersuchungszimmer und ins nächste unbekannte Terrain.

Während ich zum Kurs fahre, denke ich über das Thema der fünften Sitzung nach, nämlich: kreatives Reagieren in achtsamer Bewusstheit. Soll heißen: die körperlichen Signale kennen, die zeigen, dass man gestresst ist, während man es ist, und eine bewusste Wahl treffen, wie man diesem Stress begegnen will. Ich merke, wie diese Art von Reaktion heute für mich gegeben war. Dass ich innehielt, um meinen Gefühlen Raum zu geben, hat es mir ermöglicht, nicht in alte impulsive Verhaltensweisen (essen, hektische Geschäftigkeit) zu verfallen, als ich traurig war. Das hat die Situation mit Arthur zwar nicht besser gemacht, aber auch nicht schlechter. Ich habe durch die Art, wie ich mich und andere behandelte, kein zusätzliches Leiden geschaffen.

Der Beruf des Mediziners kann bisweilen richtig entmutigend sein. Ich bin sicher, dass auch Sie sich in Ihrem Leben manchmal entmutigt fühlen, dass Sie sich manchmal fragen: Warum mache ich das eigentlich alles? Welchen Sinn hat diese Arbeit? Für mich ist es so: Wenn ich solche Gedanken habe, erinnere ich mich an meine Absicht, auf jede mögliche Art Leiden zu lindern und nicht durch unbewusstes gewohnheitsmäßiges Verhalten zusätzliches Leiden zu erzeugen. Dann nehme ich mir Zeit, um in diesem Moment zu atmen, ohne aus alten Gewohnheiten heraus zu reagieren.

Das Curriculum für die fünfte Sitzung ist so aufgebaut, dass wir jetzt, zur Halbzeit des Kurses, von jedem Teilnehmer etwas hören, entweder schriftlich über ein Formular zur Selbsteinschätzung oder (hoffentlich) in die Runde gesprochen. Das ist immer eine wichtige Gelegenheit für mich, um herauszufinden, wie es den Stilleren im Kurs geht und welche Unterstützung ich anbieten kann. Es fühlt sich gut an, im Kursraum zu sein, ich schlenkere die Sandalen von den Füßen und sehe ein wildes Sammelsurium von Schuhen. Slipper, High Heels, Turnschuhe – eine Schuh-Sangha. Ich sehe Joe und Zach lebhaft miteinander reden und frage mich, worüber wohl. Es gibt noch mehr Grüppchen: Renée, Nikki und Elaine stehen beisammen. Norma und Alan reden mit Carol.

Gerade als wir im Kreis zusammengekommen sind, kommt Brian mit seinem Rollator herein, und die Gruppe applaudiert lautstark. Er lächelt schüchtern, winkt mit der Hand und setzt sich. Wir hatten Kontakt, deshalb weiß ich, dass seine Operation gut verlaufen ist und seine Lebensgeister allmählich zurückkommen. Wir sitzen einen Moment still, kommen an. Wir schauen uns im Raum um, schauen einander an, hören auf Geräusche, fühlen den Körper, fühlen den Atem.

Wir beginnen die fünfte Sitzung mit Yoga im Stehen. Mich zu bewegen fühlt sich gut an, und ich sehe, dass die anderen es auch genießen. Während wir uns bewegen, die Arme über den Kopf heben, uns von einer Seite zur anderen und auch in allen anderen Positionen dehnen und strecken, lade ich ab und zu zum Innehalten ein: »Nun bewegungslos werden …und fühlen, was da ist und gefühlt werden möchte. Gibt es von dem, was wir gemacht haben, irgendwelche Wirkungen im Körper oder Geist oder in den Emotionen?« Unser Leben ist so hektisch; selten halten wir lange genug inne, um die Folgen einer Handlung oder auch nur eines Gedankens zu registrieren.

Wir bauen diese Möglichkeit – diesen Prozess des Innehaltens und Registrierens – in das Yoga ein, damit die Leute es vielleicht im Yoga ihres Lebens probieren. Kürzlich bekam ich von einem Therapeuten, der den MBSR-Kurs im Sommer besucht hatte, eine E-Mail, die diese Idee enthielt: »Ich stelle fest, dass das Yoga und vor allem das Innehalten, um den Wirkungen nachzuspüren, total die Art und Weise verändert hat, wie ich meinen Tagesablauf gestalte. Zwischen den Patiententerminen und auch den anderen Arbeiten nehme ich mir einen Moment Zeit, um Inventur zu machen, zu schauen, wie ich mich fühle und was gerade ansteht, bevor ich weitermache. Es staut sich nicht mehr so viel auf oder erwischt mich auf dem falschen Fuß.«

Eines der vielen erfreulichen Dinge für MBSR-Lehrende besteht darin, zu hören, wie die Lernenden die Übungen und Praktiken in ihr Leben einbauen. Ich sage nie: »Versucht das doch mal in eurer eigenen therapeutischen Praxis oder in der Familie.« Ich biete es in der formellen Praxis an, und die Menschen wenden es sozusagen selbstständig »an der betroffenen Körperstelle an«, wie es manchmal im Beipackzettel von Salben so schön heißt. Die Lernenden bestätigen eigentlich ständig die Wahrheit dessen, was der Buddha sagte – wir sind alle von Grund auf intakt und klug.

Wir beenden die Yoga-Übungen und gehen für die Meditation in die sitzende Haltung über. Bis jetzt haben wir die Meditation im Sitzen jeweils für ungefähr zwanzig Minuten praktiziert, im Kurs und zu Hause, meistens mit dem Fokus auf dem Atem und auf Geräusche. Heute Abend stelle ich eine längere Praxis vor, die ungefähr vierzig Minuten lang ist und noch andere Objekte für die Aufmerksamkeit umfasst. Zusätzlich zum Atem, zu Körperempfindungen und zu Geräuschen werden wir uns auch auf Gedanken als Objekte an sich fokussieren sowie auf Emotionen, die mit diesen Gedanken einhergehen (oder auch nicht). Und dann werden wir uns dem öffnen, was *offenes Gewahrsein* genannt wird. Dabei geht es darum, den gesamten Raum der Bewusstheit zu öffnen und alles kommen und gehen zu lassen, was von sich aus kommen und gehen will. Eine geführte

Audioversion dieser Übung finden Sie unter *www.arbor-online-center.de/Mulligan_HerzderAchtsamkeit* (Track 5: »Offenes Gewahrsein«).

Die längere Meditation im Sitzen mutet den Teilnehmern zu, mit der Bewegungslosigkeit des Körpers zu arbeiten, zu fühlen, wie Empfindungen kommen und gehen, und nicht zu reagieren; dazu auch neue Objekte der Aufmerksamkeit zu erforschen, die bisher vielleicht als Störungen empfunden worden sind. Im schriftlich ausgearbeiteten MBSR-Curriculum findet sich für die fünfte Sitzung mehrfach das Wort »Fähigkeit«. Dieses Wort drückt für mich genau das aus, was wir gerade tun – wir bauen eine Fähigkeit auf. Fähigkeit wozu? Die Fähigkeit, willentlich bei etwas zu bleiben, auch wenn es unangenehm und unerwünscht ist, sodass wir dann, wenn etwas nicht willentlich passiert (im Leben), eine größere Fähigkeit haben, dabeizubleiben, ohne davonzulaufen oder sonstwie unbewusst zu agieren. Als Resultat unserer klugen Bemühung in der Meditationspraxis sind wir besser dazu fähig, bei dem zu bleiben, was ist, statt aus Impulsivität etwas zu tun, was uns oder anderen schadet.

Und wir entwickeln größere Neugier auf Bereiche unseres Erlebens, die uns bisher vielleicht noch gar nicht aufgefallen sind. Was ist eigentlich ein Gedanke? Hat er einen Anfang, eine Mitte, ein Ende? Was ist eine Emotion? Wir bringen einer Sache Neugier entgegen – und schon haben wir unsere Fähigkeit gesteigert. Wir sind bewusster, und das eröffnet uns neue Alternativen. Neugierig zu sein, erfordert Mut und Interesse, sogar Liebe. Dass einem genug daran liegt, um es wirklich wissen zu wollen.

Gegen Ende der langen Meditation werfe ich ein paar Fragen in den Kreis wie Steine in einen Teich. »Ihr wisst alle, dass wir die Hälfte unseres Kurses hinter uns haben … Wie läuft es bisher? Versucht zu antworten, ohne euch zu beurteilen … Fragt so, als würdet ihr einen guten Freund fragen: ›Was lerne ich? Wie weit habe ich mich auf die Praxis eingelassen? Bin ich bereit, mich auf die zweite Hälfte des Kurses einzulassen?‹ Vergesst nicht: Wachsen ist kein linearer Prozess.« Liebe Leserin, lieber Leser, vielleicht möchten Sie ebenfalls auf diese Weise bei sich selbst nachschauen, wie es um Ihre persönliche Praxis bestellt ist.

Nachdem alle Teilnehmer den schriftlichen Bewertungsbogen zur Halbzeit ausgefüllt haben, lasse ich sie zum gegenseitigen Austausch zu zweit zusammengehen. Der Geräuschpegel ihrer angeregten Gespräche steigt. Ich überfliege die Bögen, während sie die Köpfe zusammenstecken, nicken, sich austauschen. Nikki und Zach lachen. Renée gibt Norma ein Tempotaschentuch.

Wir kommen alle wieder im Kreis zusammen. »Wir fangen mit einem Freiwilligen an und gehen dann weiter in der Runde«, sage ich. »Es ist auch okay, nichts zu sagen.«

Debra, die bis jetzt ziemlich schweigsam war, hebt die Hand. »Als ich den Bogen ausgefüllt habe, musste ich lachen. Ich hatte doch tatsächlich vergessen, dass mein Neurologe mich wegen meiner Kopfschmerzen in den Kurs geschickt hatte! Es ist nicht nur, dass sie besser geworden sind. Es ist noch so viel mehr! Ich habe ja überhaupt nicht geahnt, wie viel von meinem Leben ich dauernd verpasse! Also, das klingt jetzt vielleicht blöd, aber es macht mir echt Spaß, Wäsche zusammenzulegen. Und ich bin viel ansprechbarer für meine Kinder.«

Alan, der neben ihr sitzt, sagt: »Eine Sache, bei der mir dieser Kurs hilft, ist Folgendes. Ich bin ja gerade in der Chemo wegen meinem Krebs, und jetzt prüfe ich ständig, was mir wirklich wichtig ist. Ich habe ein Hobby, eigentlich eine Leidenschaft: Ich restauriere Oldtimer. Und jetzt habe ich meinen Ford Thunderbird von 1955 zu einer großen Ausstellung angemeldet. Deshalb werden Norma und ich nächste Woche nicht da sein und wir verpassen auch den Tag der Achtsamkeit, aber ich freue mich so drauf! Es ist das erste Mal seit der Diagnose, dass ich mich so fühle.«

»Es ist schade, dass wir eine Sitzung verpassen und auch den Achtsamkeitstag, aber das ist uns echt wichtig«, pflichtet ihm Norma bei. Und wir alle spüren, was ungesagt bleibt: dass es einen anderen Termin für ihn vielleicht nicht gibt.

»Letzte Woche habe ich ja erzählt, dass mir mit Billy der Kragen geplatzt war«, sagt Elaine. »Das hat mich weiter gewurmt. Ich glaube, hier im Kurs zu sein, macht es vielleicht schwerer, solche Sachen zu unterdrücken oder zu ignorieren. Also habe ich gemerkt, dass ich mich bei Billy entschuldigen wollte und schauen, ob ich irgendwie einen Draht zu ihm kriege. Als ich diese Woche wieder Spielplatz-Aufsicht hatte, sah ich, wie er hinter den anderen hertrödelte. Normalerweise hätte ich ihn vielleicht ermahnt, sich zu beeilen, aber ich ging zu ihm hin und schaute ihn an. Er sah ein bisschen schmutzig und ungepflegt aus, und das gab mir einen kleinen Stich. Ich sagte ihm, es tue mir leid wegen letzter Woche, und erklärte ihm, ich hätte einen schweren Tag gehabt, dass das aber keine Entschuldigung sein sollte. Er sagte: ›Ist schon okay, war mir klar, dass Sie genervt sind.‹ Ich fragte ihn, ob er noch wisse, worüber ich verärgert war. Er sagte: ›Weil ich dazwischengequatscht habe.‹ Wir einigten uns, dass jeder für sich dran arbeiten und wir uns gegenseitig helfen würden. Und dann habe ich etwas gemacht, was ich bestimmt schon eine Ewigkeit nicht mehr gemacht habe. Als ich ihn dann nämlich schaukeln gesehen habe, habe ich mich auf die Schaukel nebendran gesetzt und wir haben zusammen geschaukelt! Ich weiß nicht, wer überraschter war, er oder ich. Ich habe das Gefühl, ich weiß gar nicht mehr, warum ich eigentlich Lehrerin geworden bin, ich fühle mich so gestresst und überfordert. Das macht mich sehr traurig, aber das war ein guter Moment.«

Ich frage: »Was hast du wahrgenommen, als du Billy dein Herz geöffnet hast?«

»Dass es scheint, als wäre er vernachlässigt und möchte mit seinem Verhalten Aufmerksamkeit bekommen. Und ich hätte ihn am liebsten in die Arme geschlossen.«

»Könnte es sein, dass du dir das eigentlich selbst auch geben möchtest?«

Ihre Augen werden feucht. »Ich vernachlässige mich schon lange und bitte niemanden um Hilfe. Dieser Kurs ist das erste Mal seit Langem, dass ich mir selbst etwas Gutes tue. Wahrscheinlich haben Billy und ich etwas gemeinsam.« Sie legt ihre Hände auf ihr Herz, und wir sitzen schweigend einen Moment lang da.

Zach sagt: »Ich habe gemerkt, dass ich wieder Sachen mache, die ich gerne gemacht habe, bevor das alles passiert ist, bevor mein Vater und meine Tante gestorben sind.« Es ist das erste Mal, dass er konkret etwas zu der Familientragödie sagt. »Ich hab ein bisschen Gitarre gespielt und bin Fahrrad gefahren.«

Joe sagt: »Ich schlafe besser und muss nicht mehr extra um den Block fahren, um nachzugucken, ob ich die Garagentür zugemacht habe. Weil ich präsent war, als ich sie zugemacht habe! Mein Partner findet, dass der Kurs mir guttut. Heute Abend hat er mich praktisch aus der Tür geschoben!« Das ist irgendwie nicht mehr der Joe, der mich vor ein paar Wochen angeschnauzt hat.

Lisette sagt: »Ich habe vier Kilo abgenommen und weiß nicht, wie das passiert ist. Ich denke, es ist das achtsame Essen plus das Meditieren. Ich glaube, ich fange nicht mehr einfach zu essen an, wenn ich gestresst bin.« Sie und Raùl halten sich bei der Hand. Er sagt: »Es hat uns gutgetan, das zusammen zu machen.« Sie lächeln sich an.

Damit Menschen jede Woche zum Kurs erscheinen und echtes Interesse an der Qualität ihrer Erfahrung aufbringen, damit sie diese Sitzmeditation im Schweigen machen und nicht aus dem Raum flüchten: dazu müssen sie irgendwie noch um ihre ursprüngliche Absicht, in den MBSR-Kurs zu kommen, wissen, wie auch immer diese für jeden Einzelnen aussieht. Und um sich der Herausforderung zu stellen, müssen sie sich ein bisschen anstrengen. Nicht so sehr, dass sie zusammenbrechen, aber doch so viel, dass sie nicht einschlafen. In der geführten Reflexion, die ungefähr zur Halbzeit des Kurses stattfindet, haben sie die Chance, zu ihrer ursprünglichen Absicht zurückzufinden und sich dann zu fragen: »Welche Anstrengung bin ich für den Rest des Kurses bereit einzubringen, um diese Absicht zu bekräftigen?« In der fünften Sitzung sehen die Leute auch, dass sie Wahlmöglichkeiten haben, die vielleicht ihren gewohnten Reaktionsweisen widersprechen, und kreative Antworten finden. Damit das geschehen kann, müssen sie die Absicht dazu haben und, seien wir ehrlich, sie müssen sich ein bisschen anstrengen und etwas tun, was eine etwas größere Zumutung ist als der Griff nach dem Schokoriegel oder dem Smartphone. Interessanterweise kommen wir gleich zu der

»Klugen Absicht« und der »Klugen Anstrengung« des Achtfachen Pfads, aber vorher möchte ich noch über die Vierte Grundlage der Achtsamkeit sprechen, die diese Faktoren ebenfalls enthält.

Die Vierte Grundlage der Achtsamkeit: Achtsamkeit auf Dharmas, oder: Das Leben ist der Lehrer

In der fünften Sitzung, beim Erforschen der Faktoren des Achtfachen Pfads, bringen wir in immer mehr Bereiche unseres Lebens Achtsamkeit hinein und haben die Gelegenheit, die Dinge aus einer anderen – und vielleicht weiträumigeren – Perspektive zu sehen. Die Vierte Grundlage der Achtsamkeit, Achtsamkeit auf die Dharmas, lädt uns ein, all dem Neugier und freundliche Aufmerksamkeit entgegenzubringen, was uns eine Lehre sein könnte. Das Wort »Dharma« bezeichnet wörtlich die Lehre des Buddha, und es bedeutet auch, dass das Leben, die gesamte Realität, unser Lehrer ist. Wenn wir aus unseren Erfahrungen im Leben lernen, können wir erwachen. Was meine ich mit »erwachen«? Wir sind in unserem Leben präsent, präsent für andere Lebewesen und für die große Erde selbst, und sehen klar unsere Beziehung zu ihnen und wie wir auf sie wirken. Die Welt, die uns etwas lehrt, ist ebenfalls Dharma. Wir können erwachen in der Begegnung mit dem Rauschen des Windes, mit den Schatten auf einem Felsen, mit einer Kinderstimme oder sogar den anderen Leuten, die mit uns im Stau stecken, weil wir eine Ahnung von unserer gegenseitigen Verbundenheit haben. Wir wissen, dass wir nicht allein sind, auch wenn wir verschiedene Wege zu gehen scheinen.

Wenn man die klassischen Texte liest, dann beinhaltet der Aufbau von Achtsamkeit im Bereich der Dharmas konkrete Listen von Buddhas Lehrreden. Erinnern Sie sich noch, was ich im letzten Kapitel über die Art und Weise gesagt habe, wie die einzelnen Lehrinhalte sich gegenseitig aufeinander beziehen und aufeinander verweisen? Und, was glauben Sie, wie eine dieser Listen heißt? Ja genau, die Vier Edlen Wahrheiten, wozu auch der Achtfache Pfad gehört. Und nun behandeln wir zwei Aspekte dieses Pfads: »Kluge Absicht« und »Kluge Anstrengung«.

Kluge Absicht: Entsagung, Wohlwollen und Mitgefühl

Als er über die Kluge Absicht sprach, legte der Buddha uns nahe, unsere Absicht in drei Bereichen zu trainieren. Der erste ist die Absicht der Entsagung. Entsagung ist nun nicht gerade ein Wort, das wir im Westen häufig verwenden. Wir denken, vielleicht hat es nur etwas mit Mönchen und Nonnen zu tun. Aber in einer Zeit und einer Kultur, die uns ständig drängt, mehr und mehr zu machen und zu besitzen, ist die Absicht, etwas aufzugeben – zu vereinfachen –, vielleicht nachdenkenswert. Einmal, am Ende eines Einführungsvortrages über MBSR, nachdem ich über den Zeitaufwand gesprochen hatte, den die Teilnahme am MBSR-Programm erfordert, sagte eine Frau: »Also eines ist klar, wenn ich daran teilnehmen will, muss ich etwas anderes aufgeben.« Die Klugheit und Weitsicht in dieser Bemerkung beeindruckten mich, denn oft denken wir ja: »Kann ich das nicht noch irgendwo unterbringen? Ich möchte nichts aufgeben!« Darüber spreche in der ersten Sitzung und frage die Teilnehmer: »Was wärt ihr bereit aufzugeben, um Zeit für die Meditation zu haben? Bisschen weniger fernsehen? Nicht so oft auf Facebook gehen? Vereinfachen? In welchem Ausmaß?« Diese Frage spricht die Praxis der Entsagung an und ist außerdem pragmatisch und realistisch.

Man könnte sagen: Als ich heute bei der Arbeit gestresst war, verzichtete ich zugunsten meiner größeren Absicht – ich möchte gesund leben und meine Gefühle fühlen – auf den Schokoriegel. Ich habe gelernt: Wenn ich Verzicht *nicht* praktiziere und stattdessen zu viel esse oder arbeite, dann habe ich die ursprüngliche Traurigkeit oder den Stress immer noch zu verarbeiten, aber zusätzlich auch noch ein Gefühl der Reue, weil ich mich für etwas entschieden habe, was mein Leiden womöglich noch vergrößert. Wenn ich das erkenne und verzichten kann, erweise ich der Klugen Absicht die Ehre.

Verzicht lässt sich auch praktizieren, was die Länge unserer Meditationen betrifft. Die Leute fragen oft: «Kann ich nicht kürzer meditieren?» Vielleicht hoffen sie ja, die Meditation in ihrem hektischen Tagesablauf so besser unterzubringen. Die Antwort lautet: Ja, natürlich, ein bisschen ist besser als gar nichts. Aber die Aufmerksamkeit über längere Zeiträume hinweg aufrechtzuerhalten, hat tiefgreifende positive Auswirkungen. Ich habe festgestellt: Wenn wir lange genug bei unserem Erleben bleiben, fangen wir an, Ursachen und Wirkungen zu sehen. Wenn wir nur ein paar Minuten lang aufmerksam sind, entgeht uns vielleicht eine wichtige Information, die eine längere Phase der Bewusstheit uns bringen würde. Wir könnten durch die alte Verhaltensweise zwar eine sofortige Belohnung erhalten, aber danach fühlen wir uns vielleicht mies und bereuen es. Wir bekommen dieses lebenswichtige Feedback erst, wenn wir nachhaltig aufmerksam sind. Diese Art des Lernens – zu erfahren, was alles möglich ist, wenn wir uns anstrengen: das ist der Ort, wo das Üben von Achtsamkeit zu Verhaltensänderungen zu führen beginnt. Die Veränderungen kommen in scheinbar kleinen Momenten, aber, wie Jon Kabat-Zinn sagt: »Das sind keine kleinen Momente, das ist das Leben!«

Loslassen bedeutet nicht, dass einem etwas weggenommen wird, es bedeutet eigentlich, sich ganz zu fühlen und nichts zu bereuen. Nichts zu bereuen gilt in den klassischen Lehren als Vorstufe zur Freude. Ich habe diese Idee in meinem eigenen Laboratorium schon oft erprobt, und sie hält dem Test stand. Nichts zu bedauern ist fast schon so gut wie Freude. Wer hätte das gedacht?

Gibt es etwas, was Sie gewillt wären aufzugeben – zu Ihrem eigenen Wohl und zum Wohle anderer?

Wohlwollen und Mitgefühl – unsere natürliche Seinsweise kultivieren

Was noch zur Klugen Absicht, die der Buddha uns zu studieren empfahl, dazugehört, sind Wohlwollen und Mitgefühl. Sie sind als Gegenmittel gegen Böswilligkeit oder Gedanken des Zornes, der Aversion und der Grausamkeit gedacht. Mit zunehmender Übung wässern wir in uns aktiv die Samenkörner der liebevollen Güte und des Mitgefühls, und es wird wahrscheinlicher, dass wir das Auftauchen von Gehässigkeit bemerken.

Es gibt zwei Arten, wie Sie diese Aspekte der Klugen Absicht aktiv üben können. Die erste ist die Meditation über liebevolle Güte oder *metta*. Metta ist ein Pali-Wort, das sich auch als »grenzenlose Freundlichkeit« übersetzen lässt. Metta ist der Wunsch, dass alle Lebewesen glücklich und frei von Leid sein mögen, und die Übung besteht darin, diesen Wunsch aus ganzem Herzen sich selbst und anderen zu schenken. Die zweite Art ist die Übung von *karuna* oder Mitgefühl, was definiert wird als das »Beben des Herzens«, wenn es in seinem Wohlwollen auf Leiden stößt. Metta oder liebevolle Güte ist Wohlwollen in allen Lebenslagen. Karuna – Mitgefühl – spricht etwas spezifischer das an, was im Herzen geschieht, wenn unser Wunsch nach Wohlergehen auf jemanden trifft, der leidet – und das können auch wir selbst sein. Durch unsere Absicht und durch Übung können wir Karuna kultivieren und wachsen lassen. Wir erkunden diese beiden Praxisformen detailliert im 10. Kapitel. Unter *www.arbor-online-center.de/Mulligan_HerzderAchtsamkeit* finden Sie Anleitungen dazu in Text- und Audio-Form. (Für die schriftliche Anleitung klicken Sie auf »Übungen zu den »Vier Unermesslichen«. Für die Audio-Anleitung klicken Sie Track 6: »Metta« und Track 7: »Karuna«.)

Es gehört zu den interessantesten Aspekten von MBSR, dass wir verschiedene Arten lehren, aufmerksam zu sein, und das sehr viel üben! Dann sehen wir, wie die positiven Qualitäten der Güte und des Mitgefühls zutage treten. Durch ihre Praxis kommt Elaine wieder in Berührung mit ihrer ursprünglichen Absicht, Kinder in deren Leben und Bildungsprozess zu fördern. Sie weiß, dass sie etwas verloren hat, und sie wendet sich diesem Problem zu. Der Schmerz, sich entfremdet zu fühlen, und das Bewusstsein, welchen Schaden das anrichtet, brachte sie diese Woche dazu, sich einen Moment Zeit zu nehmen, Billy wirklich wahrzunehmen und Mitgefühl zu empfinden. Als sie sah, dass er vielleicht vernachlässigt wird, übte sie liebevolle Güte, indem sie sich entschuldigte und dann mit ihm zusammen schaukelte.

In Elaines Erlebnis können Sie ein Beispiel der Dritten Grundlage der Achtsamkeit erkennen – Achtsamkeit auf den Geist (auf Zustände des Geistes und Herzens). Um eine andere Richtung einschlagen zu können, musste sie sich zuerst einmal bewusst werden, in welchem geistigen Zustand sie sich befand. Ohne sich zu verurteilen, aber hoffentlich mit Güte und Mitgefühl für sich selbst, praktizierte sie dann, Raum zu lassen, und reagierte auf ihren Schüler aus dem Herzen heraus. Und das *ist* Liebe und Mitgefühl.

Kluge Anstrengung: In Richtung des Friedens gehen, weg vom Leiden

Kluge Anstrengung ist ein weiterer Schritt auf dem Achtfachen Pfad. Hier ist die simpelste, direkteste Art, sie zu beschreiben: Laut Buddhas Lehre führt Kluge Anstrengung hin zu Freiheit, Frieden und Zufriedenheit und weg von Gier, Aggression und Ignoranz – kurz gesagt, weg vom Leiden.

Die Lehren zur Klugen Anstrengung wollen von uns, dass wir hinterfragen: Führt das, was ich tue, sage und denke, also die Anstrengungen, die ich mache, zu heilsamen Zuständen des Geistes und Herzens oder zu unheilsamen? Das Wort »heilsam« klingt vielleicht, so wie »Entsagung«, nicht gerade wahnsinnig attraktiv. Mich, die ich in den späten Fünfzigern und frühen Sechzigern aufwuchs, erinnert es an Fernsehserien wie »Papi ist der Beste« oder »Die Waltons«. Diese Serien zeigten ein Leben, das so ganz anders war als meines, und mir ein Gefühl gaben, dass das, was ich zu Hause und auch sonst erlebte, hochgradig unnormal und natürlich nicht heilsam war. Wenn Sie bei diesem Wort negative Assoziationen haben, schauen Sie doch, ob Sie ein Wort finden können, das es Ihnen erleichtert, den Grundgedanken unvoreingenommen zu erforschen. Es will schlicht und einfach dazu einladen, die Resultate bestimmter Anstrengungen offen und neugierig zu betrachten. Welches Wort funktioniert für Sie? Ich persönlich mag die Wörter »Freiheit« und »Unversehrtheit«. Bringen Ihre Bemühungen Ihnen mehr Freiheit oder weniger? Mehr Unversehrtheit oder weniger?

Buddhas Geschichte ist ein großartiges Beispiel für Kluge Anstrengung. Er hatte die Absicht, aufzuwachen, befreit zu werden von dem unnützen Leiden, das durch Verlangen erzeugt wurde. Er steckte enorme Anstrengung und Energie in den asketischen Lebenswandel und bekam gesagt, er sei darin Meister. Aber es brachte ihm nichts, was eine Antwort auf seine fundamentale Existenzangst gewesen wäre. Es brachte ihm keinen dauerhaften oder nachhaltigen Frieden, und es schwächte ihn derart, dass er niemandem mehr eine Hilfe war, auch sich selbst nicht. In dieser Hinsicht war seine Anstrengung überhaupt nicht klug. Weil er allerdings nicht aufgab, könnten wir sagen, es war ein Zwischenschritt zu dem Weg, auf dem wir heute sind. Also würde ich nicht sagen, dass es umsonst war.

Im MBSR laden wir die Kluge Anstrengung von Anfang an zu uns ein. Wenn wir durch MBSR Energie in unsere Heilung stecken wollen, bedeutet das zweieinhalb Stunden Kurs pro Woche und eine Stunde Meditation am Tag. Das könnte heißen, dass wir aufhören müssen, unsere Energie in andere Dinge zu stecken, die nicht zu Gesundheit und Unversehrtheit führen. Das heißt, wir müssen einen gewissen Grad an Verzicht üben. Wir fördern die Kluge Anstrengung weiter, wenn wir achtsames Yoga machen und dabei die Leute bitten, genau darauf zu achten, wie weit sie gehen und wie lange, und auf die Signale des Körpers und die Botschaften des Geistes zu hören. Ich könnte sagen: »Wenn die Adern in deinem Hals anschwellen und du die Zähne zusammenbeißt, wird es vielleicht Zeit, deine Art von Anstrengung zu überdenken.« Und dann zähle ich Wege auf, wie man die eigene Anstrengung im Yoga – und im

Leben generell – überprüfen kann: Kannst du in der Yogaposition – und in deinem Leben – leicht und frei atmen? Und könntest du rein theoretisch die Mundwinkel ein wenig hochziehen, um zu lächeln? Ich sage nicht, du *solltest* lächeln, ich sage nur: Sei dir bewusst, ob du lächeln *könntest.*

Beim Bodyscan und in der Sitzmeditation versuchen wir, den Geist sanft, aber bestimmt zurück in den gegenwärtigen Moment zu bringen. Das erfordert Energie und gezielte Bemühung. Nach einer Praxisphase sagen die Leute manchmal ziemlich überrascht: »Das war eine Menge Arbeit!« An diesem Punkt können wir untersuchen, ob diese Art von »Arbeit« zu einem Gefühl der Unfähigkeit geführt hat – weil sie ein bestimmtes Resultat anstrebten und es nicht bekamen – oder ob ihre Arbeit war, sorgfältig die Aufmerksamkeit zu trainieren, und sie das lohnend fanden, wenn auch nicht einfach.

Im täglichen Leben könnte die Praxis der Klugen Anstrengung etwa so aussehen. Sagen wir, ich habe einen harten Arbeitstag hinter mir. Ich möchte auf der Couch liegen und die neueste Folge meiner Lieblings-Krimiserie schauen. Mir ist bewusst, dass mein Nervensystem aktiv ist und mein Kopf noch randvoll mit den Problemen des Tages. Ich möchte mich betäuben. Nun, wie ich bereits erwähnt habe: Ich weiß ziemlich genau, wohin mich das führt, es bringt mich nicht weg vom Leiden, vor allem dann nicht, wenn es ein besonders grausiger Mord ist! Ich werde die Gefühle immer noch haben; ich werde lediglich ein Weilchen abgelenkt gewesen sein.

Ich gebrauche also Kluge Absicht und Kluge Anstrengung, gehe lieber spazieren und nehme meine Umwelt in mich auf. Ich könnte gehen und meinen Gedanken freien Lauf lassen, aber durch die Praxis kann ich mich dafür entscheiden, ganz bewusst zu gehen. Ich fühle meine Füße, fühle die Luft in meinem Gesicht und höre das abendliche Vogelgezwitscher. Während des Abendessens widme ich mich Hugh, und wir erzählen uns, wie der Tag gewesen ist. Nach dem Essen mache ich einen kurzen Bodyscan und schau wieder nach mir. Was nun? Vielleicht spüre ich den Drang, meine E-Mails zu checken oder auf Facebook zu gehen.

Ich frage mich also wieder, wohin dieses Verhalten wahrscheinlich führen wird. Offen gestanden: Es ist russisches Roulette. Es könnte super sein. Vielleicht habe ich nette Nachrichten von Freunden oder sehe, dass jemand Geburtstag hat. Oder es könnte sein, dass ich mit Forderungen überschüttet werde, dass Leute verstörende politische Ansichten äußern oder dass eine von diesen E-Mails ein rotes Ausrufezeichen neben dem Betreff hat. (Würg!) Durch mein Gewahrsein im Moment und nach so einem Tag wohl wissend, wie anfällig ich für zusätzlichen Stress bin, übe ich Kluge Anstrengung und entscheide mich dafür, einige oder alle dieser Impulse zu verwerfen oder einzuschränken und *nicht* online zu gehen.

Die traditionellen Lehren laden uns auch ein, darauf zu achten, wohin unsere geistigen Bestrebungen gehen. Geben wir Verärgerung und Widerwillen Nahrung? Proben wir in Gedanken ein Gespräch, von dem wir erwarten, dass es schwierig werden wird, und verpassen dabei, was direkt vor uns liegt? Können wir unsere Bewusstheit aufrechterhalten und uns fragen: Wohin führt uns dieser Gedanke? Und dann eine heilsamere Richtung einschlagen? Die Bewusstheit darüber, wie ein Gedanke eine ganze Lawine lostreten und in Verzweiflung oder Panik münden kann, ist für Menschen, die unter Depressionen und Ängsten leiden, ein ganz entscheidendes Werkzeug.

Wie wissen wir, ob unsere Anstrengung richtig und klug ist? Wir wenden die Vier Grundlagen der Achtsamkeit an:

- Achtsamkeit auf den Körper sagt mir, wie gestresst ich wirklich bin.
- Achtsamkeit auf die Gefühlsfärbung und Achtsamkeit auf den Herz-Geist geben mir Information, wo ich mental und emotional stehe.
- Achtsamkeit auf Dharmas erinnert mich daran, dass alle Lebewesen leiden, es ist also völlig normal, einen anstrengenden Tag zu haben. Es kommt vor. Und sie hilft mir auch, mich zu erinnern, dass Gelüste nach irgendetwas (Fernsehen, Eiscreme, Zuflucht zu einem technischen Gerät) zu *mehr* Leiden führt, und aus früheren Erfahrungen (nicht aus Theorien) weiß ich, dass es die Möglichkeit gibt, von Leiden

> frei zu sein – eine Freiheit, von der ich schon oft gekostet habe. Der Weg, in diese Freiheit zu gelangen, liegt in der Anwendung von Kluger Ansicht, Kluger Absicht und Kluger Anstrengung.

Nun aber die Frage: Wie viel Anstrengung ist Kluge Anstrengung? Der Buddha war ein Meister der Vergleiche, weil er so viele verschiedene Menschen unterrichtete. Es gibt eine Geschichte über seine Begegnung mit einem Mönch, der Laute spielte, und in der es um diese Frage geht. Der Mönch will wissen, wie viel Anstrengung er auf seine Praxis verwenden soll. Der Buddha fragt: »Was passiert, wenn eine Saite deines Instrumentes zu locker ist?«

»Dann gibt es keinen klaren Ton, wenn man sie anschlägt«, antwortet der Mönch.

»Was passiert, wenn die Saite zu straff ist?«

»Dann wird sie wahrscheinlich reißen.«

»Genau so ist es mit dem Üben des Weges«, sagte der Buddha. »Finde die kluge Mischung aus Anspannung und Entspannung, und der Klang ist genau so, wie er sein soll.«

Wir können auf genau dieselbe Art, wie der Lautenspieler auf den Klang seiner Saiten eingestimmt war, auf unsere Anstrengung eingestimmt sein. Niemand kann Ihnen ganz genau sagen, wie die kluge Mischung aussieht. Sie müssen es selbst herausfinden. Spielen Sie damit, und schauen Sie, was für Sie passt. Die Teilnehmer des MBSR-Kurses arbeiten jetzt gerade damit. Zach hat uns erzählt, dass er anfängt, Dinge zu tun, die ihm ein Gefühl der Lebendigkeit und Unversehrtheit wiedergeben, was er seit seinem großen Verlust nicht mehr getan hatte. Nikki hat erzählt, dass sie zu sich und anderen freundlicher geworden ist. Weisheit auf Schritt und Tritt.

Kapitel 6

Der Dharma unserer Sprache

Was Beziehungen und Gruppen uns zeigen können

Die heutige MBSR-Sitzung wird sich um die besonderen Stressfaktoren drehen, die in unserer Kommunikation mit anderen Menschen verborgen liegen. Vielleicht ist das der Grund, warum mir im Umgang mit den Patienten dieser Bereich heute bewusster ist als sonst. Das ist eines dieser Dinge, die ich wirklich im Laufe der Jahre gelernt habe: wie wichtig es für unser Praxisteam ist, nicht über Patientinnen und Patienten zu tratschen oder zu lästern, vor allem nicht über die, mit denen der Umgang wirklich schwierig ist. Sonst steigert man sich gegenseitig leicht in eine regelrechte Hysterie über einen bestimmten Menschen hinein. Das verfestigt die Vorstellung, man habe unter ihm oder ihr zu leiden, statt dass wir einsehen: Zuerst einmal leidet dieser Mensch selbst.

Indem wir darauf achten, welchen Eindruck unsere Worte hinterlassen, versuchen mein Team und ich, keine Atmosphäre des »wir gegen sie« aufkommen zu lassen. Wir versuchen so zu sprechen, dass positive Ergebnisse dabei herauskommen – sogar, wenn das bedeutet, dass wir eine deutliche Grenze setzen müssen. Wir tauschen wichtige Hintergrundinformationen aus, die unser weiteres Vorgehen entscheidend prägen oder auf andere Art die Gesundheit eines Menschen beeinflussen, wie zum

Beispiel, der Ehemann ist im Gefängnis, das Kind hatte einen Unfall oder jemand hat gerade seinen Arbeitsplatz verloren. Wir haben einen Plan, wie wir mit jemandem umgehen, der übertrieben viel Schmerzmittel verlangt oder einfach unhöflich ist. Während also Angela und ich nun zusammen den Terminplan für heute Morgen durchgehen und ich den Namen eines besonders schwierigen Patienten auf der Liste sehe (schwierig, weil er dauernd Vicodin und Xanax verlangt), schauen wir einander nur an und sagen nichts, bis sie sagt: »Möchtest du lieber erst mal Kaffee machen?«

Wie wichtig es ist, wie wir miteinander kommunizieren, ist mir heute wieder eindringlich klargemacht worden, als ich ein Ehepaar traf, das ich sehr mag – tüchtige, warmherzige Menschen mit sechs erwachsenen Kindern und einer Schar Enkelkindern –, die sich aus ihrer Firma für Küchengeräte zurückgezogen und zur Ruhe gesetzt haben. Normalerweise treffe ich sie einzeln, aber heute waren sie zusammen im Untersuchungszimmer, beide Krankenblätter säuberlich aufeinander gestapelt. Gino durchläuft gerade eine Chemotherapie gegen seinen Prostatakrebs, und ich wollte den neuesten Stand erfahren, deswegen fingen wir mit ihm an.

»Wie geht's Ihnen, Gino? Was gibt's Neues?«

»Mir geht's gut, alles prima.«

»Gar nichts ist prima!«, mischt Marcella sich ein. »Du bist erschöpft, dir ist übel und – »

»Hey, das ist mein Termin!«

Ich mische mich in das Gespräch ein. »Ich habe hier den Bericht von Dr. Solomon. Er schreibt, dass Sie gut auf die Therapie ansprechen und dass Sie noch zehn Wochen vor sich haben. Ist es das, was Sie meinen?«

»Meiner Meinung nach hat er gesagt, dass du dieses Implantat eingesetzt bekommen musst«, sagt Marcella laut.

»Das hab ich doch schon! Stimmt's, Doc?« Jetzt hat auch Gino seine Stimme erhoben.

»Hey Leute«, sage ich. »Beruhigen wir uns mal. Wir stehen alle auf einer Seite.«

Sie schauen mich an, als wäre ich bekloppt, schauen sich an, grinsen über beide Ohren, werfen gleichzeitig die Hände in die Luft und sagen: »Wir sind eben Italiener!« Mit anderen Worten, es gibt überhaupt kein Problem, denn das ist eben ihr Kommunikationsstil und sie führen ein ganz normales Gespräch. Nur ich habe gemeint, es sei ein Streit.

Sie hätten auch eine Vielzahl von anderen Kulturen nennen können. Der wichtige Punkt ist, dass sie mir etwas gezeigt haben, was ich von mir selbst weiß: Ich bin unglaublich konfliktscheu. Wenn jemand nur ein bisschen die Stimme hebt, klingelt bei mir schon die Alarmglocke. Die Einzige im Raum, die sich beruhigen muss, bin ich. Das mache ich mithilfe einiger achtsamer Atemzüge, wobei es mir hilft, dass die beiden solch großartigen Humor haben. Gerade eben reden wir noch über Chemotherapie, und im nächsten Moment lachen wir über uns selbst.

Dieses Ehepaar erinnert mich daran, dass es nützlich ist, wenn man ein bisschen etwas über die Muster im eigenen Beziehungsverhalten weiß, was wir heute Abend in der sechsten Sitzung des Kurses erkunden werden. Es ist gut zu wissen, wo die Muster herkommen und wie es sich anfühlt, wenn sie am Werk sind, und dann verschiedene Reaktionsmöglichkeiten verfügbar zu haben. Heute Abend werde ich, bevor ich das Thema Achtsamkeit in Beziehungen überhaupt aufs Tapet bringe, erst einmal zuhören, was die Teilnehmerinnen aus ihrer eigenen Praxis über Kommunikation gelernt haben, und ich freue mich darauf, von ihnen zu lernen – zu erfahren, was passiert, wenn sie Achtsamkeit »an der betroffenen Stelle anwenden«.

Während sich alle einfinden, wird mir bewusst, dass Alan und Norma fehlen, und ich erinnere die Gruppe, dass sie bei der Oldtimer-Show sind. Die Antworten zeigen deutlich, wie wichtig ihnen die beiden sind – und auch die anderen im Kurs.

Wir fangen mit Yoga an, gefolgt von einer längeren Meditation im Sitzen mit den verschiedenen Objekten der Aufmerksamkeit, die wir die Woche zuvor und in Kapitel 5 kennengelernt haben. Heute Abend gibt es mehr Schweigen und weniger Anweisungen. Ich bin gespannt darauf, zu hören, wie es ihnen damit in der letzten Woche gegangen ist.

Nach 45 Minuten Meditation läute ich die Glocke. Dann lade ich sie ein, sich zu zweit zusammenzutun und ihre Erfahrungen mit dieser Meditation auszutauschen, sowohl heute Abend wie auch in der vergangenen Woche. Ich betone, dass sie in diesem Gespräch gerne schon achtsames Zuhören üben können, als wenn es eine Meditationspraxis wäre (was es ja ist).

»Während euer Gegenüber sich mitteilt, versucht ihr, ob ihr mit dem gesamten Körper zuhören könnt. Nehmt wahr, ob der Kopf losrattert, indem er vielleicht Vergleiche anstellt oder schon mal probt, was ihr gleich sagen wollt, oder ob ihr in Gedanken bei etwas völlig anderem seid. In diesem Fall kommt ihr sanft, aber bestimmt zum Zuhören zurück. Versucht nicht zu unterbrechen, dazwischenzureden, Fragen zu stellen oder zu kommentieren, auch wenn euch etwas besonders berührt. Und wenn ihr sprecht, nehmt wahr, wie es ist, zu sprechen und angehört zu werden.«

Viele Menschen finden diese Zuhör-Übung geradezu revolutionär, seltsam, wunderbar oder unmöglich. Sie entdecken, dass sie nicht einfach zuhören können, nicht davon absehen können, ins Gespräch kommen zu wollen. Wie es auch läuft, es ist sehr lehrreich.

Wenn sie mit dem Austausch zu zweit fertig sind, frage ich: »Wie war das für euch? Ihr könnt etwas zu der Sitzmeditation sagen oder zum achtsamen Zuhören und überhaupt zu allem, was euch in Sachen Praxis in der letzten Woche aufgefallen ist.«

Jean sagt: »Das achtsame Zuhören war schwer! Ich wollte mich so gern beteiligen, wollte Fragen stellen und Debbie sagen, wie sehr ich mit ihr mitfühle.«

»Und wie bist du damit umgegangen?«

»Ich habe es gemerkt und fast etwas gesagt, aber ich bin zum Körper und zum Atem zurückgekommen und hab mich dann wieder auf sie konzentriert. Ich weiß nicht, ob ich das die ganze Zeit schaffen würde! Ich weiß auch gar nicht, ob ich es wollen würde!«

»Ich verstehe das. Es fühlt sich manchmal komisch an, auch ein bisschen künstlich. Es ist eigentlich eine Übung, bei der man sieht, wie es sich anfühlt. Im Leben kann man dann flexibel damit spielen. Wie war es denn, so angehört zu werden?«

»Jetzt, wo du's sagst … Ich merke, dass ich Dinge angesprochen habe, auf die ich vielleicht nicht gekommen wäre, wenn sie etwas gesagt hätte.«

»Ich habe gemerkt, dass ich es mit meiner Tochter schon so mache«, fügt Debbie hinzu. »Sie ist in der Pubertät, und bis vor Kurzem war ich mit ihr ziemlich auf Krawall gebürstet, weil sie zurzeit dauernd die Grenzen austestet. Aber neulich habe ich sie einen Satz ganz zu Ende sprechen lassen.« Sie lächelt. »Und manchmal geht es ja um gar nichts Wichtiges. Es kommt mir vor, als würden wir alles ein bisschen lockerer angehen, aber ich weiß gar nicht, wie das gekommen ist. Vielleicht hat sie durch das Zuhören das Gefühl, dass sie nicht mehr so kämpfen muss.«

Ich registriere, wie Carol und Zach sich mit wissendem Blick anschauen.

»Ich glaube, bei uns passiert das gerade auch«, sagt Carol.

»Noch etwas aus der letzten Woche?«

Raúl sagt: »Bei der Arbeit fragen sie mich immer wieder, was mit mir los ist. Ich glaube, ich verhalte mich echt anders. Während ich euch zuhöre, denke ich, vielleicht höre ich ja auch mehr zu und sage nicht mehr so viel. Ich bin auch nicht mehr so gereizt, wenn etwas schiefläuft. Und darum sagen die anderen so Sachen wie ›Hey, was ist denn mit dir passiert?‹«

Joe lacht. »Das ist in meiner Beziehung im Moment echt mein größter Erfolg: dass ich die Klappe halten kann. Es ist deswegen nicht alles super, aber es wird nicht so viel rumgeschrien.«

Renée sagt: »Mir haben so viele Leute gesagt, ich soll den Kurs machen, weil Meditation gegen Stress hilft, jetzt, wo ich mich doch um meinen Mann kümmern muss und seine Demenz schlimmer wird. Aber ich muss dauernd auf Zack sein, ich hab das Gefühl, ich muss wachsam sein, also hab ich eigentlich nicht geglaubt, dass ich es könnte. Ich hab nicht geglaubt, dass es bei mir funktioniert. Aber vor allem an der Sitzmeditation gefällt mir total, dass wir nichts ausblenden! Ich kann offen sein für alle Geräusche und Empfindungen und Gedanken und trotzdem entspannt sein. Ich habe das Gefühl, ich kann für ihn und mich mehr präsent sein. Ich weiß nicht, ob ich das jetzt richtig beschrieben habe.«

Ich glaube, dass sie es sehr treffend beschrieben hat.

Verhaltensmuster beleuchten

Wie Sie zweifellos schon selbst bemerkt haben, können uns Beziehungen immense Freude und Fülle bringen, aber auch großes Leid. Heute bringen wir dem, was in unserem Zusammenleben mit anderen Menschen sowieso schon wirksam ist, etwas mehr Bewusstheit entgegen – den nicht ganz so hilfreichen gewohnten Verhaltensweisen in Beziehungen, aber auch den konstruktiven.

Im MBSR gibt es verschiedene Methoden, die konditionierten Verhaltensmuster in Beziehungen zu beleuchten. Ich persönlich mag die Übungen, die auf der Aikido-Kampfkunst beruhen und die in Jon Kabat-Zinns Buch *Gesund durch Meditation* vorgestellt werden. Ich habe zehn Jahre lang Taekwondo gemacht, bis zum Schwarzen Gürtel, und ich habe auch Aikido gelernt, deswegen kann ich mit diesen körperbetonten Beispielen etwas anfangen. Und soweit ich sehe, sind sie für die Teilnehmer ebenfalls nützlich.

Ich sage zu der Gruppe: »Heute Abend werden wir unsere Verhaltensmuster bei Konflikten und in Beziehungen ein bisschen erforschen, nicht um sie zu bewerten, sondern um sie klarer zu sehen. Ich werde solche Verhaltensmuster im Rollenspiel physisch demonstrieren, aber dieses Rollenspiel soll auch symbolisch für emotionale, verbale oder sogar situative Szenarien stehen. Bitte macht euch klar, dass jede von diesen Strategien in einer bestimmten Situation absolut vernünftig sein kann. Es geht nicht darum, sie zu bewerten. Wir möchten einfach sehen, ob wir eine unbewusste Überlebensstrategie haben, die uns nicht mehr weiterhilft. Sobald wir uns ihrer bewusst sind – und unserer Knöpfe, die sie auslösen –, können wir schauen, ob es auf der Speisekarte noch Alternativen gibt, die wir mal probieren könnten.«

»Ich erzähle euch ein Beispiel aus meinem Leben. Ich bin mit einem absoluten Familientyrannen aufgewachsen. Mein Vater war wirklich furchterregend, wenn er betrunken war, und das war er oft. Die Strategie meines älteren Bruders war, dagegenzuhalten. Ich erlebte, wie daraus Gewalt entstand. Also wurde ich völlig passiv, und das hat für mich funktioniert – eine Zeitlang wenigstens. Soll heißen: bis ich erwachsen war und die anderen von mir erwarteten, von mir wünschten, ja, manchmal es auch gebraucht hätten, dass ich den Mund aufmache. Noch wichtiger war, dass ich es auch für mich selbst brauchte, dass ich den Mund aufmache und für mich selbst einstehe. Wenn ihr jetzt also diesen Rollenspielen zuschaut, dann achtet darauf, wie ihr körperlich reagiert und ob ihr irgendetwas Vertrautes wiedererkennt – im Wissen, dass alles, was ihr seht, seine guten Gründe hat. Bringt Freundlichkeit in eure Wahrnehmung.«

Ich bitte Nikki, meine Partnerin zu sein, weil wir ungefähr dieselbe Größe haben und ich den Eindruck habe, dass sie aufgrund ihrer Sportlichkeit ein sehr ausgeprägtes Körpergefühl hat. Das erste Muster, das wir vorführen, ist das eines Menschen, der Konflikte um jeden Preis vermeidet (das frühere Muster meiner Wahl).

Sie kommt mit ausgestreckten Armen auf mich zu, nicht aggressiv, aber sehr selbstbewusst, und ich sacke auf dem Stuhl zusammen und sage: »Es tut mir leid, es war meine Schuld«, und aus.

»Und, kommt euch das bekannt vor?«

Einige nicken.

»Es war schrecklich. Ich konnte gar nicht hinschauen, wie du da klein beigegeben hast«, sagt Elaine.

»Nicht, um jemanden bloßzustellen, aber kennt das jemand von euch?« frage ich nochmals.

»Ja!« sagt Jean.

»Für mich war unangenehm, dass ich nur Luft zu fassen bekam. Du warst einfach verschwunden«, sagt Nikki.

»Okay«, sage ich. »Probieren wir das Nächste.«

Dieses Mal trete ich, als Nikki auf mich zuläuft, schnell zur Seite und lasse sie wieder mit ihrem ganzen Schwung allein. Wir machen es noch zwei Mal. Wenn ich es mit Hugh vorführe, macht er beim dritten Mal mit seinen Fingern manchmal Hörner und stampft auf den Boden wie ein wütender Stier.

»Das ist gut«, sagt Zach. »Ich finde das clever, ihr einfach aus dem Weg zu gehen.«

»Das stimmt, in manchen Situationen kann es eine gute Strategie sein, aber was ist mit der Person, die dich so angeht?«

»Na ja, gelöst ist nichts. Es fühlt sich so blutleer an – bisschen wie das erste, nur nicht so passiv. Eher so passiv-aggressiv.«

»Oh mein Gott!« sagt Erika. »Das ist es, was mein Mann und ich machen. Wir machen einfach zu; wir sprechen unsere Konflikte nicht an.«

Nun ein drittes Szenario: Nikki und ich drücken jeder auf die Schultern des anderen und schreien: »Ich habe recht! Du hast unrecht!«, bis wir lachen müssen. Ich schaue mich um. Ein paar andere lachen ebenfalls, aber ein paar sehen beunruhigt aus.

»Okay, also das kenne ich!« sagt Joe.

»Ich auch«, sagen Brian und Elaine.

»Was ist da passiert?« frage ich.

»Immer noch keine Lösung.«

»Aber es wirkt nicht mehr ganz so blutleer.«

»Total unproduktiv.«

»Aber es ist ein bisschen Feuer drin, oder?« sage ich. »Ein bisschen Kontakt? Nicht so kalt und blutleer wie die anderen beiden.«

Dann fahre ich fort: »Jetzt versuchen wir etwas, das aus dem Aikido kommt. Aikido, eine Kampfkunst, wird manchmal die ›Kunst des Friedens‹ oder ›Kunst der Harmonie‹ genannt; es ist die Kunst, mit dem Schwung des Angreifers zu verschmelzen – sich selbst zu schützen, während man so wenig Schaden wie möglich verursacht oder sogar die Energie von jemandem, der instabil ist, wieder erdet.«

Als nun Nikki wieder auf mich zurauscht, gehe ich nur einen kleinen Schritt zur Seite, ergreife ihren Arm, während ich mich in die Richtung drehe, in die sie geht, und gehe ein paar Schritte mit ihr. Dann führe ich uns sanft in eine andere Richtung. All das geht sehr schnell. Wir führen es noch mal in Zeitlupe vor.

»Wie war das?« frage ich.

»Das war unglaublich!« sagt Nikki.

»Sowas Ähnliches haben wir bei den Marines gemacht«, sagt Brian.

»Das nennt sich ›Verschmelzen‹«, sage ich. »Wie könnte das aussehen, wenn es um eine verbale oder emotionale Situation geht? Mit anderen Worten, wie würdet ihr verschmelzen mit jemandem, der sich über euch aufregt?«

»Also, du bist auf sie zugegangen, und dann hast du dich gedreht, um die Lage aus ihrer Sicht zu sehen«, sagt Lisette.

»Genau«, sagt Zach, »Du hast versucht, es auf ihre Art zu sehen.«

»Und dann?«

»Und dann hast du sie dazu gekriegt, es anders zu sehen.«

»Also denke ich, man würde anfangen, indem man wirklich zuhört, so, wie wir's vorher gemacht haben«, meldet sich Renée. »Mir ist auch aufgefallen, dass du zuerst auf sie zugegangen bist, nur eben auf der Seite, damit du den Stoß nicht abbekommst, aber im Grunde hast du damit gesagt: ›Ich bin zum Kontakt mit dir bereit‹.«

Sehr schön gesagt.

Ich erinnere sie: »Nicht dass ihr meint, dieses Verschmelzen ist immer das Kluge. Diese Vorführung soll eigentlich dazu dienen, das Unbewusste bewusst zu machen. Und mit unseren Übungen, vor allem dem Bodyscan und der Achtsamkeit auf Gedanken und Gefühle, können wir die Alternativen sehen und Entscheidungen treffen, die wir vorher nicht kannten. Das erfordert ein bisschen Mut, weil es ein Sprung ins Unbekannte ist. Mir haben schon viele Ehepaare erzählt, dass sie jahrelang in ein und demselben Kommunikationsmuster gefangen waren. Aus irgendeinem rätselhaften Grunde passiert es oft im Auto.«

Viele lachen.

Ich fahre fort: »Er stößt zurück, und sie sagt: ›Pass auf!‹, und er sagt, was er immer sagt. Sie könnten genauso gut ein Tonband laufen lassen. Eines schönen Tages, nachdem sie ein wenig Praxis hinter sich haben, registriert einer von ihnen den Stress im Körper und hält inne. Jetzt haben sie kein Drehbuch mehr. Sie improvisieren! Wenn wir wirklich im Moment da sind, improvisieren wir immer. Wir müssen nicht den ganzen Dreiakter zu Ende spielen, wie wir es aus der Vergangenheit gewohnt sind.«

Kluges Sprechen

Im MBSR-Kurs sprechen wir über Kommunikation. In Buddhas Lehre nennt sich das richtiges oder kluges Sprechen, ein weiteres Element des Achtfachen Pfads. Der Buddha hatte einige ziemlich simple, direkte Anweisungen dazu. Diese Anweisungen haben oft eine negative Form: Was wir *nicht* sagen sollten. Ich liebe das Akronym W.A.I.T. (»WARTE«) der Meditationslehrerin Sylvia Boorstein: »Why Am I Talking?«, also warum sage ich etwas? Genauso, wie die Kluge Absicht mit ein paar Empfehlungen zu zurückhaltendem Verhalten beginnt, empfahl der Buddha beim klugen Sprechen Zurückhaltung: nichts Unwahres zu sagen (sondern die Wahrheit zu sagen); keine Zwietracht zu säen mit Worten (wenn Sie nichts Konstruktives und Zweckdienliches zu sagen haben, sagen Sie nichts); nichts Verletzendes zu sagen, (sondern im Tonfall und in der Wortwahl freundlich und warmherzig zu sein); und dass wir auf leeres Gerede verzichten (stattdessen überlegen, ob es nötig und der richtige Moment ist, etwas zu sagen). Wahrscheinlich dürfte Ihnen all dies schon seit Kindheitstagen vertraut sein …

Wenn wir uns nun mit den Lehrinhalten für Kluges Sprechen befassen und dabei die Vier Grundlagen der Achtsamkeit zu Hilfe nehmen, kommt alles, was wir bisher gelernt haben, zusammen. Kluges Sprechen beginnt mit Bewusstheit und, noch wichtiger, mit Zuhören. Wir bauen auch im Inneren Achtsamkeit auf für unsere impulsiven Körperempfindungen und unsere Gefühlsfärbungen – ist die stattfindende Interaktion angenehm, unangenehm oder neutral? Wir werden uns unseres Geisteszustandes bewusst. Ist Aggression in unserem Geist vorhanden? Zerstreutheit? Und da ist noch die Achtsamkeit auf die Dharmas: Welche Rolle spielen in dieser Situation Leiden, Verlangen und Aversion? Sehe ich eine Möglichkeit für seelischen Freiraum, für Nibbana? Kann ich durch meine Kluge Absicht Freundlichkeit oder Mitgefühl in die Situation bringen? Habe ich unbewusste Vorurteile oder verfalle ich in alte Muster?

Mein Lehrer Tenshin Roshi bezeichnet kluges Sprechen oft als den Teil des Weges, wo die Praxis »real wird«, oder, genauer gesagt, wo wir die Praxis real werden lassen. Kluges Sprechen wird auch als einer der ethischen Faktoren des Achtfachen Pfads bezeichnet. Ethik (Pali: *sila*) wird definiert als moralische Prinzipien, die das Verhalten steuern. Sobald etwas ausgesprochen oder niedergeschrieben wird, ist es nicht mehr eine bloße Meinung, es gehört zu unserem Handeln in der Welt und kann andere enorm und lang anhaltend beeinflussen. Es wird tatsächlich real.

Im MBSR-Kurs ist das der Grund, warum es so hilfreich ist, das kluge Sprechen unter dem Aspekt der Verhaltensmuster zu betrachten. Wenn einem Dinge bewusster werden, können wir prüfen, ob wir im Einklang mit unseren moralischen Werten handeln. Wenn wir mit unserer Absicht, nichts Schädliches zu tun, im Kontakt sind, ergibt sich das (oben erwähnte) Verschmelzen vielleicht ganz natürlich. Kluges Sprechen basiert auf unserer Ethik und kann auf eine Weise praktiziert werden, dass wir uns der möglichen Auswirkungen bewusst sind – indem wir vielleicht lange genug innehalten, um uns klarzuwerden, wie das, was wir sagen wollen, bei unserem Gegenüber ankommt; indem wir uns fragen, ob das, was wir sagen wollen, vielleicht unserer Beziehung, unserer Familie, unserer Gruppe schadet. Unser Sprechen ist auch mit der Klugen Absicht verbunden – keinen Schaden anzurichten oder so wenig wie nur irgend möglich. Zum Ende des Kapitels werde ich noch mehr darüber sagen, wie das in der buddhistischen Tradition formell geübt wird.

Das kluge Sprechen ist der Ort, wo Kluge Absicht und Kluge Ansicht im Beziehungsfeld zusammenkommen. Kluges Sprechen ist die Verwirklichung davon. Wenn wir einen Schritt zurücktreten und uns die breit gefächerte Absicht des Achtfachen Pfads anschauen – nämlich Leiden zu lindern –, dann können wir unser Sprechen in diesen Bezugsrahmen einordnen. Werde ich etwas zum Wohl des Ganzen beitragen? Oder wird das, was ich sagen will, eher schaden? Und was ist meine Absicht? Um das zu wissen, müssen wir die Art der Selbsterfahrung üben, über die wir in diesem Buch sprechen: Wir müssen über uns Bescheid wissen.

In der Meditationspraxis ahnen wir manchmal, wie wir reden, indem wir den Tonfall und die Wortwahl beobachten, die wir uns selbst gegenüber anschlagen, wenn wir unsere Monologe entwerfen. (Im Ernst, das tun wir doch alle, während wir meditieren – in Gedanken unsere Argumente zurechtlegen, oder?) Während wir nun sitzen und schweigen, allein mit unserer nicht-wertenden Bewusstheit, »kommen wir uns auf die Schliche«, wie Joe sagte. Genau da, in dieser nachhaltigen Praxis, beginnen wir unsere Muster zu sehen. Weil wir nicht abgelenkt sind, können wir jedes einzelne der Muster bemerken, die in der beschriebenen MBSR-Sitzung erwähnt sind. Vielleicht wird uns bewusst, dass wir oft defensiv sind. Oder uns rechtfertigen wollen, wenn wir uns kritisiert fühlen. Oder dass wir uns ausweichend verhalten. Oder Streit förmlich suchen. Vielleicht ertappen wir uns sogar dabei, dass wir nicht bei der Wahrheit bleiben – vielleicht nicht gerade lügen, aber übertreiben? Der Geschichte einen leichten Dreh verpassen, um besser dazustehen – oder vielleicht auch schlechter – oder um sie zu dramatisieren?

Durch die Praxis sehen wir vielleicht schneller, wie im Körper impulsive Reaktionen aufsteigen, und wir wissen: Jetzt ist ein guter Moment, um innezuhalten, bevor wir sprechen! Wir können die Stresshormone zur Ruhe kommen lassen, warten, bis der präfrontale Kortex – der Sitz kluger Entscheidungen – wieder durchblutet ist. In der heutigen Zeit, wo die Kommunikation sich derart beschleunigt hat, ist dieses Innehalten ein ganz gravierender Punkt. Kennen Sie auch diese E-Mails, wo schon der Name des Absenders oder die Betreffzeile genügt, dass Ihnen heiß und kalt wird?

Wenn mir das passiert – und es passiert! –, erkenne ich es einfach an, sage vielleicht freundlich: »Das war wieder ein Auslöser«, und meine damit die hormonelle Reaktion. Dann überlege ich, ob jetzt der rechte Moment ist, sie zu lesen, und wenn ich sie lese und der Inhalt mir nicht guttut, dann weiß ich: Dies ist nicht der Moment, um zu antworten. Ich nehme mir Zeit, um meinen Körper zur Ruhe kommen zu lassen. Vielleicht stehe ich vom Schreibtisch auf, mach ein bisschen Gehmeditation, trinke ein Glas Wasser, und oft setze ich mir eine Frist, in der ich antworte. »Okay, in zwei Tagen kümmere ich mich wieder drum. Oder in zwei Stunden.« Das gibt mir den Raum, mir klarzuwerden, was mit mir los ist, wieder meine Absicht zu befragen, mein Herz. Um keine Missverständnisse aufkommen zu lassen, schreibe ich dem/der Betreffenden vielleicht: »Ich melde mich am Dienstag wieder.« Dadurch kommt die Qualität ins Spiel, die der Buddha mit dem klugen Zeitpunkt und der Angemessenheit unseres Sprechens meinte. Damit wir diese Dinge erwägen können, müssen wir ein bisschen Bewusstheit an Bord haben.

Die Beispiele der Teilnehmerinnen und Teilnehmer im MBSR-Kurs zeigen, wie wichtig achtsames Zuhören und Innehalten sind. Weil wir in Beziehungen mit anderen Menschen sehr viel Zeit verbringen, ist das ein tolles Übungsfeld. Viele stellen fest, dass ihre Meditationspraxis eine exzellente Vorbereitung dafür ist. Wie Debbie sagte: Wenn sie ihrer Tochter bis zum Ende zuhört, entdeckt sie, dass es gar nicht so viel Strittiges gibt, wie sie befürchtet hat. Und ich mit diesen E-Mails? Oft ist es so: Wenn ich sie dann lese, gehen sie in eine andere Richtung, als ich gemeint habe. Wir können also auch bei Textnachrichten, Tweets, Facebook-Posts und E-Mails »zuhören« und uns wirklich Zeit nehmen, bevor wir antworten.

Ich hatte einmal ein schmerzhaftes Missverständnis mit einer lieben Freundin, das nur durch Textnachrichten verursacht war. Ich antwortete zu schnell und war nicht einfühlsam, wir gingen aneinander hoch, und keine von uns beiden nahm sich die Zeit, um zu sagen: »Hey, lass uns mal in Ruhe darüber reden!« Und so war der Schaden angerichtet. Wir mussten uns ernsthaft anstrengen, um die Sache in Ordnung zu bringen, und wir schafften es auch, aber es war nicht einfach. Das war mir wirklich eine Lehre. Heute ist es viel wahrscheinlicher, dass ich jemanden einfach anrufe, um etwas zu bereden (wie in der guten alten Zeit, wissen Sie noch?). Denn es kann in diesen schnellen Kommunikationsabläufen einfach zu viel verlorengehen.

Kluges Sprechen im Kontext der Vier Grundlagen der Achtsamkeit

Während wir nun diesen Aspekt des Achtfachen Pfads innerhalb der Vier Edlen Wahrheiten diskutiert haben, lohnt es auch, Kluges Sprechen unter dem Blickwinkel der Aussagen zu den Vier Grundlagen der Achtsamkeit zu betrachten, vor allem mit dem Refrain, den ich bereits erwähnt habe. Zur Erinnerung: Der Refrain enthält die wiederholte Anweisung, das Entstehen und Vergehen aller Phänomene zu sehen. Außerdem lädt er uns dazu ein, die bewusste Wahrnehmung aller Vier Grundlagen – Körper, Gefühlsfärbung, Geisteszustände und Dharmas – sowohl innerlich als auch äußerlich zu trainieren. Das heißt, sich Moment für Moment bewusst zu werden, was in uns und außerhalb von uns vor sich geht – einschließlich anderer Menschen. So, wie wir uns mit offener Neugier auf uns selbst einstimmen, so üben wir, die jeweilige Lage anderer Menschen wahrzunehmen. Kann ich mich darauf einstimmen, was mit ihnen los ist? In welchem Zustand sind sie? Leiden sie?

Bei Gino und Marcella hatte ich eine gewisse Bewusstheit für meine innere Reaktion, ich spürte, dass etwas nicht stimmte. Aber ich hatte nicht viel Achtsamkeit für das Äußere. Hätte ich sie gehabt, hätte ich vielleicht gemerkt, dass alles in Ordnung mit ihnen war, dass sie sich lieben und eine Art des Zusammenlebens haben, die für sie funktioniert, auch wenn sie anders ist als meine. Diese Anweisungen zu innerer und äußerer Achtsamkeit fordern uns auf, bewusst achtzugeben, nicht-urteilend, auf das, was in uns, außerhalb von uns und in anderen Lebewesen geschieht. Ohne dieses Fluktuieren zwischen Innen und Außen könnte unsere Praxis selbstbezogen und egozentrisch werden – oder aber zu sehr auf andere fixiert. In beiden Fällen entgehen uns wichtige Signale und Informationen. Das zeigen Beispiele aus dem Kurs: Elaine fing Informationen ihres Schülers Billy auf, indem sie ihn aufmerksamer wahrnahm, was ihr das Herz öffnete. Renée entdeckte, dass sie im gegenwärtigen Moment auf ihr Erleben achten und trotzdem für ihren an Alzheimer leidenden Mann präsent sein konnte.

Kluges Sprechen ist ein Ausdruck unserer Ethik

Kluges Sprechen ist einer der drei ethischen Faktoren des Achtfachen Pfads. Die anderen beiden sind Kluges Handeln und Kluger Lebensunterhalt (was in Kapitel 8 behandelt wird). Die ethische Grundlage der buddhistischen Lehren tritt auch in den sogenannten »Enthaltungsregeln« zutage. Diese Regeln sind Richtlinien für unser Verhalten, die zu allen Zeiten, religions- und kulturübergreifend zu finden sind – Richtlinien, die, wenn sie nicht eingehalten werden, Schaden und großes Leid verursachen, jedoch Frieden und Harmonie fördern, wenn sie eingehalten werden. Je nachdem, welche buddhistischen Tradition Sie studieren, gibt es fünf, zehn oder noch mehr dieser Regeln. Hier sind die fünf, die meistens praktiziert werden:

- Verzicht darauf, zu töten;
- Verzicht darauf, zu nehmen, was nicht gegeben worden ist;
- Verzicht darauf, Unwahres zu sagen;
- Verzicht auf berauschende Substanzen;
- Verzicht auf sexuelles Fehlverhalten.

In einer Lehrrede sagt der Buddha, von all diesen ethischen Richtlinien sei die, nichts Unwahres zu sagen, die wichtigste. Und das ist der Grund, warum ich die Enthaltungsregeln in diesem Kapitel bespreche.

Bevor er die Enthaltungsregeln aufstellte oder formulierte, beobachtete der Buddha, welche Verhaltensweisen extremes Leid verursachen, und benannte sie auf seine Art. Natürlich sind diese Regeln nicht allein im Buddhismus zu finden; Sie werden sie wahrscheinlich aus Ihrer eigenen spirituellen Tradition schon kennen. In der buddhistischen Lehre werden sie nicht als Gebote oder Befehle präsentiert, sondern als Weg, den Geist und das Herz zu trainieren oder zu kultivieren. Also lautet der Wortlaut häufig auch so: »Ich übe mich darin, kein Lebewesen zu töten oder zu verletzen.» Oder: »Ich verpflichte mich, eine Haltung zu kultivieren, die nichts nimmt, was nicht gegeben wird, sondern Großzügigkeit fördert.« Dies Idee des Kultivierens und Übens beinhaltet natürlich, dass Sie daran arbeiten – in dem Wissen, dass Sie nicht perfekt sein können. Vielmehr verpflichten Sie sich, die Fähigkeit dazu immer weiter wachsen zu lassen.

In der Zen-Tradition haben wir eine Zeremonie, in der die Praktizierenden die Enthaltungsregeln studieren und sich dann vor dem Lehrer oder der Lehrerin sowie der Sangha dazu verpflichten, sie nach besten Kräften zu leben. In dem Zentrum, wo ich praktiziere, widmen wir uns an einem Tag im Monat den Regeln, wir beginnen, indem wir sie alle vorlesen und jeder sich eine aussucht, auf die er oder sie sich für diesen Tag konzentrieren will. Gleichzeit ist das der »Tag der Tempelpflege«, an dem sich Freiwillige mit verschiedenen Arbeiten an der Instandhaltung des Tempels beteiligen. Abends kommen wir zu einer Versammlung zusammen und tauschen aus, was wir während dieses Praxistags entdeckt und gefühlt haben. Dieser Tag ist großartig, um die eigene Ethik nicht aus dem Auge zu verlieren und voneinander zu lernen.

Um eine geschützte Praxisumgebung zu schaffen, werden die Enthaltungsregeln üblicherweise auch angesprochen, wenn ein mehrtägiges Meditationsretreat im Schweigen für die Mitglieder des Zentrums beginnt. Auch zu Anfang einer MBSR-Lehrerausbildung besprechen und würdigen wir sie. Den Prinzipien und Standards für Lehrende folgend, die vom UMASS Center for Mindfulness aufgestellt wurden und auf der Internetseite veröffentlicht sind, sind wir gehalten, uns zu persönlicher täglicher Praxis und zur Teilnahme an Retreats zu verpflichten, was bedeutet, dass wir alle mit den Enthaltungsregeln auf unsere eigene Art und Weise arbeiten.

Mein Freund, der erfahrene Dharmalehrer Larry Yang sagt: »Um ein Herz zu haben, das wirklich frei ist, muss es auf einem Fundament ethischen Verhaltens ruhen.« Er ist ein Lehrer, der so etwas nicht aus einer Attitüde moralischer Überlegenheit heraus verkündet (obwohl er zu den moralisch verantwortungsvollsten Menschen gehört, die mir je begegnet sind), sondern aus seiner eigenen Erfahrung heraus und mit großem Mitgefühl dafür, wie wir Menschen dauernd auf Abwege geraten können.

So wie bei anderen buddhistischen Lehren ist die Absicht dabei, im Geiste des Mitgefühls zu trainieren und nicht in einer Haltung des Perfektionismus – in einem Geist, der in unserem ganzen Wesen einen tiefen Widerhall der Wahrheit zu erzeugen vermag. Ich werde im 8. Kapitel, wo es um Kluges Handeln und Klugen Lebensunterhalt geht, mehr dazu sagen. Von dem, was ich gelernt habe, für den Moment nur so viel: Wenn ich mich irgendwie unglücklich verhalten habe – die Beherrschung verloren, unaufrichtig geredet, jemanden verletzt oder generell nicht im Einklang mit meinen moralischen Werten gehandelt habe – und ich mich dann zum Meditieren hinsetze, kommt mir sehr wahrscheinlich dieses unglückliche Verhalten zu Bewusstsein und verursacht mir großes Unbehagen. Es kann eine großartige moralische Lehrstunde sein, in vollem Gewahrsein still und ruhig dazusitzen. Ich spüre die Nachwirkungen und bin viel eher geneigt, mein Verhalten zu überprüfen, Wiedergutmachung zu leisten und daraus zu lernen. Das Sitzen hilft mir, meine Selbstverpflichtung einzuhalten, im Einklang mit den Enthaltungsregeln zu leben, denn es schmerzt sehr, wenn ich es nicht tue und sehe, wie es andere verletzt.

Die Lehrer, mit denen zu üben ich das Privileg hatte, betonen sehr, die Enthaltungsregeln seien nicht dazu gedacht, dass wir uns für unsere Fehler schämen, sondern sie sind eine Einladung, nicht nur den Schmerz zu fühlen, der entsteht, wenn wir uns gedankenlos und schädlich verhalten, sondern auch die Freude und den Frieden zu spüren, der entsteht, wenn wir nichts bereuen müssen. (Wie ich es bereits beim Thema Kluge Anstrengung gesagt habe.) Der Dharmalehrer Gil Fronsdal, der einige wunderbare Artikel über Ethik geschrieben hat, benützt den Begriff »ethische Sensibilität«, um zu beschreiben, was wir mit den Enthaltungsregeln kultivieren. Die Praxis macht uns auf eine gute Art sensibler – wir fühlen mehr, und das fördert wiederum Mitgefühl und Fürsorge für alle Lebewesen.

In einer Gemeinschaft sein – die Wichtigkeit der Sangha

An diesem Zeitpunkt im Kurs sehen alle, wie wichtig sie füreinander geworden sind, welch bedeutende Rolle ihre gemeinschaftliche Präsenz und Praxis spielen, wie sehr sie durch den MBSR-Kurs zu einer Sangha geworden sind, einer Gemeinschaft kluger und wohlwollender Freunde. Es ist großartig, das Zusammensein in dieser speziellen Art und Weise zu üben und es dann nach außen ausstrahlen zu lassen. Letztendlich sind wir ja alle in einer großen Gemeinschaft, der Gemeinschaft der Menschen. Kluges Sprechen sowie innere und äußere Achtsamkeit helfen uns, eine friedlichere Welt zu schaffen – ein kluges Wort ums andre.

Kapitel 7

Der Dharma des Ganztagsretreats

Aus Hindernissen werden Erkenntnisse

Es ist früh am Samstagmorgen. Gleich wird der Tag der Achtsamkeit dieses MBSR-Kurses beginnen. Hugh und ich haben unsere Lunchpakete vorbereitet und ein paar zusätzliche Yogamatten und Decken ins Auto gepackt. Ein paar Ehemalige aus früheren Kursen werden zu uns stoßen, und es ist immer eine Freude, sie zu sehen. Die Teilnehmer aus Hughs Kurs kommen ebenfalls dazu, es verspricht also eine große Gruppe zu werden. Obwohl wir schon viele solcher Retreats durchgeführt haben, ist doch immer wieder das Flair des Unbekannten da; jedes ist einzigartig.

Das Hauptziel dieses Tages ist, die Praxis auf sieben Stunden auszudehnen, von einer Praxis nahtlos zur nächsten überzugehen und dabei in alle informellen, potenziell hellwachen Momente zwischen den formellen Übungen Achtsamkeit einfließen zu lassen. Es ist eine Gelegenheit, in einem Rahmen der Stille und des Schweigens mit Unterstützung von allen Seiten das Gegenwärtig-Sein im Moment immer weiter auszudehnen, sodass wir eine Ahnung bekommen, wie es sich anfühlt, wach und bewusst durch das breite Fahrwasser des täglichen Lebens zu steuern.

Im Allgemeinen wird dieser Tag der Achtsamkeit im Kursverlauf nach der fünften oder sechsten Sitzung angeboten. Zu diesem Zeitpunkt haben die meisten eine ziemlich regelmäßige Meditations- und Yogapraxis von einer Dreiviertelstunde bis Stunde pro Tag aufgebaut. Sie haben begonnen, in viele Bereiche ihres Lebens auf informelle, aber sehr wertvolle Art und Weise Achtsamkeit einfließen zu lassen. Was sie meist noch nicht erlebt haben, sind sechs Stunden Schweigen am Stück und diese längere Kontinuität des Übens.

Wir beginnen aber nicht schweigend; wir begrüßen uns und gehen den Ablauf dieses Tages durch. Keine großen Überraschungen – Sitzmeditation, Gehmeditation, Bodyscan, Yoga ... und das Ganze noch mal. Mittagessen oder Essensmeditation im Schweigen, danach, ja, Sie haben's erraten, wieder Praxis. Und wir sind eingeladen, aufs Sprechen, Lesen, Schreiben, sogar auf Blickkontakt zu verzichten. So definieren wir Schweigen.

Wir bereiten den Boden für den Tag mit einigen Leitlinien, wie das Schweigen aufrechterhalten wird und was die positiven Wirkungen des kontinuierlichen Praktizierens sind. Hugh sagt: »Heute haben wir die Möglichkeit, Stille zu erleben. Das ist in unserer modernen Kultur, in der wir andauernd mit Lärm und Reizen bombardiert werden, eigentlich ziemlich selten. Dadurch wird es möglich, auf eine Weise zusammen zu sein, in der wir uns gegenseitig hören und sehen können, auf eine Art, die wir bisher vielleicht noch nicht gekannt haben: nämlich ohne zu sprechen und ohne viel Information von außen verarbeiten zu müssen. Wenn wir uns diese Zeit der Stille gewähren, haben wir die Chance, den ›Schleier über unserem Leben‹ zu lüften und interessante Dinge darüber zu erfahren, wie wir ticken. Passt gut auf euch auf, und wir schauen einfach mal, was passiert!« Hugh weist mit diesen Sätzen darauf hin, dass das, was bei dieser Form des Übens hochkommt, eine Art Mikrokosmos unseres Lebens ist. Beispiel Nikki, die in der zweiten Sitzung herausfand, dass ihre Ungeduld beim Bodyscan ihre generelle Einstellung zu so ziemlich allem! aufzeigte.

Stilles und schweigendes Praktizieren ist seit Tausenden von Jahren die Grundlage von Retreats und des klösterlichen oder religiösen Lebens überhaupt. Es unterstützt die Meditationspraxis auf vielerlei Weise, wahrscheinlich mehr, als ich zusammenbekomme. Aber hier ist das, was ich aus Erfahrung und durch meine Lehrer weiß.

In der Stille sein – was uns das zeigt

Viel mehr als früher sind unsere Tage übervoll mit Input (wobei es natürlich darauf ankommt, wie sehr Sie vernetzt sind). Alles, was wir aufnehmen, muss vom Kopf und vom Herzen irgendwie verarbeitet werden. Wenn wir keine Ruhe gehabt haben, um all die Ereignisse und Informationen des Tages zu verdauen, kann das nur passieren, wenn wir schlafen wollen (und das ist der Grund, warum so viele Menschen schlecht schlafen). Wenn Sie Ihre E-Mails oder Textnachrichten checken, bevor Sie meditieren, könnte die Meditation Ihnen helfen, diese geistige und körperliche Aktivität etwas zur Ruhe kommen zu lassen. Allerdings ist es wahrscheinlicher, dass Sie die Hälfte der Zeit diesen Input verarbeiten. Und schon holen Sie sich die nächste Dosis!

Im Retreat haben wir, weil wir nichts hinzufügen, die Chance, bei uns aufzuräumen. Was liegt hinter (oder außerhalb von) all diesem Tun? Und wer sind wir ohne das ständige Tun und Gerede? Das untersuchen wir in diesem Kapitel, aber Sie müssen es auch selbst erleben und nicht bloß darüber lesen. Wenn Sie einen MBSR-Kurs mit dem Tag der Achtsamkeit absolviert haben oder irgendwo anders an einem längeren Retreat teilgenommen haben, dann haben Sie sicher ein Gefühl, was es für Sie bedeutet. Nehmen Sie sich einen Moment Zeit und versuchen Sie, es in Worte zu fassen; oder Sie rufen einfach das Gefühl in sich wieder wach. Wenn Sie noch nie solch ein Retreat gemacht haben, lade ich Sie ein, die passende Gelegenheit zu finden, wo Sie das erleben können.

Statt den Teilnehmern durch den Tag der Achtsamkeit zu folgen, habe ich mir gedacht, ich konzentriere mich lieber auf die positiven Wirkungen eines Schweige-Retreats und auf die Herausforderungen, die darin liegen – Herausforderungen, die einen gleichzeitig etwas lehren (was Sie, wie ich hoffe, gleich sehen werden). Ich beabsichtige auch, diese Zeit dazu zu benutzen, zentrale Lehrinhalte der Vierten Grundlage der Achtsamkeit zu erforschen – der Achtsamkeit auf die Dharmas, wozu die Fünf Hindernisse gehören sowie die Drei Kennzeichen der Existenz. Lesen Sie also ruhig weiter! Meine Hoffnung ist, dass dieses Kapitel Sie inspirieren wird, sich selbst für solch ein Ganztages-Retreat (oder ein längeres!) einmal die Zeit zu nehmen und ein bisschen zu lernen, wie Sie mit dem arbeiten können, was dabei hochkommt.

Die Fünf Hindernisse – oder sind es Wegweiser?

Während seines langen Sitzens in Meditation stieß der Buddha auf einige Hindernisse. Und wie er es mit allem tat, was er über die existenzielle Lage des Menschen herausfand, unterrichtete er uns auch darüber! Er fasste sie in einer Gruppe zusammen und nannte sie die »Fünf Hindernisse«. Konkret lauten sie:

- Ruhelosigkeit oder Grübeln
- Verlangen oder Begehren
- Widerstand oder Abneigung
- Trägheit oder Schläfrigkeit
- Zweifel

Wir werden sie nacheinander durchgehen. Aber zuerst einmal ein wenig Hintergrundwissen.

In der Vierten Grundlage der Achtsamkeit, Achtsamkeit auf Dharmas, stellt der Buddha ganz offen, in seiner sachlichen, mitfühlenden Art fest: Auf dem Weg zum Aufwachen, in unserer täglichen Praxis, wird es Schwierigkeiten und Herausforderungen geben. Mir gefällt es, dass er diese Herausforderungen in der Vierten Grundlage der Achtsamkeit aufführt, damit wir sie als Teil des Weges zur Freiheit sehen – nicht als eine unüberwindliche Mauer, sondern ganz im Gegenteil als eine Tür in die Freiheit. In den Schwierigkeiten, die wir erleben, stecken tatsächlich Zugänge zur Freiheit, wenn wir sie bewusst wahrnehmen und klug mit ihnen arbeiten.

Was Buddha erlebte, ist ein Beispiel für das, was ich meine. Es heißt, dass er in der Nacht seines Erwachens von einem Dämon namens Mara bestürmt wurde (den wir, wie mein Lehrer Tenshin Roshi sagt, als Teil von Buddhas Psyche auffassen können). Mara versuchte auf verschiedene Art, den Buddha von seinem Sitz zu vertreiben: durch verführerische Angebote wie zum Beispiel seine hübschen Töchter oder Luxusdinge, aber auch durch Drohungen mit Armeen von Kriegern und furchtbare Stürme.

Wie reagierte der Buddha darauf? Nun, weder ließ er sich umgarnen, noch rannte er weg, denn sonst würden wir heute nicht praktizieren! Was er tat, wurde die geistige Grundeinstellung im MBSR. Er wandte sich Mara zu und sagte klar und bestimmt: »Ich sehe dich, Mara.« Nachdem er dies mehrmals getan hatte, verschwand Mara schließlich. Schauen wir einmal, wie auch wir unsere eigenen Versionen von Mara benennen können.

Mit der Ruhelosigkeit Freundschaft schließen – wie wir mit sorgenvollem Grübeln arbeiten können

Es steht nicht in meinem Lebenslauf, aber ich halte mich für eine der weltweit führenden Expertinnen, was das Hindernis »Ruhelosigkeit und sorgenvolles Grübeln« betrifft. Warum? Nun, ich begann mein Leben und meine Praxis mit einem sehr geschäftigen, sorgenvollen Geist und einem ruhelosen, energiegeladenen Körper. Wahrscheinlich haben Sie sich das schon gedacht, aber ich kam zum Zen und zu der Praxis der Achtsamkeit nicht deshalb, weil ich von Natur aus ein gelassener Mensch gewesen wäre. Deswegen muss ich manchmal grinsen, wenn Leute, die so ruhelos sind wie ich, sagen: »Also, ich glaub nicht, dass ich meditieren kann, denn ich bin so unruhig und hab so viele Gedanken, ich kann bestimmt nicht still sitzen und meine Gedanken zur Ruhe bringen.« Genauso wie die Leute, die sagen: »Ich kann kein Yoga machen, denn ich bin nicht beweglich genug.« Hallo? Sind das nicht genau die, die am meisten davon hätten? Ich mein ja nur …

Was mich betrifft, so saß ich gewöhnlich zu Hause auf meinem Kissen, bestürmt von Gedanken und dem Wunsch, aufzuspringen und meine Post (damals noch Schnecken-Post) durchzusehen oder Geschirr zu spülen oder spazieren zu gehen. Still dazusitzen war eine ziemliche Folter. Warum oder wie ich es geschafft habe, dabeizubleiben, ist mir immer noch ein Rätsel, außer, dass ich tief in mir die Gewissheit spürte, dass hektische Betriebsamkeit mich nicht dahin bringen würde, wo ich hinwollte. Sie konnte mir den Frieden und die Erleichterung, die ich so verzweifelt brauchte, nicht bieten. Als ich diese Ruhelosigkeit einer Meditationslehrerin vortrug, wurde ich eingeladen, sie mit Neugier zu betrachten.

Sie sagte: »Nun, das klingt völlig normal. Warum versuchst du nicht, damit in deiner Praxis mitzugehen, statt dagegen zu kämpfen? Schau doch, ob du diese Ruhelosigkeit in deinem Körper findest, in der tatsächlichen Empfindung. Schau, ob es im Gedankenstrom ein bestimmtes Muster gibt. Viele Menschen gehen zum Beispiel ständig in die Zukunft, und aus ihrer Ruhelosigkeit werden Sorgen.«

»Yep, so bin ich«, sagte ich. »Immer in der Zukunft, um mir Sorgen darüber zu machen.«

»Schau, ob du hinter diesem Sog in die Zukunft noch etwas anderes findest. Bei mir habe ich festgestellt, dass es mit dem ganz natürlichen Wunsch nach Sicherheit zu tun hat. Versuch, damit zu sitzen, und sag mir, was du vorfindest. Dann kannst du dir diese Aufgewühltheit vornehmen und fragen: Kommt mir hier irgendwas bekannt vor?«

Ihr Vorschlag gefiel mir gar nicht. Zusätzlich zu meinem geschäftigen Geist und meinem zappeligen Körper hatte ich ja auch ein Urteil darüber, was die Gefühle weiter verschärfte. Ich war unruhig wegen meiner Ruhelosigkeit! Aber dieser Lehrerin vertraute ich, also versuchte ich, als ich das nächste Mal meditierte, neugierig zu sein auf diese Gefühle.

Hier folgt nun, was ich erlebte. *Hmmm, viele Gedanken gehen in die Zukunft, grübeln über die Zukunft nach, sorgenvoll.* Ich hörte auf, mich auf den Inhalt der Gedanken zu konzentrieren oder sie zu verurteilen.

Ich stellte nur fest: *Wow, viel Betrieb im Kopf.* Dann weiter zum Körper: Hmmmm, viel Energie im Körper, ich möchte mich bewegen. Ich blieb weiter still sitzen und brachte dem, was ich fühlte, immer mehr Neugier entgegen. Langsam und unmerklich begann sich etwas zu verändern. Der Teil von mir, der neugierig auf die Ruhelosigkeit war, war selbst nicht ruhelos. Schritt für Schritt begann sich das vorurteilslose Interesse an meinem Erleben in den Vordergrund zu schieben, und ich wurde ruhiger, gelassener und stiller. Vielleicht war das meine Art, »ich sehe dich, Mara« zu sagen.

Ist das während einer einzigen Sitzung passiert? Nein! Aber genau deshalb bin ich eine weltweit führende Expertin auf diesem Gebiet geworden. Ich bin dabeigeblieben, habe es wirklich studiert, bis ich mich gut auskannte, und habe mich sogar ein wenig damit angefreundet. Ich erinnere mich noch sehr genau an einen Tag im Retreat, als ich meinen aufgewühlten Körper und Geist erkundete – und plötzlich etwas Neues entdeckte. Ich erkannte: Dieses Gefühl war mir zutiefst vertraut. Nicht nur aus meiner Meditationspraxis, sondern es war ein Gefühl, das mich die meiste Zeit bestimmte.

In dieser einen, ganz konkreten Meditation sah ich: Was ich erlebte, war mein ständiger Drang, meinem Leiden durch eine Flucht nach vorne, in nahezu ständige Aktivität, zu entkommen. Und das Bedürfnis, mich zu beweisen und mich in einer unberechenbaren Welt sicher zu fühlen, indem ich alles vorauszuplanen versuchte. Als ich so erforschte, was ich beim Sitzen erlebte, gewann ich Einblick in eine fundamentale Antriebskraft meines Lebens. Ich spürte Tränen im Gesicht, als ich das begriff, und verspürte Mitgefühl für mein geschäftiges Ich: Sie will nur gesehen werden. Sie will etwas wert sein. Sie will in Sicherheit sein.

Seither ist Ruhelosigkeit etwas anderes für mich. Beim Sitzen erlebe ich eigentlich nicht mehr viel davon, im Alltag allerdings kommt sie immer wieder auf (weshalb die Arbeit noch nicht als abgeschlossen gelten kann …)

Die Zugangstür: Sehen, was da ist

Auch wenn wir im MBSR die Hindernisse nicht explizit ansprechen, so werden Ruhelosigkeit, Schläfrigkeit, Gereiztheit, Zweifel und der Wunsch, irgendwo ganz anders zu sein, ganz sicher auftauchen. In den Wochen bisher, vor dem Retreat, haben wir verschiedene Arten geübt, »Mara beim Namen zu nennen« und Neugier zu entwickeln, aber jetzt kommt eine echte Durststrecke. Wenn ich mich also während des Retreats umschaue und sehe, wie Leute zappeln, seufzen, vielleicht sogar im Raum herumschauen oder auf die Uhr gucken, kann es sein, dass ich in die Meditationsanleitung etwa Folgendes einfließen lasse: »Wenn ihr merkt, dass ihr ungeduldig und unruhig seid, dann schaut, ob ihr dieses Gefühl, das jetzt gerade da ist, mit Neugier betrachten könnt. Vielleicht ist es ein Drang, sich zu bewegen? Zu gehen? Oder der Gedanke: ›Wie lange dauert das denn noch?‹ Was, am Rande bemerkt, auch nur ein Gedanke ist. Schaut, ob ihr euer Gewahrsein wieder auf den Atem oder das Hören lenken könnt.« Manchmal sehe ich dann ein kleines Lächeln oder ein Ruhigwerden, aber oft ist es einfach nur zappel, zappel, zappel bis zum Ende. Wenn das bei Ihnen auch aufkommt, dann versuchen Sie, den Empfindungen, Gedanken und Gefühlen Ihrer Ruhelosigkeit Neugier entgegenzubringen und schauen Sie, was dann passiert.

Das Surfen auf dem Impuls – die Arbeit mit Verlangen und Begierden

Ganz oben auf der Liste der Hindernisse stehen Habenwollen oder Begehren. An dieser Stelle kurz die Erinnerung von meiner Seite, dass diese, laut Buddhas sorgfältiger Untersuchung des eigenen Lebens, ebenfalls eine Quelle des Leidens sind! Deswegen wäre es gut, darauf zu achten. Begehren als Ursache von Leiden ist, wie Sie sich vielleicht erinnern, die Zweite Edle Wahrheit.

Wie zeigt sich dieser Drang, etwas haben zu wollen, zum Beispiel bei einem Retreat? In den Jahren meiner Lehrtätigkeit habe ich Folgendes herausgefunden: Die Temperatur in einem Raum wird niemals für jeden richtig sein. Da kommen vielleicht am Morgen drei Leute auf mich zu und bitten mich, die Raumtemperatur niedriger zu drehen, währenddessen ziehen drei andere sich schon Pullover und Schals an. Aus der Lehrerperspektive empfiehlt es sich, das Thema gleich zu Anfang anzusprechen. Das ist eine Art, damit zu arbeiten (und natürlich muss ich mich auch selbst daran erinnern). Während die Gruppe es sich bequem macht, sage ich also: Die Raumtemperatur wird nicht für jeden die richtige sein. Und sogar, wenn sie es eine Minute lang wäre, würde sich das wieder ändern, sowohl die Raum- als auch unsere Körpertemperatur. Was also tun?

Auf der praktischen Ebene schlage ich allen die Zwiebel-Taktik vor. Dann verspreche ich ihnen, dass jede Praxisphase zwischen 30 und 45 Minuten lang sein wird und dass sie das sicher überleben werden. »Bringt den Empfindungen Neugier entgegen, so wie beim Bodyscan. Schaut, was passiert, wenn ihr vor dem Wörtchen ›kalt‹ oder ›heiß‹ das ›zu‹ weglasst. Lasst die Temperatur ruhig ins Zentrum eurer Aufmerksamkeit rücken und schaut, ohne zu beurteilen oder euch zu sträuben, was passiert.« (Auch Sie könnten das probieren, wenn Sie das nächste Mal wegen irgendeiner Sache »zu viel« oder »zu wenig« denken.)

Auf diesem Gebiet bin ich vielleicht keine Expertin, aber ich habe eine Menge Erfahrung, weil mir immer kälter ist als allen anderen (außer vielleicht einer einzigen Person). Egal, wie viele Zwiebel-Schichten ich mitbringe, ich schaffe es nie, dass es »genau richtig« ist. Und dadurch habe ich gelernt, sehr neugierig zu sein, wie Kälte sich anfühlt, und ich kann Ihnen versichern: Das ist eine viel interessantere und lohnendere Übung, als dazusitzen und im Kopf dauernd zu sagen »Mir ist kalt, ich fühl mich nicht wohl«. Zusätzlich zu der Tatsache, dass das den zweiten Pfeil des Leidens darstellt, über den wir im 2. Kapitel gesprochen haben, macht es mich auch ziemlich egozentrisch. Es geht nur um mich. Aber wenn ich erkenne, dass ich Teil einer Gemeinschaft bin und wir alle mit irgendeiner

Unannehmlichkeit zu kämpfen haben, dann lockert sich der Griff dieses Verlangens, meinen Wunsch nach Wärme unbedingt erfüllt zu bekommen.

Sie können das auch mit anderen Dingen ausprobieren. Statt einem Verlangen nach irgendetwas einfach nachzugeben, können Sie anders damit umgehen. Beispiel: Bei einem Retreat kann es vorkommen, dass ich in einer Meditationsphase plötzlich ein Rascheln höre. Ich schaue auf und sehe, wie jemand einen Müsliriegel auspackt oder Wasser trinkt. Offensichtlich ist ein gewisses Verlangen aufgekommen, und das ist eine Art, darauf zu reagieren: dem Verlangen einfach nachgeben. Kommt Ihnen das bekannt vor? Wie schnell reagieren Sie auf körperliche Gelüste?

Hier ist ein anderer Weg, auf dem Impuls zu surfen. In einer Meditation möchten Sie gern einen Schluck Wasser oder Tee trinken, aber Sie tun es nicht. Sie haben Lust auf den Snack, den Sie mitgebracht haben, aber Sie warten auf einen geeigneten Moment. Sie fühlen im Körper dieses Verlangen nach einem Schluck Flüssigkeit, registrieren den Gedanken »Ich habe Durst!«, registrieren die emotionale Tonlage – vielleicht sehnsüchtig –: und dann, ohne etwas zu tun, schauen Sie, was passiert. Surfen Sie auf dem Gefühl des Verlangens und nehmen Sie wahr, ob es stärker wird, gleichbleibt oder verebbt oder sogar verschwindet.

Was auch immer passiert: Wenn Sie das Gefühl und den Gedanken des Verlangens in das Zentrum Ihrer Bewusstheit stellen, ist es sehr wahrscheinlich, dass Sie sich nicht darin verstricken. Ich habe mit diesem Thema schon viel gearbeitet, weil ich früher so stark unter der Kälte gelitten habe, und mein Verhältnis zu dieser Art Unannehmlichkeit hat sich komplett geändert. Das strahlt dann auf andere unangenehme Erfahrungen im Leben aus. Es gibt doch einfach immer wieder Situationen, die nicht nach unserem Geschmack sind. Und Sie? Wie ist es bei Ihnen? Um einen meiner Lieblingskomiker aus *Saturday Night Live*, den Selbsthilfe-Guru Stuart Smalley zu zitieren: »Es ist viel einfacher, ein Paar Pantoffeln anzuziehen, als die ganze Welt mit Teppichboden zu belegen.«

Tenshin Roshi nennt ein Retreat eine »freiwillige Einschränkung«. In einer Situation, in der es nicht um Leben und Tod geht, üben und lernen wir, unsere Wünsche zu tolerieren, ohne sie sofort zu befriedigen. Freiwillig. Wir haben uns nicht nur per Unterschrift dazu verpflichtet, nein, wir haben sogar dafür bezahlt! Aber dann, wenn das Leben uns in eine Situation wirft, in der wir nicht mehr die Wahl haben, in der wir unsere Bedürfnisse nicht sofort befriedigt bekommen, dann haben wir trainiert und müssen deshalb nicht so viel leiden.

Ich erwähne das zu Beginn des Achtsamkeitstags und betone, dass es eine Gelegenheit ist, zu erforschen, wie man mit den eigenen Gelüsten und Wünschen etwas anders umgehen kann und von ihnen nicht so getrieben sein muss – nicht um rigide Askese auszuüben, sondern aus dem tiefen Wunsch heraus, von Leiden frei zu sein. Ich füge auch hinzu, dass man, wenn man nach drei bis fünf Atemzügen immer noch das Gefühl hat, einen Schluck Wasser zu brauchen oder den Pullover ausziehen zu müssen, das natürlich tun kann. Man hat immer noch die eigene Fähigkeit und Belastbarkeit trainiert, indem man einfach ein bisschen neugierig war und zwischen Reiz und Reaktion ein bisschen Raum gelassen hat.

»Benenn es und zähm es!« Die Arbeit mit Aggression

So wie der Buddha feststellte (und ich wette, Sie auch schon), dass Gelüste in unserer Praxis und im Leben definitiv eine Herausforderung sein können, genauso verhält es sich mit dem Gegenteil: Abneigung. Wenn ich das Beispiel oben weiter verfolge, könnte ich von dem Verlangen nach Wärme sehr leicht dazu übergehen, auf die Kälte wütend zu werden und auf all die warmblütigen Menschen, denen nicht kalt ist, denen vielleicht sogar heiß ist, während ich leide! Rein hypothetisch natürlich. Aggression und Ärger sind völlig natürliche Emotionen, die einen gewissen Nutzen haben. Zum Beispiel kann Aggression uns helfen, Grenzen zu setzen oder Veränderungen zu schaffen, die wir brauchen und umsetzen wollen. Es ist jedoch gleich wichtig, zu sehen, wo Aggression oder ein lang aufgestauter Groll uns nicht weiterhelfen oder uns vielleicht sogar schaden.

Bei diesem Thema kommt mir eine frühere Teilnehmerin namens Margaret in den Sinn. Sie kommt als Ehemalige immer wieder zu den Retreats. Margaret ist eine regelrechte Amazone, eine Powerfrau, die letzten Sommer, als sie in den Kurs kam, vor Aggression förmlich platzte. Über alles stritt sie mit mir und kritisierte mich aus jedem Anlass. Einmal war der Raum zu hell, dann wieder zu dunkel; verglichen mit anderen Entspannungstechniken war der Bodyscan lächerlich. Sie bevorzugte Mantra-Meditation und wollte für alles, was ich anführte, Belege aus der Forschung. Aber irgendetwas hielt sie bei der Stange, und ich war neugierig, was das wohl war. Ganz zu Anfang schaute ich noch einmal auf ihr Anmeldeformular und sah, dass sie wegen Kieferschmerzen gekommen war. Nicht besonders aussagekräftig. Ich war schon ein paarmal vor und nach der Sitzung auf sie zugegangen, um zu sehen, ob wir irgendwie einen Draht zueinander finden würden, ob hinter all den Störungen vielleicht etwas anderes lag, aber sie sprang auf nichts an. Als der Tag der Achtsamkeit näher rückte, fragte ich mich, wie es wohl laufen würde, ob sie überhaupt kommen würde. Aber natürlich war sie wieder da, mit tiefen Stirnfalten, die auf zehn Meter Entfernung ihre Unzufriedenheit signalisierten.

Direkt vor dem achtsamen stillen Mittagessen sagen Hugh und ich immer noch einmal an, dass wir ansprechbar sind, wenn jemand das Gefühl hat, er oder sie brauche im Umgang mit den Herausforderungen des Tages noch Unterstützung. Wir suchen einen Platz, an dem uns alle sehen.

Nach ein paar Minuten kam Margaret zu uns. »Beth, ich muss gehen. Ich halte das heute einfach nicht aus. Diese Gedanken, sie hören einfach nicht auf. Sie drehen sich endlos im Kreis.«

»Du kannst das natürlich absolut machen, aber möchtest du nicht noch kurz darüber reden?«

»Eher nicht. Ich möchte einfach gehen.«

»Okay. Ich verstehe.« Ich stand auf und berührte sie sanft am Arm. »Nur eins noch, Margaret. Diese Gedanken – die wohnen ja nicht hier im Klinikzentrum. Es kann also sein, dass sie mit dir mitgehen.«

Ich sah, wie die Runzeln auf ihrer Stirn sich kurz glätteten und um ihren Mund ein leichtes Lächeln spielte. »Du bist ganz schön frech, weißt du das?« antwortete sie. Wahrscheinlich hätte sie lieber noch ein drastischeres Wort benutzt. »Ich glaube, ich bleib doch noch ein bisschen. Kann ich dich kurz sprechen?«

Ich schlug vor, wir könnten uns auf eine Bank am Teich setzen, wo wir den Enten und Gänsen zuschauen konnten.

»Ich bin einfach so wütend, und ich denke dauernd nach, worüber eigentlich. Und ich kriege es nicht weg.«

Ich fragte sie, ob sie bereit sei, mit mir etwas auszuprobieren, das es ermöglichte, mit so einem starken Gefühl zu arbeiten, und sie stimmte mutig zu.

»Spürst du die Wut jetzt?« fragte ich. Sie nickte. »Gibt es eine Stelle in deinem Körper, wo sie sitzt?«

Sie schloss einen Moment lang die Augen. »Ja. Ich spüre einen Krampf im Kiefer, wie immer, und ich hab einen Kloß im Magen.«

»Okay, und was ist mit den Gedanken?«

»Sie drehen sich im Kreis um eine – eine bestimmte Situation, und ich sehe Fehler und mache Vorwürfe.«

»Und die Emotionen?«

Sie öffnete die Augen und starrte mich wütend an. »Ich hab dir doch schon gesagt, dass ich mich beschissen fühle!«

»Das habe ich verstanden. Du bist wütend. Gibt es noch etwas?«

Jetzt kommen Tränen. »Ich will da nicht dran rühren. Ich will da nicht drüber reden.« Ich spürte die Mauer in ihr und wollte nicht drängen. Ich schlug ihr vor, den herumschwimmenden Enten zuzuschauen und ein paar Atemzüge lang den Atem zu spüren. Das taten wir zusammen.

Dann redete ich. »Margaret, ich kann dir für heute Nachmittag ein paar Alternativen anbieten. Zum einen könntest du, wenn du die Wut spürst und die Gedanken bemerkst, den Prozess einfach durchstehen und schauen, was passiert. Fühle ihn im Körper, nimm den Gedankenstrom wahr und schau, ob du die Emotion freundlich benennen kannst, etwa so: ›Ah, das ist Wut, ich kenne dich sehr gut.‹ Eine andere Möglichkeit ist, wenn dir das jetzt gerade nicht so sinnvoll erscheint, dass du eine Extra-Gehmeditation um den Teich herum machst. Dass du schaust, ob du dem Gefühl mehr Platz lassen kannst – im wörtlichen und im übertragenen Sinne. Oder du kannst abwechselnd beides machen. Wie wär's damit?«

Sie wirkte entschlossen. Entschlossen wie ein Buddha, der sich nicht von seinem Sitz vertreiben lassen will. »Ich werd's versuchen«, antwortete sie. Ich spürte etwas in ihr, einen winzigen Spalt, der sich öffnete, aber ich war mir nicht sicher.

Ich erinnere mich, dass ich am Ende dieses Retreats den Raum nach Margaret absuchte, weil ich sie noch einmal sehen wollte, bevor sie ging. Aber das war nicht nötig. Sie kam direkt auf mich zu und, Überraschung, ergriff meine Hand und zog mich in eine Ecke. Ich schaute sie erwartungsvoll an. Es war zu sehen, dass sie geweint hatte.

»Ich bin so wütend, seit vor vier Jahren mein Sohn gestorben ist«, sagte sie. Das hatte sie noch nie erwähnt. »Danach hatte ich einen Riesenkrach mit meinem Bruder, in dem ich steckengeblieben bin – jahrelang! Heute Nachmittag hab ich ausprobiert, was du gesagt hast. Ich hatte Angst. Ich dachte, wenn ich dieses Gefühl benenne, dann wird mich ein Monster verschlingen. Aber es ist was ganz anderes passiert, ich habe aufgehört, mir weiter die Geschichte zu erzählen, und hab geweint.« Dann lehnte diese Frau den Kopf an meine Schulter und weinte. »Ich kann es nicht fassen, dass ich es jetzt spüre. Ich bin froh, dass ich geblieben bin … glaube ich.«

In den restlichen Kurssitzungen kommunizierte eine völlig verwandelte Margaret mehr mit den anderen Teilnehmern und sagte bei der letzten Sitzung unter Tränen: »Ich liebe euch alle.«

Margaret war eine eindringliche Lehrerin für mich und inspiriert mich bis heute.

Nickende Köpfe und schwankende Oberkörper: Müdigkeit und Trägheit

Nachmittags erleben viele Menschen das, was der Buddha Trägheit nannte, ein Energie-Tief, Lethargie. Ich schaue mich im Raum um und sehe nickende Köpfe und schwankende Oberkörper: Anzeichen des Übergangs von »friedlich« zu »schläfrig«. Das passiert auch bei mehrtägigen Retreats sehr häufig. Das Hindernis Trägheit wird auch als »Mittagsdämon der Schläfrigkeit» bezeichnet.

Aber, um genau zu sein: Schläfrigkeit kann sich in der Meditation zu jedem Zeitpunkt einstellen und ist wahrscheinlich eines der häufigsten Probleme, die in der Meditationspraxis von Anfang an auf tauchen. Seien wir ehrlich, der Körper kommt zur Ruhe, wir machen die Augen zu, und Körper und Geist sagen: »Hey! Das kenn ich. Schlafenszeit! Gott sei Dank, ich bin total erschöpft.« Licht aus – bis der Oberkörper so stark schwankt oder der Kopf nach vorne kippt, sodass wir unsanft aus unserem Koma gerissen werden.

Nun mag es ja stimmen, dass wir, kulturell gesehen, extrem unter Schlafmangel leiden, aber der Buddha sprach dieses Hindernis schon vor über 2500 Jahren an, also muss da noch mehr dran sein. Schlafgewohnheiten sind jedoch ein guter Ausgangspunkt, wenn das ein Thema für Sie ist. Trägheit gibt Ihnen die Chance, Dinge wie Überarbeitung oder Reizüberflutung ganz allgemein anzuschauen und besser für sich zu sorgen. Es ist eine Tür, keine Mauer.

Ich muss etwas gestehen. Das ist ein Hindernis, dem ich mich nicht stellen musste, deshalb muss ich mich jetzt an die Experten wenden. Wir haben ja eine Menge über die Tatsache gesprochen, bei der Meditation gehe es nicht darum, woanders hinzugelangen. Und dass es in unserer Praxis Dinge geben kann, die wir noch nicht gesehen haben oder nicht sehen möchten. Vor denen kann man die Flucht nach vorn antreten wie ich, man kann sich mit sinnlichen Gelüsten ablenken oder betäuben, man kann kämpfen wie Margaret … oder man döst einfach weg!

Wie soll man damit arbeiten? Als Erstes formuliert man eine Absicht, nämlich, wie Jon Kabat-Zinn sagt, »ins Wachsein zu fallen«.* Erinnern Sie sich daran, dass ein Teil von Ihnen wirklich wach werden will für das Leben – was ja der Grund dafür ist, weshalb Sie überhaupt praktizieren. Nehmen Sie eine Haltung ein, die diese Absicht verkörpert. Wenn dann die ersten Anzeichen der Schläfrigkeit sich melden, nehmen Sie sie bewusst wahr. Schauen Sie, ob Sie das erste Anzeichen, dass Ihre Aufmerksamkeit abdriftet, erhaschen können (wie ein Boot, das sich aus der Vertäuung löst). Registrieren Sie die kleinste Bewegung des Kopfes nach vorne, das Schwanken des Körpers, und dann geben Sie sich Unterstützung. Bringen Sie Energie ins Rückgrat, öffnen Sie die Augen leicht, fokussieren Sie sich mehr auf den Einatem. Schläfrigkeit wahrzunehmen ist selbst nichts Schläfriges. Die Bewusstheit ist für sich schon ein Warnmechanismus und kann einen aufwecken. Wie bei allem müssen wir auch hier nicht kämpfen oder bewerten, wir können daraus etwas für das Leben lernen.

Wenn ich meine Empfehlungen ausgesprochen habe, wie man mit Schläfrigkeit arbeiten kann, höre ich später Teilnehmer oft sagen: »Jetzt sehe ich, wie dieses Muster auch in meinem Leben wirkt; wie ich mich abmelde, wenn es anstrengend wird. Und wo ich Probleme ›wegschlafe‹.« Das ist eine Art von Einsicht, die gefeiert werden darf! Gehen Sie durch die Tür, werfen Sie einen Blick auf das, was dort zu sehen ist, melden Sie sich zurück. Und wieder von vorne.

»Vielleicht sollte ich doch lieber Bauchtanz machen«: Mit Zweifeln arbeiten

Es heißt, dass von allen Hindernissen der Zweifel das größte Hindernis überhaupt ist. Wenn wir unserer Praxis gegenüber so unsicher sind (unsicher auch, ob wir überhaupt fähig dazu sind), dass wir uns andauernd

---

* »to fall awake« in Analogie zu »fall asleep« (Anm. d. Übers.)

in Zweifel ziehen, dann ist es schwer, die Früchte einer regelmäßigen, engagierten Praxis zu ernten. Dann wird der Zweifel zu einer selbsterfüllenden Prophezeiung. Wenn wir uns nicht darauf einlassen können, »es einfach zu tun« und aus allem zu lernen, was hochkommt, dann ist es schwierig, mit der für diesen Weg in die Freiheit erforderlichen Geduld und Ausdauer die Praxis zu entwickeln.

Es gibt hauptsächlich zwei Spielarten, wie Zweifel sich zeigt. Die eine ist, dass wir an uns selbst zweifeln, an unserer Fähigkeit zu praktizieren, vor allem wenn es um längere Zeiträume geht. Zu Anfang des Achtsamkeitstags, manchmal auch schon die Woche vorher, klingt das so wie Zach es ausdrückte: »Ich glaub nicht, dass ich das sieben Stunden lang aushalte.« Oder Eileen: »Ich bin noch nie so lange still gewesen, es kommt mir zu hart vor, ich bin einfach nicht der Typ dafür.« Wenn Sie merken, dass Sie so denken, könnte eine kluge Erwiderung lauten: »Wärst du bereit, es zu probieren? Immer nur von einem Moment zum nächsten? Du musst nicht das ganze Ding auf einmal schlucken!« Ein anderer möglicher Hinweis ist: Auch wenn man ein bestimmtes Bild vor Augen hat, wie es laufen wird, ist die Realität doch die, dass man es nicht weiß. Auch ich, die Leiterin, weiß es nicht.

Der zweite Aspekt des Zweifels ist, dass man die Gültigkeit dieses Weges, der Praxis, der Lehren bezweifelt. Manchmal, wenn die Teilnehmer vor dem Retreat stehen, werden sie von Gedanken bestürmt, was sie stattdessen mit dieser Zeit anfangen könnten. Oder sie vermuten, dass diese Praxis für sie einfach nicht das Richtige ist, und sie sehen keinen Sinn darin. Einmal kam eine Frau auf mich zu und sagte: »Ich dachte, Achtsamkeit wäre das Richtige, aber ich glaube, ich mach doch lieber Bauchtanz. Bewegung liegt mir einfach mehr.« Und dann ging sie. Vielleicht ist ja Tanzen und Bewegung das Beste für sie? Wer bin ich, um das zu beurteilen? Aber sie fand eben nicht heraus, was passiert, wenn man *nicht* geht, und wie wir an den obigen Beispielen gesehen haben, kann man beim Dableiben und Dranbleiben eine Menge über sich erfahren.

Als der Buddha mit dem Willen, zu erwachen, unter diesem Baum saß, unbeeindruckt von Maras Verführungskünsten, musste auch er sich schließlich dem Zweifel stellen. Als Mara sah, dass keine seiner Taktiken verfing, fragte er: »Was glaubst du, wer du bist, dass du erwachen kannst? Wer wird dein Zeuge sein?«

Der Buddha streckte einfach seine Hand aus und berührte die Erde. Er sagte: »Die Erde ist mein Zeuge.« Es gibt viele Bildnisse, die ihn mit dieser Geste zeigen. Dieses Symbol unerschütterlicher Entschlossenheit ist mir und zahllosen anderen im Laufe der Jahre immer ein großer Trost gewesen. Und wenn der Zweifel kommt, berühre ich oft mit der Hand den Boden.

Wie die anderen Hindernisse wird auch der Zweifel Sie zweifellos irgendwann heimsuchen. Dann können Sie ihn als Allererstes benennen, ihn erforschen, indem Sie Ihre Körperempfindungen wahrnehmen, den Gedanken als Gedanken sehen und die emotionale Tonlage spüren. Sie können die Erde berühren – auf Ihre eigene Art, indem Sie etwas in sich oder außerhalb berühren, das beharrlich und treu zu Ihrem Entschluss steht, frei zu sein und zur Freiheit anderer beizutragen.

Die Kurs-Buddhas berühren die Erde

Das ganze Retreat hindurch haben die Teilnehmer sich auf ihre ganz persönliche Art auf ihrem Sitz gehalten und die Erde berührt. Woher ich das weiß? Vor allem deshalb, weil sie gekommen und geblieben sind! Hier sind ein paar ihrer Gedanken, die Ihnen hoffentlich eine Inspiration sind.

Debbie sagte: »Morgens war ich so aufgedreht, dass ich am liebsten gegangen wäre, aber bei der Gehmeditation kam irgendwas in mir zur Ruhe. Für den Rest des Tages war mir ziemlich friedlich zumute, außer in den Momenten, wo ich nur schlafen wollte. Es hat mir sehr gefallen, dass es diese Chance gab, alles irgendwie zusammenzubringen – und vor allem, herauszufinden, dass ich das wirklich schaffe! Ich hab's eigentlich nicht geglaubt. Die Stille hat mich angesprochen, und ich glaube, ich will das öfter. Meine Freunde und meine Familie haben gewettet, dass ich es nicht schaffe, einen ganzen Tag lang zu schweigen. Ich bin so extrovertiert, ich quassele den ganzen Tag. Aber wisst ihr was? Die Stille hat mir gefallen!«

»Ich bin jemand, der seine Zusagen einhält«, sagte Nikki. »Aber das wird manchmal schwierig, weil ich die Tendenz habe, zu viele Zusagen zu machen, und dann werde ich wütend auf mich selbst und die andere Person, der ich etwas zugesagt habe. Heute wollte ich unbedingt dabei sein, deshalb musste ich etwas anderes absagen. Das ist eigentlich nicht meine Art, aber ich habe es gemacht, weil mir das hier so wichtig war.« Ihr kommen die Tränen. »Ich habe diesen Tag genossen, obwohl er teilweise echt hart war und ich davonlaufen wollte. Ich spüre so einen tiefen Frieden. Das habe ich zuletzt vielleicht vor zehn Jahren mal gespürt, bevor ich die medizinische Ausbildung anfing.«

»Nikki, vielleicht hältst du ja trotzdem immer noch eine Zusage ein. Vielleicht gibst du ja einer anderen Sache eine Zusage? Einer Sache in dir selbst, nicht außerhalb?« Sie nickt, schaut zu Boden und wischt die Tränen ab.

Peter, Geschäftsmann, normalerweise ruhig und beherrscht, sagt: »Das achtsame Mittagessen war der pure Luxus, und das hat mich überrascht. Die Mandarine war eine Offenbarung! Ich hatte bisher noch nie gesehen, wie köstlich sie sind, und der Geschmack war überwältigend. Und was in der kleinen Frucht alles steckt, Luft, Wasser Sonne, Erde – wie bei der Rosine! Ich bin sogar auf dem Rücken im Gras gelegen und hab in den Himmel geschaut. Das hab ich, seit ich Kind war, nicht mehr gemacht.«

»Jetzt gerade«, sagt Zach, »fühle ich mich richtig gut, und bin froh, dass ich hier bin. Aber ich hatte ein paar Momente, wo ich mein Handy checken und abhauen wollte. Es kam mir irgendwie sinnlos vor. Ich bin mir immer noch nicht hundertprozentig sicher, ob das das Richtige für mich ist, aber ich kann nicht bestreiten, dass in mir im Moment alles total friedlich ist.«

Jeder Einzelne hat auf seine Weise gesagt: »Ich sehe dich, Mara, ich sehe dich«, und dann die Erde berührt. Wie Yogi Berra einmal sagte: »Man sieht viel, wenn man mal hinschaut.« Ich möchte hinzufügen: und wenn man dabeibleibt.

Die Drei Kennzeichen der Existenz: Vergänglichkeit, Leiden und Nicht-Selbst

Eine zusätzliche Möglichkeit, die ein Retreat bietet, ist der Einblick in eine weitere, fundamentale Erkenntnis des Buddhismus über die Natur des Menschseins. Diese Lehraussage wird als die »Drei Merkmale der Existenz« bezeichnet; sie lauten: Vergänglichkeit, Leiden, Nicht-Selbst.* Schauen wir uns einmal an, wie die Retreat-Teilnehmer die Drei Merkmale erlebt haben.

Vergänglichkeit und Leiden

Bei nachhaltig aufrechterhaltener Bewusstheit sehen wir, dass alles sich verändert, dass die Dinge unbeständig sind. Teilnehmer haben berichtet: »Morgens war es so, und dann war es so«, dass sie einmal aufgedreht waren und dann wieder ruhig und dann müde und so weiter. In den vorigen Kapiteln haben Sie Beispiele dieser Unbeständigkeit gesehen, harmlose Dinge wie ein Jucken, das kommt und geht, aber auch größere Zumutungen wie Schmerzen oder starke Emotionen. Der Buddha lädt uns ein, uns der

---

* Im Laufe der Zeit haben sich viele verschiedene Übersetzungen für diese drei Merkmale eingebürgert. Schumann, Handbuch des Buddhismus, verwirft die Begriffe »Nicht-Selbst« oder »Nicht-Ich«, denn der ursprüngliche Begriff, »an-atman«, bezeichne eher das Fehlen einer unvergänglichen Seele und nicht eines empirischen Selbst oder Ich, dessen Vorhandensein der Buddha anerkannte (und das auch die Autorin anerkennt). Die beste Übersetzung dürfte eigentlich »Substanzlosigkeit« sein, weil sie auch die Natur unbelebter Dinge beschreibt (Anm. d. Übers.)

Vergänglichkeit tiefgreifender bewusst zu werden, und das ist es, womit auch Norma und Alan arbeiten müssen: die Erkenntnis, dass wir und die, die wir lieben, sterben werden. Wie kann das zu weniger Leiden führen?

Diese bewusste Einsicht hat Norma und Alan zu wichtigen Entscheidungen geführt. Im Wissen, dass ihre Zeit begrenzt ist, tun sie jetzt das, was sie wirklich tun wollen und was ihnen etwas bedeutet. Wie wäre es, wenn wir so leben würden – vielleicht nicht immer, aber immer öfter? Der Buddha empfahl, wir sollten uns jeden Tag vor Augen führen, dass es zum Leben dazugehört »älter zu werden, krank zu werden und zu sterben«. In unserer Kultur wäre solch eine Empfehlung eine unerhörte Zumutung. Wir flüchten wie besessen vor dieser Realität, befolgen oft extreme Diätvorschriften und kaufen Gesundheitsprodukte, um eine Art ewige, jugendliche Unsterblichkeit zu erreichen. Da das letzten Endes nicht klappen kann, warum es nicht mal andersherum versuchen?

In den letzten Jahren sind einige enge Freunde von mir, die in meinem Alter waren, gestorben. Irgendwie war das für mich anders als der Tod meiner Eltern, die über achtzig Jahre alt wurden. Während jeder dieser Freunde eine Diagnose bekam und sich Therapien unterziehen musste, merkte ich, dass ich meine Prioritäten ernsthaft neu ordnete, damit ich so viel Zeit wie möglich mit ihnen verbringen konnte. Das hieß, dass ich mich weniger an meiner Arbeit orientierte, auf die ich mich zuvor sehr konzentriert hatte, sondern mehr Zeit mit mir nahestehenden Menschen verbrachte. Und obwohl ich einige Zeit in Krankenhäusern zubrachte oder an ihrem Sterbebett, gab es ein tiefes Gefühl der Erfüllung und des Friedens, das aus der Verbundenheit mit ihnen erwuchs und der Kostbarkeit jedes Moments – denn jeder konnte der letzte sein. Es gab auch oft eine Menge zu lachen. Und wenn Sie sehen, wie jemand, den Sie lieben, seinen letzten Atemzug tut, ändert sich Ihre Einstellung zu Ihrem eigenen Atem. So war es jedenfalls bei mir. Bitte denken Sie nicht, ich wolle damit sagen, das Bewusstsein der Vergänglichkeit nehme den Kummer und die hilflose Wut angesichts eines Verlustes weg. Tut es nicht. Aber es kann sie verwandeln und uns Halt geben, während wir sie durchleben.

Über das Zweite Merkmal der Existenz, Dukkha oder Leiden, habe ich in den vorigen Kapiteln schon eine Menge geschrieben. Die Art von Dukkha, auf die der Buddha hier besonders hinweist, ist die, die wir erleben, wenn wir dauerhaften Frieden, dauerhaftes Glück, dauerhafte Sicherheit in Dingen suchen, die eigentlich unbeständig sind. Und das, liebe Freunde, sind sie alle.

Wer bin ich wirklich? Die Lehre vom Nicht-Selbst

Viele Menschen, auch unsere Kursteilnehmer, starten ein Tagesretreat mit konkreten Ideen, wer sie sind, die auf das Bild, das sie von sich haben, und ihre Lebenserfahrung zurückgehen. Eileen denkt, sie sei jemand, die ständig quasselt, Nikki glaubt, sie sei jemand, die ihre Zusagen einhält, Zach hat die Idee, er sei jemand, der keinen ganzen Tag untätig verbringen kann. Jeder hat eine Vorstellung, wer er oder sie im Grunde eigentlich ist, aber im Laufe des Retreats hat keiner gemacht, was er oder sie (angeblich) sonst immer tut, oder hat im Gegenteil gemacht, was er oder sie sonst (angeblich) nie tut. Also, wer sind sie jetzt eigentlich?

Wenn Menschen zum MBSR kommen, haben sie sich oft schon sehr stark mit ihrer Krankheit identifiziert und sehen sich als »Krebspatientin« und nicht als Mutter, Sozialarbeiterin, Frau, Freundin, Schwester, als verspieltes, verrücktes, schlaues Menschenwesen, das gerade zufällig Krebs hat. Das kann auch bei Dingen passieren, auf die wir stolz sind: »Ich bin ein erfolgreicher Geschäftsmann.« Und was ist, wenn Sie einen Fehlschlag erleben? Sind Sie dann immer noch Sie selbst? »Ich bin ein freundlicher Mensch.« Und was ist, wenn Sie im Straßenverkehr jemandem den Stinkefinger zeigen? Sind Sie dann immer noch Sie selbst?

Was ist, wenn Sie denken: »Ich praktiziere Achtsamkeit«, und Sie fahren los zu einem wichtigen Termin, obwohl die Kaffeetasse noch auf dem Autodach steht … Oder Sie verlieren plötzlich Ihren Schlüsselbund? Müssen Sie mit Ihrer Praxis dann gegen das angehen, was Sie Ihr »Ich« nennen? Ich frag ja nur …

Hier ist eine Leitfrage, der Sie nachgehen können. Wenn Sie oft oder gelegentlich wütend sind, macht Sie das zu einem aggressiven Menschen? Wie fühlt es sich an, wenn Sie statt »Ich bin wütend« sagen: »Jetzt gerade bin ich wütend«? Sie sind nicht auf Ihre Gefühle beschränkt, denn Sie sind immer noch von Grund auf ganz, und Sie haben immer noch Freundlichkeit, Humor, Weisheit und Menschlichkeit, sogar, wenn Sie sich furchtbar traurig fühlen. Das grundlegend Gute geht nicht weg, wenn Sie aufgebracht sind, genauso wenig, wie die Sonne weg ist, wenn es bewölkt ist und wir sie nicht sehen.

Was ich daraus mitnehme? Wir sind Verben, keine Substantive.

Bitte verstehen Sie die Aussage »Nicht-Selbst« nicht falsch. Der Buddha lehrte nicht, dass es kein Selbst gibt. Er sagte vielmehr: »Wenn Sie nach einem Selbst suchen, werden Sie nichts finden.« Was zum einen heißen soll: Wenn Sie nach einem beständigen »So-bin-ich-immer«-Selbst suchen, werden Sie es nicht finden – wenn Sie wirklich neugierig und aufmerksam sind. Wir haben gesehen, wie Brian sich von seiner Familie bei allem helfen lassen musste und aufgrund der Idee, er sei »doch immer für alle da«, enorm litt. Jetzt hat er seine neue Rolle allmählich akzeptiert und stellt sogar fest: Seine Familie hilft ihm gern. Und deshalb leidet er weniger. Die Praxis des Nicht-Selbst ist eine Praxis des Erforschens, eine Praxis, die dazu führt, dass wir die veränderliche Natur von allem (auch von uns selbst) erfahren und sehen, wie dieses Verständnis unser Leiden vermindern kann. Es geht nicht – ich wiederhole: *nicht* – darum, etwas loszuwerden. Wie bei allen unseren Übungen und Einsichten geht es um den Einblick in die Natur der Dinge. Wenn wir gründlich hinschauen, wer – und noch wichtiger, was – sind wir?

Wenn Sie wirklich genau hinschauen, entdecken Sie vielleicht: Wie Sie sich selbst definieren, ist nicht so in Stein gemeißelt, wie Sie denken, und die Geschichten namens »ich« und »du« sind vielleicht nur Geschichten. Natürlich stimmt es, dass ich einen Namen trage, den mir jemand gegeben hat, einen Geburtsort, ein Geschlecht, eine Hautfarbe und eine Historie habe. Aber diese Geschichte und all diese anderen Dinge lassen sich so oder so betrachten. Ich habe bestimmte Vorlieben und andererseits auch Dinge, die ich nicht ausstehen kann. Aber bin das »ich«?

Schauen Sie also einfach einmal nach, ob dieses Selbst oder Ich so real ist, wie Sie gemeint haben. Schauen Sie, ob Ihre Anspannung und Ihr Leiden nicht ein wenig weichen, wenn Sie lockerer und fließender mit der Geschichte umgehen.

Thich Nhat Hanh sagt es folgendermaßen: Er hält eine Blume hoch und sagt: »Diese Blume ist aus Nicht-Blumen-Elementen gemacht, in ihr sind Sonne, Erde, Regen und Himmel.« (Manchmal macht er es auch mit einem Blatt Papier.) »Und auch ihr seid aus Nicht-Selbst-Elementen gemacht.« Die Physiker sagen uns: Was wie Materie aussieht, ist in Wirklichkeit weitestgehend leerer Raum.

Aber ein »funktionstüchtiges Selbst« zu haben, wie Jack Kornfield es nennt, kann wirklich nützlich sein und eine wunderbare Sache, wenn wir es gut kennen und klug damit umgehen. Wenn ich medizinisch tätig bin, trage ich einen weißen Kittel und ein Stethoskop. Ich habe weitere Instrumente und einen Rezeptblock bei mir; dies ist mein Handwerkszeug, und es erweckt in meinen Patienten Vertrauen und Klarheit. Und es ist praktisch! Am Ende des Tages darf ich (und muss ich) es jedoch ablegen. Ich habe im Laufe von 30 Jahren schon oft gemerkt: Wenn ich diese Helferrolle zu weit treibe, leide ich enorm (und meine Familie ebenfalls). Das geht in beide Richtungen, also, wenn Sie mir auf der Straße begegnen, zeigen Sie mir bitte nicht Ihren Ausschlag! (Ist mir schon passiert.) Im Zendo hat Tenshin Roshi seine Robe an, aber in der Stadt trägt er Jeans und sagt: »Ich bin Familienvater und Fußballtrainer.«

Wie viele Menschen haben wir beide festgestellt, dass es extrem schmerzhaft ist, wenn man auf eine Rolle festgelegt wird, egal, ob sie als positiv oder negativ gilt. Die Einladung des Buddha, das anzuschauen, was wir »Ich« nennen, war mir eine große Hilfe gegen diese Art des Leidens. Schauen Sie, was für Sie stimmt.

Kapitel 8

Der Dharma der Aktivität und der Lebensführung

Mit einem ethischen Kompass arbeiten

Heute war unter meinen vielen Patientinnen die reizende Graciella, die so graziös ist wie ihr Name. Sie arbeitet als Bedienung in einem Steakhaus, das zu einem der örtlichen Kasinos gehört. Sie ist den ganzen Tag auf den Beinen, und für die Arthrose in ihren Knien ist das schlecht. Ich habe keine einfache Antwort darauf. Wir sind uns beide einig, dass es gut wäre, wenn sie abnehmen würde. Physiotherapie könnte helfen, auch Nahrungsergänzungsmittel, aber ihr Terminkalender ist randvoll. Es ist schwer für sie, rechtzeitig aus der Arbeit zu kommen, und in ihrem großen Familienkreis ist immer jemand, der ihre Hilfe braucht. Also gebe ich ihr, obwohl es nicht ideal ist, eine Cortisonspritze in das linke Knie. Das geht nur alle vier Monate, aber die letzte ist länger her. Das lindert die Beschwerden enorm. Das ist so ein Bereich, wo ich denke, dass die momentanen Vorteile die Nachteile überwiegen – *für den Moment*. Aber das wird sich wieder ändern, und dann werden wir eine andere Lösung finden.

Im 6. Kapitel habe ich erwähnt, dass ich eine Kampfkunst-Ausbildung habe. Dazu gehört auch eine Form des »Ringens«, die vom Jiu-Jjtsu abgeleitet ist. Sie besteht im Wesentlichen daraus, dass man sich sehr viel auf dem Boden herumwälzt, seinen Gegner zu packen und selbst nicht in den Schwitzkasten zu geraten versucht. Warum erzähle ich das? Weil wir uns in diesem Kapitel mit etwas beschäftigen, was ich »engagierte Achtsamkeit« nennen möchte: dass wir nämlich Achtsamkeit in alle Bereiche unseres Lebens hineintragen – Familie, Arbeit, die Gesellschaft überhaupt. Mit anderen Worten: Wir trainieren Achtsamkeit als einen Weg, mit unseren Werten, unserer Ethik, dem ganzen Planeten verbunden zu sein. Im 6. Kapitel haben wir uns das schon einmal angeschaut, als wir einen der Faktoren des Achtfachen Pfads erkundet haben, das kluge Sprechen. Man könnte sagen: Bei engagierter Achtsamkeit geht es darum, zumindest teilweise, im richtigen Moment das Richtige zu tun und dabei die langfristigen Konsequenzen zu sehen. Es ist eine Praxis, bei der man sich sehr gründlich anschaut, wie man leben kann und dabei so viel Gutes und so wenig Schädliches wie möglich tut. Und es ist tatsächlich so, dass mir, während ich darüber nachdenke, immer wieder das Wort »Ringen« einfällt. Wenn ich in diesen Tagen in meinem Beruf mit ethischen Fragen ringe und wenn ich jetzt gerade damit ringe, wie ich über diesen Teil des Weges schreiben soll, dann erinnere ich mich, wie sich das physische Ringen damals in meinem Körper angefühlt hat. Und wissen Sie was? Ich glaube, dass wir wirklich ringen müssen, wenn es um Ethik geht. Es war noch nie einfach, es soll auch nicht einfach sein, und das ist okay und der Mühe wert, denn wir sind stark.

Dieses Kapitel gibt uns auch die Möglichkeit, noch einmal auf den Refrain aus den Vier Grundlagen der Achtsamkeit zurückzukommen, in dem der Buddha uns bittet, »das Feld der Achtsamkeit sowohl im Äußeren als auch im Inneren zu reflektieren«. In diesem Abschnitt beleuchten wir die Reflexion im Äußeren. Natürlich lassen sich die beiden eigentlich nicht so recht trennen, aber wir konzentrieren uns jetzt einfach ein bisschen mehr auf die äußeren Aspekte.

Sie werden bemerken, dass ich die Begriffe »Werte« und »Ethik« benutze. Ich habe einmal die erfahrene Pädagogin Marie (»Joey«) Taylor um Hilfe gebeten, den Unterschied zwischen diesen beiden Begriffen zu klären. Als jemand, der 32 Jahre lang mit Kindern von Schulen an sozialen Brennpunkten gearbeitet hat, sagt sie: »Werte bilden sich mit den fortschreitenden Entwicklungsstufen heraus. Sie werden Teil unseres Charakters, liegen uns am Herzen und können individuell ziemlich verschieden sein. Obwohl sie natürlich von unserer Abstammung und unserer Konditionierung geprägt sind, sind sie intrinsisch und persönlich. Ethik dagegen scheint mir etwas weiter weg zu sein, etwas, was sich eher äußerlich entwickelt, im Zusammenspiel mit der Außenwelt. In der Vorschule führe ich sie so ein, dass ich einfach frage: Wie kommen wir friedlich miteinander aus, und wie lernen wir gut miteinander, indem wir bestimmte Richtlinien befolgen? Aber statt zu predigen und zu strafen, versuche ich, den Kindern anhand lebensnaher Beispiele zu zeigen, was passiert, wenn wir diese Richtlinien nicht befolgen, und wie gut wir uns dagegen fühlen, wenn wir auf diese Art zusammenleben.« Joeys Worte und Erfahrung klingen für mich überzeugend, und ich schließe mich ihnen an, wenn ich fortan diese Begriffe benutze.

Was meinen Beruf als Arztassistentin angeht, so mag er im Hinblick auf Achtsamkeit, Ethik, Werte und die Arbeit selbst recht unproblematisch anmuten – oberflächlich betrachtet. Medizinisch tätig zu sein ist eine wertvolle Art und Weise, den Lebensunterhalt zu verdienen: Man sorgt für andere, mit der Intention, durch Information, Diagnose und Behandlung das Wohlbefinden von Menschen zu steigern. Und als ich anfing, war es für mich auch so. Aber ich war jung, und einiges hat sich verändert. In der Medizin legen wir einen Eid ab, und akzeptieren als Gebot, niemandem zu schaden. Aber leider ist nicht so ganz einfach oder klar, was das heißt. Graciellas Fall ist dafür ein gutes Beispiel. Die Steroid-Injektion ist auf lange Sicht nicht gut für das Gelenk, aber kurzfristig und mit Umsicht eingesetzt, ist sie wahrscheinlich in Ordnung, und realistisch betrachtet ist sie angesichts ihrer Lebenssituation angemessen, damit sie arbeiten kann. Es ist eine komplexe Problematik, und vieles beeinflusst unsere Entscheidungen – auch Versicherungen, Pharmafirmen und massive Werbekampagnen, um nur einige zu nennen. Jede

Medikation, die wir verschreiben, hat Nebenwirkungen, jede Behandlung, die wir durchführen, hat Risiken. Meine Kollegen und ich treffen diese Risiko-Abwägung ständig. Sogar, wenn ich finde, dass ich eine gute Entscheidung getroffen habe, kann es sein, dass die Versicherung oder der Patient es anders sehen. Dann muss ich neu bewerten und oft Kompromisse schließen.

Ich würde Ihnen gerne sagen, dass ich am Abend eines Tages mehr Gutes als Schädliches getan habe, aber ich kann das gar nicht wissen. Was ich weiß: Es ist meine Absicht, positiv zu wirken und für andere zu sorgen und weiter zu ringen. Was bedeutet, dass ich bereit sein muss, wirklich unangenehme Situationen zu erdulden, wie in den Tagen meines Kampfkunsttrainings, als ich mit blauen Flecken übersät nach Hause zu kommen pflegte. Ich weiß, dass ich meine Arbeit mit einem offenen Herzen und mit Integrität angehen will. Das ist es, was ich will. Ich werde auf lange Sicht nicht perfekt sein können, aber ich bekenne mich dazu, dass ich versuchen will, in der ganzen verworrenen Angelegenheit hellwach zu bleiben.

Auch Graciella ringt mit ihrer Arbeit. Das Casino stellt in unserer Gemeinde eine Menge Arbeitsplätze, aber das Glücksspiel behagt ihr nicht so. Viele ihrer Stammgäste kennt sie namentlich, auch deren Familien. Heute hat sie mir erzählt: »Der arme Mr. Andrews hat einen Haufen Geld verloren und ist völlig von der Rolle. Aber ich weiß, dass er wieder hingeht und sein Glück wieder versucht. Ich hasse das!«

Und ich verstehe es. Ich habe mit vielen Menschen zu tun, die nach irgendetwas süchtig sind, auch mit Spielsüchtigen. Und es tut wirklich weh, das mit ansehen zu müssen. Was mich betrifft, lehne ich viele Forderungen nach Schmerzmitteln ab. Manche Patienten sind dann wütend und unzufrieden, und ich bin es auch. Auch hier gibt es keine einfache Antwort, aber meine Intention, achtsam zu praktizieren, legt sich schützend um mich und lässt mich den Sturm überstehen. Wie in den Bergen kann auch hier das Wetter stürmisch sein, aber dahinter finde ich so etwas wie Stille. Etwas Solides, auf dem ich ausruhen kann.

Während ich auf diese Weise ringe, nutze ich aktiv das, was ich im MBSR und in meiner buddhistischen Praxis gelernt habe. Ich nutze bewusst den Atem und die Körperwahrnehmung, um meine Entscheidungsprozesse klarer zu gestalten. Wenn ich zum Beispiel gestresst bin, fokussiere ich mich auf den Atem, bis der Blutfluss in den präfrontalen Kortex zurückkommt. Wenn ich frustriert bin, verbinde ich mich mit meinem Herzen, meinen guten Absichten. Ich bin mir der Edlen Wahrheit des Leidens bewusst und wie ich es verschlimmern würde, wenn ich auf Biegen und Brechen verlangen würde, dass die Dinge so laufen, wie ich es will, auf die »richtige« Art. Ich kenne den Schmerz nur zu gut, der entsteht, wenn meine eigenen Pläne mir den Blick auf den Menschen vor mir verstellen, der ja schließlich genau jetzt meine Aufmerksamkeit verdient. Ich bringe Kluge Ansicht, Kluge Absicht, Kluge Anstrengung und Kluges Sprechen zur Anwendung. Ich trainiere auf diese Weise, weil ich das wirklich brauche! Denn es tut wirklich weh, wenn ich auf Abwege gerate, also versuche ich, nicht abzustumpfen oder einzuschlafen. Eine solche Praxis hilft mir auch, in meinem Heilberuf besser und meinen Patienten gegenüber mitfühlender zu werden. Und auch wenn ich es nicht schaffe, andere dazu zu bewegen, durch Meditation ihren Blutdruck zu senken, so kann ich es immer noch selbst versuchen.

Ethik im Kursraum

Im MBSR-Kursraum achte ich sehr auf die Praxis »engagierter« oder »äußerer Achtsamkeit«, indem ich mich ganz bewusst auf meine Ethik und meine Werte rückbesinne (wie es MBSR-Lehrer auf der ganzen Welt tun). Nicht dass Sie denken, das sei meine persönliche Angelegenheit; nein, es ist integraler Bestandteil der Praxis und des Programms. Zum Beispiel verschreibe ich im MBSR zwar keine Medikamente mit Nebenwirkungen, aber ich achte auch darauf, nichts anderes vorzuschreiben, zum Beispiel meine eigene Agenda. Ja, es stimmt, manchmal habe ich eine Agenda: Ich möchte, dass es den Leuten besser geht. Aber im Laufe der Zeit habe ich gelernt, dass ich nicht weiß, was für den einzelnen Menschen besser ist. Ich weiß es nicht einmal für mich selbst genau! Ich versuche wahrzunehmen, ob ich mich zu sehr an ein bestimmtes Resultat klammere oder ungeduldig werde, wenn jemand zu kämpfen hat. Wenn ich das merke, wende ich meine Aufmerksamkeit nach innen und leiste meine eigene Praxis-Arbeit.

Wie schaffe ich es konkret, mit meiner Ethik und meinen Werten in Verbindung zu bleiben? Ich orientiere mich ständig an den verbindlichen Praxisrichtlinien des Center for Mindfulness. Ich reflektiere im Zen-Zentrum und zu Hause regelmäßig die Enthaltungsregeln. Und, am wichtigsten: Ich tue das nicht allein. Wenn ich einen Teilnehmer habe, der bei mir bestimmte Knöpfe drückt oder mein BFF sein will, spreche ich mit jemandem darüber. Wir arbeiten es durch. Und ich nehme die Enthaltungsregeln als Bezugsrahmen: Sage ich die Wahrheit? Zu ihnen und zu mir? Übe ich das Nicht-Verletzen? Finde ich Mitgefühl? Herrscht bei mir Klarheit, nicht zu nehmen, was nicht gegeben worden ist? Klarheit in Bezug auf sexuelle Grenzen? Bin ich von irgendetwas berauscht – vielleicht nicht von einer Substanz, sondern von meinen Ideen?

Die Erfahrung hat mich gelehrt, dass ich mich viel weniger leicht in Sehnsüchte verliere, in Rechtfertigungen, in Rationalisierungen (was wir ja alle tun), wenn ich in engem Kontakt mit einem Lehrer, einem Mentor oder einer Gruppe von Fachkollegen oder Freunden stehe – und das tue ich. Alle wissen, was sie von mir erwarten können. Wenn es nötig wird, ziehe ich sofort einen Therapeuten heran. Wir brauchen einander, um mit uns selbst in Verbindung zu bleiben. Wenn ich mit neuen Lehrenden arbeite, ist eines der ersten Dinge, über die ich mit ihnen spreche, die Wichtigkeit einer persönlichen Praxis, die all das oben Gesagte umfasst. Nicht nur Sitzmeditation, sondern auch Sangha – Austausch mit klugen Menschen, denen wir Rechenschaft ablegen, mit denen wir uns ehrlich darüber austauschen, womit wir zu kämpfen haben. Ich sage mit Nachdruck: »Es geht nicht im Alleingang!«

Eine Hand am Steuerruder

Während ich für die siebte Sitzung des MBSR-Kurses zum Klinikzentrum fahre, freue ich mich darauf, etwas über die Nachwirkungen des Tagesretreats zu erfahren. Als ich in den Raum komme, sehe ich einige aus der Gruppe, die bei Norma und Alan stehen, und ich gehe hin und heiße sie zu ihrer Rückkehr willkommen. Ich sehe, dass Alan ein wenig abgenommen hat, aber er strahlt. Sie lächeln beide, während sie Joe, Renée und Eileen von der Oldtimer-Ausstellung erzählen. Ich möchte alles hören, aber ich muss erst alle zusammenbringen.

Das Thema der siebten Sitzung ist »Achtsamkeit im täglichen Leben«, einschließlich der Frage, was und wie wir konsumieren – was wir zu uns nehmen und was wir außen vor lassen. Mit anderen Worten: Wir bringen Bewusstheit in den größeren Kreis unseres Lebens und unserer Gesellschaft. Es wird interessant sein zu sehen, wie der ausgedehnte Praxistag vom Samstag das Leben und Handeln meiner TeilnehmerInnen beeinflusst hat. Ich erfrage Rückmeldungen zur vergangenen Woche. »Was ist euch nach dem Retreat aufgefallen? Wie läuft eure Praxis? Was passiert in eurem Leben?«

»Wir waren bei dieser Oldtimer-Ausstellung im Norden, wie ihr wisst«, sagt Alan. »Es war wirklich toll, eine Menge alter Freunde zu sehen, und mein Auto hat den dritten Platz belegt! Es war eine wichtige Reise, und ich habe sie total genossen. Ich bin mir nicht sicher, ob sie uns so wichtig gewesen wäre, wenn wir diesen Kurs hier nicht gemacht hätten. Ich glaube, es wäre mir gar nicht in den Sinn gekommen. Aber ich habe gespürt, dass es mir was bedeutet, und das war auch so. Es ist meine letzte Ausstellung, und ich bin froh, dass ich sie nicht verpasst habe.«

»Und wir haben jeden Tag den Bodyscan gemacht!«, fügt Norma hinzu. Während Alan gesprochen hat, habe ich auf ihrem Gesicht eine rührende Zärtlichkeit gesehen.

Ich spüre eine Welle von Freude und Traurigkeit gleichzeitig, und mir kommen die Tränen, während ich ihnen zuhöre und sie sehe und diese wichtige Botschaft an uns alle mit meinem ganzen Wesen aufnehme. Ich surfe einen Moment lang auf der Welle der Emotion und sehe, wie andere sich zu ihnen beugen und in manchen Augen Tränen glänzen. Einer von ihnen ist Joe.

»Also, ihr erinnert euch vielleicht, dass ich beim stillen Mittagessen letzten Samstag eine kleine Liebesaffäre mit meiner Mandarine hatte«, sagt Peter mit einem Lächeln. »Das ist mein voller Ernst! Diese exquisiten, filigranen Feinheiten und dieser Geschmack, wow! Als ich nach Hause kam und durch die Tür trat, übte meine Tochter gerade Klavier, und zu meiner Überraschung sah ich sie auf genau dieselbe Art. Ich stand da wie angewurzelt. Sie ist so schön! Und der Klang des Klaviers – ich habe sie schon lange nicht mehr wirklich wahrgenommen, glaube ich …« Er senkt den Kopf und schluckt. »Nicht mehr, seit sie ein Baby war. Und jetzt ist sie dreizehn! Dieser Tag, wie ich mich da gefühlt habe und mich immer noch fühle, der hat mir den Unterschied gezeigt zu früher. Wie ich bisher gelebt habe … So … verschlossen. Ich habe mich von der Arbeit auffressen lassen. Die wichtigen Dinge habe ich vergessen. Beim Abendessen ging es weiter, ich schaute meine Familie an, ich kostete die Lasagne, ich war meiner Frau so dankbar.«

Wir alle atmen ein paar Atemzüge lang schweigend mit ihm, als würden auch wir diesen Moment mit seiner Familie auskosten.

»Noch etwas, Peter?« frage ich. Ich habe so ein Gefühl, dass mit seiner Arbeit noch etwas ist.

»Ich weiß, als ich den Kurs anfing, habe ich gesagt, ich mach das nur wegen dem Stress bei der Arbeit. Aber jetzt merke ich allmählich, wie übel es dort läuft und wie wütend und verletzt ich eigentlich bin wegen der Art, in der diese Organisation oft agiert. Da gibt es ein paar ziemlich fragwürdige Dinge und Praktiken, und ich habe bisher nichts dazu gesagt. Ich weiß, dass sich da was ändern muss. Ich muss mich ändern.«

»Danke, Peter. Es braucht eine Menge Mut, sich komplizierten Themen dieser Art zu stellen. Hast du das Gefühl, du könntest hier im Kurs vielleicht etwas lernen, was dir bei diesen Veränderungen hilft?«

»Absolut. Vom Bodyscan bin ich wirklich begeistert, und diese Verbundenheit mit dem Körper ist für mich jetzt so was wie das Steuerruder eines Segelbootes. Wenn man segelt, muss man Wind und Wetter wahrnehmen, man muss die Richtung und die Spannung der Segel spüren. Gleichzeitig muss man die Hand am Ruder haben und das Ruderblatt unter der Wasseroberfläche spüren. Man muss wissen, in welche Richtung man fährt, und gleichzeitig flexibel sein. Der ganze Prozess besteht aus dieser Interaktion zwischen Wind, Wetter, Segel und Ruder. Und ich denke, bis vor Kurzem habe ich nur auf den Wind und die Segel geachtet; die Ansprüche und die Pläne von Leuten und von der Organisation. Das Steuerruder existierte für mich gar nicht. Ich würde nicht sagen, dass ich die Hand weggenommen hatte, aber richtig gespürt habe ich es nicht. Das Steuerruder, das sind meine persönlichen Werte, mein inneres Navigationssystem. Dieses Entschleunigen, was wir hier machen, die Stille, dass wir wieder in Berührung kommen damit, wie sich etwas im Körper wirklich anfühlt – dadurch habe ich das Ruder wieder fester in der Hand. Natürlich muss ich mich immer noch nach Wind und Wetter richten, aber ich bin jetzt mit etwas Tieferem in Kontakt. Das hat mir vorher gefehlt. Jetzt spüre und sehe ich, wie schön meine Familie ist, und ich spüre, wie die Situation bei der Arbeit mich quält. Diese Dinge leiten mich auch und bewegen mich, dass ich etwas ändere. Beantwortet das deine Frage?«

Ich habe Gänsehaut bekommen. Peter hat einen ganz entscheidenden Grund für das Praktizieren wunderbar zum Ausdruck gebracht. Im Laufe der Jahre habe ich bei medizinischen Tagungen viele PowerPoint-Präsentationen über die wissenschaftliche Forschung zu den positiven Wirkungen der Achtsamkeit gehalten. Ich kann Ihnen tonnenweise Gründe anführen, warum Sie meditieren sollten, von der zellulären Ebene bis zur Ebene der Verhaltensänderung. Aber eigentlich will ich damit Folgendes sagen: Eine Praxis zu haben, ist eine gute Art, dafür zu sorgen, dass man sein Leben lebt – sein *eigenes,* das zu den eigenen tiefsten Werten passt, statt eines Lebens, das einfach so passiert, wenn wir die Hand nicht am Steuerruder haben und die Winde uns irgendwohin verschlagen.

Für mich ist das Beste an seiner Erkenntnis und seiner Erfahrung, dass er alleine dorthin gelangt ist und sie ihm voll und ganz gehört. Und so, wie er es beschrieben hat, hing der ganze Kurs förmlich an seinen Lippen. Sie hätten die Gesichter sehen sollen, diese gebannte Aufmerksamkeit! Er demonstriert, wie er durch seine Praxis wieder in Kontakt zu seinen tiefsten, ehrlichsten Werten kommt, und ist damit für uns andere ein Vorbild.

Nikki hebt die Hand. »Danke, Peter, das ist so hilfreich! Beth, ich habe eine Menge über die Frage nachgedacht, die du mir beim Retreat gestellt hattest, als ich wegen meiner Absage ein schlechtes Gewissen hatte. Du hattest gefragt, ob es vielleicht etwas anderes war, gegenüber dem ich eine Zusage einhalten will. Jetzt, als ich Peter zugehört habe, habe ich gemerkt, dass ich auch ganz schön vom Wind herumgeworfen worden bin. Ich glaube, jetzt ist mir das Steuerruder wichtiger. Jedenfalls will ich das. Das ist meine Absicht. Es ist so leicht, völlig aus dem Blick zu verlieren, warum ich mich überhaupt für die Medizin entschieden habe.« Sie lächelt ihn an. »Ich glaube, meine Entscheidung, am Samstag zu kommen, war eine Entscheidung, das Ruder wieder in die Hand zu nehmen.«

»Eine Sache noch«, sagt Raúl. »Nein, 'tschuldigung, eher zwei. Uns ist aufgefallen, dass wir bei Costco* viel weniger Geld ausgeben! Einfach so sind unsere Rechnungen Hunderte Dollar niedriger! Und meine Little-League-Mannschaft spielt großartig. Dieses Achtsamkeits-Ding gefällt ihnen!«

In der siebten Sitzung erkunden wir oft, welchen Einfluss das auf uns hat, was wir tagtäglich über die Medien und neue Technologien aufnehmen, was wir essen und was wir kaufen. Die Teilnehmer machen hier ganz klar ihre eigenen Experimente im Labor des Lebens und präsentieren ihre Ergebnisse. Es besteht keine Notwendigkeit, dass ich hier auch noch etwas zum Thema Achtsamkeit im Alltag sage; es gibt nichts hinzuzufügen.

---

* Costco ist eine US-amerikanische Großhandelskette (Anm. d. Übers.)

Kluges Tun durch Nicht-Tun

Wenn wir uns nun weiter mit dem beschäftigen, was der Buddha über die ethischen Aspekte des Achtfachen Pfads spurigen Weges lehrte (wozu außer dem Klugen Sprechen, das wir im 6. Kapitel behandelt haben, noch Kluges Handeln und Kluger Lebensunterhalt gehören), tun wir das, indem wir sie aus dem Blickwinkel der MBSR-Praktizierenden und unserer eigenen Erfahrung betrachten, also aus erster Hand. Haben Sie auch schon einmal gehört, wie jemand Meditation als »Nabelschau« bezeichnet hat? Oder vielleicht selbst gezweifelt, ob Sie nicht allzu passiv werden, wenn Sie sich Zeit nehmen, um zu schweigen und still zu werden? Es scheint da diese bohrende Sorge zu geben, wir würden ohne die *scheinbare* Motivation durch Sorgen, Ängste und Aggressionen weniger am Leben teilhaben. Ich verstehe das absolut. Ich habe mich das auch schon öfters gefragt.

Aber was die Erfahrung zeigt – und mit »Erfahrung« meine ich meine eigene, natürlich, aber auch die von Hunderttausenden anderen Menschen, von Jahrtausenden menschlicher Geschichte ganz zu schweigen –, ist Folgendes: Wenn wir ruhig werden, den Körper spüren, den Gedanken-Gefühlsstrom wahrnehmen und aufhören, im Kreis herumzurennen, dann stoßen wir vielleicht auf das, was uns wirklich bedrückt, und lassen uns bewegen, von diesem Ort einer ruhigen Klarheit aus, mitten im Geschehen, etwas dagegen zu unternehmen. Vielleicht bewegt uns Mitgefühl dazu. Wir treffen bessere Entscheidungen, handeln positiver. Am Beispiel des Kurses haben wir das gesehen. Peter, Nikki und Raúl treffen wichtige Veränderungen, oder sie stellen zumindest die entscheidenden Fragen, die oft zu Veränderungen führen, denn sie haben sich erlaubt, hinter der Entfremdung in ihrem Leben das Unbehagen zu spüren. Sie nehmen Fühlung zu etwas Tieferem auf als dem Wind in den Segeln, und sie entdecken, in welche Richtung sie ihr Boot steuern wollen. Auch große Liebe kann uns motivieren, etwas zu ändern und klüger zu handeln. Ich spüre, dass für Peter die Wiederentdeckung der Liebe zu seiner

Familie eine ebenso starke Motivation ist, Veränderungen einzuleiten, die sein Unbehagen und die Entfernung von den eigenen Werten am Arbeitsplatz transformieren können. Auf ähnliche Weise besteht Eileens »Ruder« teilweise daraus, dass sie ihre Liebe zum Unterrichten und zu den Kindern spürt, sich dadurch wieder mehr einbringt und die Situation neu bewertet. Und genauso, wie wir uns aus Fürsorge für Familie oder Freunde veranlasst sehen könnten, klug zu leben und zu handeln, so könnten wir, was unseren Anteil am Wohlergehen der Erde betrifft, Wasser sparen oder unseren CO^2-Fußabdruck reduzieren – aus großer Liebe für den Planeten und all seine Bewohner. Mutter Teresa hat einmal gesagt: »Wir müssen nicht große Dinge tun, sondern kleine Dinge mit großer Liebe.« Das ist die Praxis des Klugen Handelns und des Klugen Lebensunterhalts.

Kluges Handeln und Kluger Lebensunterhalt

Auf dem Achtfachen Pfad kommen wir nun zu den Faktoren »Kluges Handeln« und »Kluger Lebensunterhalt«. Das ist die klassische Formulierung für das, was ich weiter vorne »engagierte Achtsamkeit« genannt habe. Zusammen mit dem Klugen Sprechen ist das der Ort, wo unsere Praxis unsere Entscheidungen, Worte, Arbeit, unser Verhalten und Handeln in der Welt prägt. In vielerlei Hinsicht ist es eine natürliche Konsequenz unserer Wendung nach innen. Wie Peter es so schön artikuliert hat: Wenn wir bereit sind, unser Erleben ohne Filter zu spüren, dann bekommen wir, so scheint es, Kontakt zu unserem inneren Ethos, unserem moralischen Kompass.

In den klassischen Lehren äußerte sich der Buddha ziemlich klar und konkret zu der Praxis des Klugen Handelns und des Klugen Lebensunterhalts. Wie immer lauten die entscheidenden Fragen: Was wird zu weniger Leid führen? Was dürfte zu mehr Leid führen? Diese Fragen gehen über unser persönliches Leiden hinaus und fordern uns zum gesellschaftlichen Denken auf: Was trägt zum Wohlergehen einer Gemeinschaft bei? Was ist einer gesünderen, auch seelisch gesünderen Gesellschaft förderlich? Genau das, was Joey ihre Vorschüler fragte!

Der Buddha griff drei Bereiche heraus, die von allen anderen Traditionen ebenfalls genannt werden, weil in diesen dreien bekanntermaßen am meisten Leid verursacht wird. Einfach ausgedrückt: Kluges Handeln ist das, was im Einklang mit den Enthaltungsregeln steht, aber ganz besonders:

- sich darum bemühen, kein Leben zu nehmen, sondern das Leben ehren und kultivieren.
- sich darum bemühen, nichts zu nehmen, was nicht gegeben wird, stattdessen ein großzügiges Herz kultivieren.
- sich bemühen, in sinnlicher und sexueller Hinsicht niemandem zu schaden, stattdessen zu respektvollen und ehrlichen Beziehungen zu ermutigen.

Bitte blättern Sie zurück zu Kapitel 6, wenn Sie die Enthaltungsregeln noch einmal verinnerlichen wollen.

Die Enthaltungsregeln sind keine Befehle, die uns von einer äußeren Autorität auferlegt werden. Sie sind Leitlinien, die uns ermutigen, unsere Entscheidungen zu hinterfragen und bewusster zu treffen. Zum Beispiel lautet eine der Enthaltungsregeln, nicht zu töten. Auf der wörtlichen Ebene ist uns klar, dass es Leid verursacht, Lebewesen zu töten. Das geschieht oft aus einem bestimmten Leid heraus – Gier, Aggression und Ignoranz – und ist eigentlich selbst eine Form des Leidens. Aber wenn jemand diese Leitlinie hört, nicht zu töten, ist die Reaktion oft die Frage: »Heißt das, dass ich Vegetarier werden muss? Was ist mit den Ameisen in der Küche?« Von da aus geht es weiter: »Was machen die fossilen Brennstoffe, die ich verbrauche, mit anderen Lebewesen? Gehe ich sparsam damit um?« An meinem Wohnort herrscht Trockenheit, deshalb hinterfrage ich ständig meinen Wasserverbrauch, denn ich weiß, wenn ich das nicht tue, schadet es dem Planeten. Bitte denken Sie nicht, ich würde Ihnen hier meine persönlichen Ideen aufdrängen: Dies sind Fragen, die in Gruppen, die gemeinsam praktizieren und die Enthaltungsregeln besprechen, oft aufkommen, unter Menschen aus allen Lebensbereichen, die alle ihr eigenes Ethos und eigene Traditionen haben.

Es sind wichtige Fragen. Es ist lebenswichtig, dass wir sie stellen. Sie überhaupt nicht zu stellen, hat schon viel Schaden angerichtet. Wir sehen, wie sich das tausendfach niederschlägt, von Kriegen ohne Ende über rassistisch motivierte Tötungen bis zu sozialer Ungleichheit und dem Klimawandel. Also, fragen wir doch wenigstens, lassen wir doch wenigstens das Unbehagen zu, das Töten und Verletzen in seinen vielen Formen bereitet, und lassen uns davon leiten.

Das sind natürlich komplexe Themen mit vielen Facetten, deshalb ist es sinnvoll, mit Bewusstheit anzufangen (ohne jetzt allzu sehr vereinfachen zu wollen). Wir können herausfinden, wo unser Essen herkommt, wo unsere Kleidung herkommt. Wird in diesem Prozess jemandem geschadet? Wo finden wir ein Gleichgewicht? Erheben wir die Stimme gegen Ungerechtigkeit? Können wir mit dem Geldbeutel Veränderungen einleiten? Stellen wir uns diese Fragen und schauen wir, wie wir uns fühlen, wenn wir es herausfinden. Und wie das unser Verhalten beeinflusst. Sie erinnern sich? Wir ringen um die klugen Antworten. Wir sind aufgefordert, selbst zu denken statt nur von außen auferlegten Regeln zu folgen.

Kluger Lebensunterhalt heute

Was den Klugen Lebensunterhalt angeht, im Kontext unseres modernen Lebens, im Kontext dieses Buches und im Kontext unseres Kurses, so ist das die nächste Gelegenheit, um nachzuforschen und, so gut wir es können, Veränderungen einzuleiten. Vielleicht haben Sie, wie Graciella, einen Job, der Ihren Grundwerten nicht entspricht – aber er entspricht Ihren Fähigkeiten, und Sie brauchen ihn, um Ihre Familie zu versorgen. Vielleicht achten Sie also weniger darauf, *was* Sie tun, sondern *wie* Sie es tun. Sie können sehen, wie die Leute im Kurs es so machen. Für Raúl, für Nikki, für einige von ihnen hat sich etwas geändert. Sie müssen nicht kündigen und ins Kloster gehen – mit Mitgefühl und Bewusstheit können Sie Ihr Büro zum »Tempel« machen.

Das soll nicht heißen, dass Sie nicht über Alternativen nachdenken dürfen. Für mich bedeutet die Tätigkeit als MBSR-Kursleiterin und ärztliche Assistentin in Teilzeit finanziell zwar weniger Sicherheit als andere Berufe, aber sie steht mehr im Einklang mit meinen Herzenswünschen. Einfacher ist es nicht unbedingt; es ist lediglich eine andere Herausforderung, die sich für mich wie »kluger Lebensunterhalt« anfühlt, auch wenn es bedeutet, finanziell weniger abgesichert zu sein. Und sowieso: Was ist überhaupt sicher?

Die Kunst, keinen Schaden anzurichten

Keinen Schaden anzurichten, das ist eines dieser Themen, mit denen wir ringen können, weil es von so vielen Faktoren abhängt (unter anderem von Ihrer Lebenssituation). In unserem Haus geleiten wir *manchmal* Spinnen, Käfer und anderes Getier sanft nach draußen, mit einer Art »Käfer-Kutsche«. Auf mich hat so eine kleine Aktion, wie ich festgestellt habe, eine wundersame Wirkung. In den Momenten, die nötig sind, um innezuhalten, die Tierchen zu fangen, sie nach draußen zu bringen und zuzusehen, wie sie sich neu orientieren und dann weghuschen – in diesen Momenten bin ich präsenter und offener für die Lebenskraft in ihnen, in mir und dann in allen anderen. Es ist eine Übung in gegenseitiger Verbundenheit.

Wenn Sie aber andererseits ein Baby haben, und in Ihrem Haus sind überall giftige Spinnen, müssen Sie vielleicht anders vorgehen. Ich würde es jedenfalls. Hier oben in den Bergen ist es ein weitverbreitetes Dilemma, wie man mit Klapperschlangen umgehen soll. Auch hier macht es wieder einen Unterschied, ob Sie Kinder oder Haustiere haben oder nicht. Es geht um die Absicht, das Leben zu ehren, und jeder Einzelne entscheidet, wie das aussieht, von Moment zu Moment. Meine Freunde beim Militär und bei der Polizei haben ganz andere Entscheidungen zu treffen: Das ist ein gigantisches Ringen, und sie gehen damit um, so gut sie können.

Neulich kam ich von einer längeren Reise zurück in ein (wie ich meinte) leeres Haus. Nur: Es war eben nicht leer. Auf dem Nachttisch war einer dieser großen blauen Tausendfüßler, die bekanntermaßen giftig sind (und der einfach spurlos verschwand, iiih!). Im Bad war eine kleine Schwarznatter und auf der Arbeitsplatte in der Küche wimmelte es von Ameisen. Ich ging mit jeder Situation anders um und ging relativ beruhigt schlafen. Es erinnerte mich vor allem daran, dass ich nicht allein bin. Ich teile diesen Planeten mit allen möglichen anderen Wesen, und er gehört uns allen.

Auf einer subtileren Ebene könnten Sie auch, wenn Sie zum Beispiel im Retreat sind und es einen Vortrag oder eine Diskussion zu den Enthaltungsregeln gibt – oder wie im Yokoji Zen Mountain Center einen Tag jeden Monat, an dem man die Enthaltungsregeln reflektiert, darüber nachdenken, wie Sie vielleicht Teile von sich selbst abtöten. Gibt es etwas, was Sie an sich selbst hassen? Was tun Sie, wenn Sie dem begegnen? Töten wir mental die Gefühle oder die Meinungen eines anderen Menschen ab? Dies ist eine weitere Ebene der Selbsterforschung, die der Aufmerksamkeit wert ist.

Wenn wir über sexuelles Verhalten sprechen, betreten wir ein Gebiet, auf dem einfache Zuweisungen von »richtig« und »falsch« versagen und zu leeren moralischen Phrasen verkommen. Jede(r) von uns muss die eigene Orientierung und den eigenen Weg finden. Für Mönche und Nonnen in manchen Gemeinschaften kann es heißen, dass sie völlig auf Sex verzichten. Für Nicht-Ordinierte ist es eine Gelegenheit zur Praxis und ein ganz entscheidender Bereich, um wach zu bleiben.

In Sachen Sex hellwach zu bleiben ist vor allem wichtig, wenn es ein Machtgefälle gibt – sexuelle Ausbeutung, Machtmissbrauch zu sexuellen Zwecken (vor allem bei Minderjährigen, Kindern und Personen, die verletzbar sind und nicht stark genug, um sich zu schützen) darf es schlichtweg nicht geben. Viele Berufe haben ein Standesethos, das sexuelle

Beziehungen zu Klienten, Schülern oder Patienten ausschließt. Die Probleme bei sexuellem Fehlverhalten verursachen ungeheures Leid. Dieser Bereich ist auch eng mit dem Klugen Sprechen – der Wahrheit verpflichtet – und der Enthaltungsregel, keinem Lebewesen zu schaden, verbunden.

Vor Kurzem ist mir zu Ohren gekommen, dass zwei Männer in der Gemeinschaft, zu der ich gehöre, sexuelle Beziehungen hatten, die ihre eigenen Wertsysteme (die mir bekannt sind) verletzen. Im einen Fall war es der Ehemann einer guten Freundin, der im 28. Jahr dieser Ehe eine Affäre mit einer jungen Frau hatte. Im anderen Fall war es ein Lehrer mit einer Schülerin. Beide sind gutmütige, freundliche, wohlmeinende Männer. Was ist passiert? Ihr Verhalten zeigt uns, was passiert, wenn wir uns in sinnlicher Lust verlieren oder uns davon berauschen lassen. Und mir ist aufgefallen, dass in beiden Situationen nicht nur die betroffenen Frauen tief verletzt sind, sondern auch die Männer selbst furchtbar leiden. Es ist, als wären sie aus einer Trance aufgewacht, und nun sind sie voller Reue und sogar Selbsthass. Ihr Beispiel zeigt, wie wichtig es ist, zum Wohle aller hellwach zu bleiben. Die Praxis bietet uns diese Gelegenheit; die Praxis und die Art von Verbundenheit mit anderen Menschen, die gewillt sind, ethisch zu reflektieren und die unangenehmen Fragen zu stellen. Jeder kann sich auf diese Art verlieren, aber wie ich schon sagte, wenn wir Zuflucht zur Sangha nehmen, ist es weniger wahrscheinlich.

In einem Gespräch mit dem Buddha sagte sein Leibdiener Ananda: »Ehrwürdiger Herr, ist dies nicht die Hälfte des spirituellen Lebenswandels: gute Freunde, gute Gefährten, gute Kameraden?«

»Durchaus nicht, Ananda, durchaus nicht!«, antwortete der Buddha. »Es ist der *gesamte* spirituelle Lebenswandel! Wenn du einen guten Freund hast, einen guten Gefährten, einen guten Kameraden, darf man mit Fug und Recht erwarten, dass du den Edlen Achtfachen Pfad verwirklichen wirst.«

Ich habe das Gefühl, dass ich im Kontext dessen, worüber wir reden, diese Äußerung mittlerweile besser verstehe. Wie ich schon sagte (und generell zu allen Dharma-Studierenden und Teilnehmern der

MBSR-Lehr-Ausbildung sage): »Wir können nicht alleine Kurs halten.« Das ist es, was für mich in diesem kleinen Dialog steckt. Bitte denken Sie darüber nach, was er für Sie bedeutet.

In der Insight Community of the Desert, wo ich unterrichte, gibt es einige Menschen, die auf dem Weg der Heilung sind und regelmäßig teilnehmen. Nach einem Vortrag über die Wichtigkeit der Sangha, der Gemeinschaft, teilte ein Mann Folgendes mit: »Wir haben hier eine AA-Gruppe, die sich die ›Maisfeld-Gruppe‹ nennt. Das Ehepaar, das die Gruppe gründete, hat sie so genannt, weil ihnen auf einer Autofahrt über Land einmal aufgefallen ist, dass der Mais in der Mitte eines Feldes am höchsten wird. Die Erfahrung zeigt, dass Leute viel weniger rückfallgefährdet sind, wenn sie zu anderen Alkoholikern, die ebenfalls entziehen, Kontakt halten.«

Sofort fragte jemand: »Und wie schaffen wir es, dass alle in der Mitte des Feldes stehen?«

»Wir wechseln uns ab«, antwortete er.

Aus diesem großartigen Beispiel können wir alle eine Menge lernen, auch wenn wir nicht unter der erwähnten Sucht leiden, denn wir sind alle anfällig für diverse Gelüste und können uns leicht darin verlieren. Wir können uns auf die Kluge Absicht und Kluge Anstrengung besinnen und ein Fundament für Verzicht und Ehrlichkeit finden.

Vor vielen Jahren hatte ich eine MBSR-Teilnehmerin, die Tanya hieß, eine brillante Physikstudentin, die an ihrer Promotion arbeitete. Ich hatte den Eindruck, dass vor allem ihre wissenschaftliche Neugier sie zur MBSR geführt hatte. Sie hielt ein bisschen Abstand zur Gruppe (so wirkte es jedenfalls) und stellte oft Fragen, die ich nicht ganz verstand. In solchen Fällen reagiere ich innerlich oft mit »Ich bin einfach nicht schlau genug, ihr zu helfen oder zu antworten«. Der klügere Teil in mir jedoch weiß, dass es bei der Achtsamkeitspraxis nicht um diese Art intellektueller Intelligenz geht, und ich versuchte einfach, offen für sie zu bleiben und uns beiden das Nicht-Wissen zu erlauben. Dadurch begann ich zu sehen, dass sie mit irgendetwas kämpfte, und zwar mit etwas, dem von uns beiden nicht so leicht oder auf die Schnelle beizukommen war.

Schließlich bat mich Tanya eines Tages um ein persönliches Gespräch. Sie redete schnell und ohne Pause, und ich saß geduldig, aber in zunehmender Verwirrung da und suchte irgendeinen Anknüpfungspunkt. Ich fand nichts. Nach rund vierzig Minuten sagte sie mir, sie habe eine Affäre mit einem ihrer Professoren. Sie bot mir eine sorgfältige (und wahrscheinlich sorgfältig zurechtgelegte) Erklärung an, warum es für sie beide okay sei. Ich hörte nur zu. Aber jetzt hatte ich eine Ahnung, was hinter ihrer ganzen Verwirrung und ihrem Unbehagen steckte.

Die Praxis und der ehrliche Austausch im Kurs hielten ihr einen Spiegel vor, in dem sie ihre Entscheidung und deren Konsequenzen klarer sehen konnte. Meine Rolle war lediglich, Zeuge zu sein und ihr freundlicherweise die Füße nahe ans Feuer ihres wachsenden Unbehagens zu halten (bildlich gesprochen), indem ich ihr nichts anbot außer meiner ungeteilten, nicht-wertenden Aufmerksamkeit und meiner eigenen klaren Ethik, die ich nur durch meine Aufmerksamkeit zeigte. Ich stellte keine Fragen und machte keine Vorschläge, weil sie mich nicht darum gebeten hatte. Meine Hoffnung war, ihr Unbehagen würde so weit wachsen, dass sie sich von ihm zu ihrem klugen und ehrlichen Herzen leiten lassen würde.

Ich weiß nicht genau, was sie tat oder lernte, aber mir war es eine große Lehre. Ich hörte Jack Kornfield einmal sagen: »Es ist verdammt schwer zu meditieren, wenn man den ganzen Tag gelogen, betrogen und gestohlen hat.« Da all das zu einer Affäre gehört, muss Tanyas MBSR-Praxis eine echte Herausforderung gewesen sein.

Eileen, die Grundschullehrerin, wusste nach ein paar Wochen Praxis, dass sie mit dem Schüler, den sie angeschrien hatte, reinen Tisch machen musste. Peter spürt, wie schmerzhaft es ist, bei der Arbeit nicht für seine Ethik einzustehen, und ist bereit, es zu tun. In der ursprünglichen Lehrrede über das Leiden sprach der Buddha über das unnötige Leiden – den zweiten Pfeil, der zu mehr Leiden führt – und über das nötige Leiden, das zu weniger Leiden führt. Es scheint, als gehörten Kluges Handeln und Kluger Lebensunterhalt zu der Kategorie Leiden, die zu weniger Leiden führt.

Ganz zu Anfang dieses Buches habe ich darüber gesprochen, wie Achtsamkeit auf den Körper die Wahrnehmung von Schmerzen steigern kann und wie manchmal Leute fragen: »Warum zum Teufel soll ich so etwas machen?« Ich habe geschrieben, wie Bewusstheit oft dazu führt, dass man besser auf seinen Körper achtet. Auf genau dieselbe Weise führt der Schmerz darüber, wie die Dinge sind, oft zu tiefgreifenden sozialen Veränderungen. Dr. Martin Luther King jr. spürte, wie schmerzhaft Rassismus ist, also unternahm er etwas. Mutter Teresa spürte, wie Armut schmerzt, also unternahm sie etwas. Sie hatten beide eine große Menschenliebe und den tiefen Wunsch, zu helfen, und dieser Wunsch motivierte sie auf großartige Weise. Aber man muss kein großer Held sein, um kluges und engagiertes Handeln zu üben. Die Fähigkeit dazu haben wir alle, auch Sie. Sehr wahrscheinlich praktizieren Sie es auf mehr Arten, als Sie selbst ahnen. Manchmal ist es der Schmerz über die Realitäten dieses Lebens, der uns den Antrieb zu Klugem Handeln und Klugem Lebensunterhalt liefert, manchmal ist es die Liebe. Beides zu fühlen, kann der Weg zurück in unser Herz sein.

Kapitel 9

Der Dharma der Weisheit

Üben, üben, üben

Den ganzen Tag lang bin ich zwischen den Untersuchungszimmern hin- und hergewuselt und habe Patientinnen und Patienten verarztet. Ich habe sie nicht nur gesehen, sondern mit allen Sinnen wahrgenommen. Ich erspüre beim Abtasten eines Unterbauches mit den Fingerspitzen den Rand der Leber, ich rieche den widerlich süßlichen Geruch, der auf zu hohen Blutzucker hindeutet, äuge in Ohren und Hälse und höre zu. Ich höre mir die Geschichten der Menschen an, die in die Praxis kommen, ich setze ihnen behutsam das Stethoskop auf den Rücken und lausche ihren Atemgeräuschen, manchmal geschmeidig und voll wie der Wind, manchmal rasselnd und dünn wie eine rostige Maschine. Ich setze den Kopf des Stethoskops auf ihre Brust und lausche ihren Herzen.

Physische Untersuchung und Diagnose sind Achtsamkeitsübungen, Konzentrationsübungen. Wenn ich Studierende und angehende Pflegekräfte in Achtsamkeit unterrichte, fordere ich sie immer auf, den Blick vom Computer zu lösen und den ganzen Menschen wahrzunehmen. Sie wären überrascht – oder vielleicht auch nicht –, wie viele Patienten mir schon erzählt haben, ich sei seit Jahren die Erste, die sie auf diese achtsame, persönliche Weise untersucht habe. Für mich ist es nicht nur ein Weg, Informationen zu sammeln, sondern auch, in Verbindung zu treten und langsam zu machen, sogar, wenn ich es gar nicht will. Glauben

Sie mir, ich möchte mich genauso beeilen wie jede andere – aber ich spüre den Impuls, und dann folge ich ihm nicht. Das erfordert Übung. Heute, wo so viel los ist, nutze ich meine Praxis, meine Bewusstheit, um präsent und in der Spur zu bleiben. Und wenn ich mich daran erinnere, es zu tun, stelle ich fest, dass mir die Arbeit mehr Spaß macht, als wenn ich zerstreut oder hektisch wäre, und dass ich viel lerne.

Es war ein langer Tag. Mein guter alter Freund und Patient Arthur war auch da. Bis jetzt haben wir es geschafft, ihn gesundheitlich zu Hause zu betreuen, sodass er bei seinen geliebten Haustieren bleiben kann. Er ist nicht mehr so traurig wie letztes Mal, und als ich ihm erzähle, dass die Vogeltränke, die er mir geschenkt hat, nicht nur von Spechten, sondern auch von einem Reh und dessen Kitz aufgesucht wird, hellt sich sein Gesicht merklich auf. Aber er baut allmählich ab und seine Herztöne sind irgendwie kraftlos. Ich höre die typischen Geräusche, die auf eine Herzinsuffizienz hinweisen.

Ich lausche den dröhnenden Herztönen der jungen Ruby, einer sehr groß gewachsenen Frau, Baptistenpfarrerin und Leiterin der afroamerikanischen Gemeinde hier am Ort. Sie überschüttet mich mit Segenswünschen und sagt, sie werde mich in ihre Gebete einschließen. Dann lausche ich den energischen Herztönen der achtjährigen Jennifer, die einen Check-up braucht, bevor sie mit Fußballspielen anfangen kann. Keine Einwände von meiner Seite.

Angeln lernen

Ich habe die achte Sitzung vor mir, die letzte in diesem MBSR-Kurs. Während ich zur Klinik fahre, denke ich über das Ergreifende dieses Moments nach, wenn wir einander Lebewohl sagen und gewöhnlich große gegenseitige Dankbarkeit zum Ausdruck kommt. Diese Gruppe hat mich berührt und inspiriert (wie alle Gruppen). Ich möchte eigentlich nicht Lebewohl sagen, und doch ist es andererseits gut, am Ende des Zyklus anzukommen. Wenn ich an den gemeinsamen Weg mit diesen

Menschen denke, könnte man wahrscheinlich sagen, ich hätte in gewissem Sinne auch hier Herztönen gelauscht. Wir alle haben einander zugehört.

Gestern ist Hughs achtwöchiger MBSR-Kurs im Krebszentrum zu Ende gegangen. Als er nach Hause kam, fragte ich: »Und, wie war's?« Er sagte: »Ich möchte dir was zeigen.« Er wühlte in seinem Rucksack und zog eine Box aus rotem Leder heraus. Als er sie aufmachte, wurde ein edler goldener Kompass sichtbar, auf dessen Boden unter der Windrose eine Weltkarte aufgedruckt war. Dann zeigte er mir eine Karte, auf der stand: »Danke, dass Sie uns gezeigt haben, wie wir unseren eigenen Weg finden können.« Dazu ein Dutzend Unterschriften. Was könnte man sich als MBSR-Lehrer Schöneres wünschen?

Dieses Geschenk erinnert mich an eine Karte, die ich vor ein paar Jahren bekam. Vorne drauf war ein farbiger Holzschnitt mit einem Angler auf einer Brücke. Auf der Innenseite stand: »Gib jemandem einen Fisch, und er hat einen Tag lang zu essen; bringe jemandem das Angeln bei, und er hat ein Leben lang zu essen. Danke, dass Sie uns das Angeln beigebracht haben.« Ich weiß nicht, wie meine Gruppe sich heute fühlen oder was sie sagen wird, aber wie Sie gesehen haben, haben sie definitiv alle zu angeln angefangen. Ich hoffe, dass Ihre Erfahrungen mit Ihrer eigenen persönlichen Praxis Ihnen ebenfalls einen Weg gezeigt haben, mit Ihrem eigenen Kompass zu arbeiten oder Sie auf Ihre ganz persönliche Angeltour entführt haben!

Was hat sich verändert?

Im Kursraum, als ich eintrete, das Stimmengewirr vieler Menschen, die zur Begrüßung miteinander plaudern. Ich sehe Brian und Zach die Köpfe zusammenstecken und lebhaft reden. Als ich meinen Platz einnehme, wird die Gruppe etwas ruhiger, aber nur ein bisschen – ich muss die Glocke mehrmals läuten, um ihre Aufmerksamkeit zu bekommen. Wir beginnen den Abend genauso, wie wir es vor ein paar Wochen getan haben: mit einem langen Bodyscan auf dem Fußboden. Der Raum kommt zur

Ruhe, wird still, und ich sinke in mich hinein. Als wir uns wieder aufgesetzt haben, frage ich: »Wie war das für euch? Gibt es Unterschiede, verglichen zu vor acht Wochen?«

Nikki meldet sich als Erste. »Ich merke, ich kann viel länger dabeibleiben. Beim Bodyscan. Ich bin nicht mehr ganz so ungeduldig, obwohl ich immer noch den Gedanken bemerke: ›Oh mein Gott, noch einen ganzen Arm … Im Ernst?‹ Aber jetzt schmunzele ich darüber, und ich sage mir einfach: ›Schon klar, wieder einer dieser Gedanken‹, und dann gehe ich zum Arm zurück …« Sie lächelt ihr verspieltes Lächeln. »Ernsthaft, diese Praxis hilft mir, für meine Patienten und meine Familie fokussiert zu bleiben. Ich bemerke diesen Drang, mein Handy zu checken, aber ich nehm ihn einfach wahr und wende meine Aufmerksamkeit wieder aufs Zuhören.«

Lisette sagt: »Ich spüre meinen Körper jetzt wirklich. Am Anfang gab es ganz viele Stellen, die sich irgendwie taub angefühlt haben. Ich weiß sicher, dass das meine Art zu essen verändert hat und dass es der Grund ist, warum ich abnehme. Es ist so unangenehm, zu viel zu essen! Und gesundes Essen, also, ich fühle mich gut hinterher.«

»Ich erinnere mich, dass ich vor dem Bodyscan wirklich Angst hatte und skeptisch war«, sagt Jean. »Weil ich so starke Schmerzen hatte.« (Daran erinnere ich mich auch!) »Aber bei dieser Praxis zu bleiben, hat mein Lebensgefühl sehr verändert. Ich habe nicht mehr so Angst, meinen Körper zu fühlen. Ich habe überhaupt nicht mehr solche Angst. Ich bin bereit, bei mir zu sein, auf eine andere Art … auch wenn ich Schmerzen habe. Das heißt, ich kann in meinem Leben auch bei anderen Dingen bleiben, die eine Herausforderung sind. Ich sag einfach, keine große Sache, einfach halt wieder eine Herausforderung. Ich glaube, ich bin eigentlich ganz schön mutig.« Sie hebt ein wenig den Kopf.

Ich antworte: »Finde ich auch, Jean. Vom ersten Mal an, wo du den Bodyscan probiert hast, hast du enormen Mut gezeigt. Danke, dass du das mit uns teilst.«

Es gibt noch mehr Kommentare: dass der Geist weniger abschweift und dass nicht so streng geurteilt wird, wenn er abschweift; mehr Bewusstheit für den Körper, aber weniger Urteile über den Körper. Viele Leute nehmen wahr, dass sie Dinge anders angehen, neue Möglichkeiten sehen. Und da ist noch die schlichte Tatsache, die in diesen acht Wochen alle bemerkt haben: Alles verändert sich. Mehr noch: Wenn wir achtsam sind, sehen wir, dass sich auch in acht Minuten oder acht Sekunden alles verändert.

Die letzten Schritte auf dem Achtfachen Pfad: Kluge Achtsamkeit und Kluge Konzentration

Die ganze Zeit haben wir über Achtsamkeit gesprochen. Und es ist sogar das erste Wort in der Bezeichnung *Mindfulness-Based Stress Reduction!* Jetzt, wo wir uns dem Ende des Kurses und dem Ende des Achtfachen Pfads nähern, betrachten wir mit dem Blick der Weisheit, der durch die anderen Faktoren geschärft worden ist, noch einmal die Achtsamkeit. Für mich ist die Frage: Was ist mit »Kluger Achtsamkeit« gemeint? Wenn ich die Kommentare der Teilnehmer zu »Kluger Achtsamkeit« und »Kluger Konzentration« mit einbeziehe, dürfte sie zum Teil auf die stetige Entwicklung der Haltung des Nicht-Urteilens gegründet sein, die durch das Programm gefördert und kultiviert wird. Aus meiner eigenen Praxiserfahrung und aus den Äußerungen anderer zu diesem Thema bin ich im Laufe der Jahre zu der Erkenntnis gelangt, dass in dieser scheinbar simplen Formulierung ungeheuer viel enthalten ist – Qualitäten wie Neugier, Freundlichkeit, Mitgefühl, Geduld (um ein paar zu nennen).

Weil der Achtfache Pfad ein Weg der Freiheit ist und Weisheit diesen Weg beleuchtet, muss Weisheit also bedeuten, dass wir gegenüber uns selbst und anderen wohlwollender und mitfühlender sind. Dazu gehört Nikkis humorvolle Haltung und ihre durchschlagende Erkenntnis: »Oh, es ist wieder einer dieser Gedanken« und »Es ist bloß ein Gedanke«. Vorher waren das Aussagen gewesen, die ihr Leben eingrenzten und beherrschten. Nun ist sie weniger darin verstrickt. Kluge Achtsamkeit hat Lisette zu einer gesünderen Ernährung geführt. Und Jean brachte sie dazu, mit weniger Angst und mehr Kreativität zu leben.

Erinnern Sie sich, wie ich sagte, der Achtfache Pfad sei nichts Lineares, sondern eher eine Art Seil aus mehreren ineinander verflochtenen Strängen, das durch diese Verflechtung stärker wird? Wir nähern uns gerade dem Ende dieses Buchs über Stressbewältigung durch Achtsamkeit und über den Achtfachen Pfad, in dem Achtsamkeit den Anfang und die Mitte bildet, und wir begegnen ihr noch einmal – am Ende. Aber jetzt haben wir dem Seil viele weitere Stränge hinzugefügt. Unsere Achtsamkeitspraxis wird nun auch durch die Reflexion unserer Sichtweise bereichert – unser Wissen um die Vier Edlen Wahrheiten und ein tieferes Verständnis für den Blickwinkel, den wir vielleicht einnehmen. Sie ist gestärkt worden durch Kluge Absicht und Kluge Anstrengung, in denen die Stränge Verzicht, Wohlwollen und Mitgefühl enthalten sind. Und schließlich ruht sie solide auf unserer Ethik: Kluges Sprechen, Kluges Handeln und Kluger Lebensunterhalt. Die Hoffnung ist, dass mittlerweile Ihre Kluge Achtsamkeit mehr ist, als nur klar zu sehen und präsent zu sein für das, was man vorfindet. Dass sie in Ihr Handeln und Ihre Lebensführung mehr von der Realität dessen einfließen lässt, was Sie sehen und fühlen. Je mehr wir praktizieren, desto mehr wird das zu unserem Steuerruder und zu Wind.

Mit diesem Verständnis im Hintergrund können wir auch einmal betrachten, was Achtsamkeit nicht ist. Der Buddhismus-Experte und Lehrer John Peacock sagt: »Achtsamkeit heißt nicht, kalt vor sich hin zu starren.« Ich habe festgestellt, dass ich als Meditationslehrerin in den Kursen viel Zeit darauf verwende, die Menschen so anzuleiten, dass ihnen der Unterschied zwischen kritischem, bewertendem Denken und der Bewusstheit im gegenwärtigen Moment, der Klugen Achtsamkeit mit ihren Qualitäten von Freundlichkeit, Offenheit und Neugier, klar wird. Wenn TeilnehmerInnen ihre Erfahrungen austauschen und dabei darauf zu sprechen kommen, dass sie zu kämpfen hatten, um aufmerksam zu sein, und dass sie von ihrem Körper und Geist frustriert waren, dann sind das Anzeichen, dass sie ihre Erfahrung (auf subtile oder weniger subtile Weise) beurteilen – als »nicht die richtige Erfahrung«, statt einfach bei der Erfahrung zu sein und sie klar zu sehen oder sie freundlich wahrzunehmen. Natürlich ist dieses Beurteilen völlig normal, wir sind hochgradig darauf konditioniert, und es hat seinen Nutzen. Aber es ist nicht immer das, was wirklich gebraucht wird. Es ist keine große Hilfe für die Meditationspraxis, im Gegenteil, es kann gehörig Irritation und Unbehagen stiften. Den Kommentaren beim Austausch in der letzten Sitzung können wir entnehmen, dass die TeilnehmerInnen in der Tat Kluge Achtsamkeit entwickelt haben. Sie urteilen weniger und haben ihre Fähigkeit gesteigert, bei allem zu sein, was aufkommt. Wie steht's mit Ihnen?

Kluge Achtsamkeit heißt auch, dass wir trainieren, Achtsamkeit in den vier Feldern aufzubauen, die in den umfassenden Lehren des Buddha zur Achtsamkeit erwähnt werden und die ich in den vorhergehenden Kapiteln beschrieben habe. Hier sind sie noch einmal:

- der Körper
- Gefühlsfärbungen oder Kategorien unserer Erfahrungen
- Geist und Herz
- die Lektionen des Lebens, die Dharmas

Wie bereits angemerkt, zieht sich die Ermutigung, innerlich und äußerlich aufmerksam zu sein und das Entstehen und Vergehen aller Dinge zu sehen, durch die Lehrrede über die Vier Grundlagen der Achtsamkeit wie ein roter Faden. Auch ohne sie zu kennen, tauschen die Teilnehmer des MBSR-Kurses ihre Erfahrungen und Erkenntnisse auf diesen Feldern miteinander aus, gewinnen Einblick in die Unbeständigkeit der Dinge und – am wichtigsten – können bestätigen, dass sie weniger leiden, wenn sie sich dessen bewusst sind.

Tenshin Roshi hat für die Kluge Achtsamkeit ein großartiges, praktisches, lebensnahes Beispiel parat. Genau wie bei Ihnen zu Hause oder bei der Arbeit gibt es in einem funktionierenden, aktiven Klosterbetrieb jeden Tag tausend Dinge zu erledigen, und die Mönche und Hausgäste haben eine Menge zu tun, damit der Laden läuft. Sie sitzen nicht nur da oder machen Verbeugungen oder rezitieren oder zünden Räucherstäbchen an. Sie hacken Holz, putzen das Bad und beantworten E-Mails – so wie wir! Wenn also Leute zu Besuch kommen, erklärt ihnen der Roshi freundlich: »Achtsamkeit heißt nicht unbedingt Langsamkeit. Wenn ihr also euer Geschirr spült, dann schaut ruhig einmal, wie lang die Schlange hinter euch ist. In der Schlange stehen Leute, die noch wo hinmüssen. Bitte dehnt eure Achtsamkeit auf sie aus!«

In solchen Situationen heißt Achtsamkeit, dass Sie immer noch gründlich sein, das Wasser fühlen und voll präsent sein können, aber dass Ihnen auch sonnenklar ist, dass Sie sich im Interesse der Gemeinschaft sputen sollten. Damit sind auf einfache und schöne Weise die innere Achtsamkeit (was in Ihnen geschieht) und die äußere Achtsamkeit (was um Sie herum geschieht) auf den Nenner gebracht. Es verdeutlicht auch den entscheidenden Punkt, dass Achtsamkeit keine begriffliche Idee ist. Es geht nicht um eine Idee oder ein Ideal, jemanden in einem verträumten, nachdenklichen Zustand, der langsam sein Geschirr spült. Es ist vielmehr eine ziemlich intime Begegnung mit dem, was in genau diesem Moment jetzt direkt vor Ihrer Nase liegt, was in Ihnen ist und um Sie herum. Das ist nicht immer einfach – unser Geist liebt das Konzeptualisieren, das Beurteilen, das Konkretisieren. Es sind diese tief verwurzelten geistigen Gewohnheiten, die wir klarer sehen (und vielleicht auflösen), während wir tagein, tagaus bei unserer Praxis bleiben, egal, wie sie aussieht und wie sie sich anfühlt.

Und das mit der Konzentration sagen Sie mir erst jetzt?

Sprechen wir mal kurz über Konzentration. Der achte Faktor des Achtfachen Pfads ist die »Kluge Konzentration«. Konzentration wird auch als »Versenkung« übersetzt, was mir sehr gefällt.

Von Anfang an lassen wir im MBSR-Kurs Konzentration sich entwickeln, wenn wir dazu einladen, eine Rosine fokussiert und so vollständig wie möglich zu erleben. Manchen fällt das leicht; andere, deren Kopf verständlicherweise voll ist mit allen möglichen Gedanken, tun sich schwer und fragen sich, was um Himmels willen eine Rosine hier verloren hat. Wie auch immer – wir laden zu einer gewissen fokussierten Aufmerksamkeit ein und bitten die Leute, sie während des Kauens aufrechtzuerhalten.

Beim Bodyscan laden wir die Aufmerksamkeit ein, an verschiedenen Stellen des Körpers zu bleiben und gleichzeitig zu sehen – was manchmal schockierend ist –, wie sie abschweift. Ganz egal, was der Geist immer wieder ausheckt, wir laden ihn immer wieder zum Bleiben ein. Mit der Zeit kommt er immer mehr zur Ruhe, je weniger wir ihn beurteilen und kritisieren. Haben Sie das bei sich selbst auch schon bemerkt? Im MBSR-Kurs war es auf jeden Fall zu sehen.

Auf dem Achtfachen Pfad vertieft Konzentration unser Erleben der immer neuen Gegenwart. Wir richten die Aufmerksamkeit auf etwas und bitten sie, ein Weilchen dazubleiben. Diese Art von aufrechterhaltener Aufmerksamkeit führt zu einer gewissen Stabilität, die wiederum zu mehr Klarheit führt. Jon Kabat-Zinn gebraucht folgenden Vergleich: Der Versuch, ohne die Stabilität, die regelmäßige Praxis mit sich bringt, klar zu sehen, ist ungefähr so, als wolle man auf einem Wasserbett sitzend durch ein Fernglas schauen – es ist nicht sehr wahrscheinlich, dass wir so den Blick auf irgendetwas fixieren können.

Wenn wir fähig sind, unsere Aufmerksamkeit aufrechtzuerhalten, sind wir auch fähig, die Nachwirkungen unserer Handlungen und Einstellungen zu sehen und zu fühlen und können sie dann, falls nötig, beheben.

Wenn wir im Gegensatz dazu etwas Ungeschicktes tun und gleich hektisch zur nächsten Sache übergehen, entgeht uns vielleicht ein wichtiges Feedback, das zu freundlicherem und ethisch wertvollerem Verhalten führt.

Auf einer rein körperlichen Ebene habe ich bei Retreats schon ein paar Mal festgestellt: Wenn ich zu viel gegessen habe und nach dem Mittagessen eine Praxiseinheit folgt, bekomme ich wirklich zu spüren, wie unangenehm das ist. Dadurch wird es weniger wahrscheinlich, dass das wieder passiert, weil ich die Konsequenzen meines Handelns wirklich und wahrhaftig erlebe. Weil meine Aufmerksamkeit nachhaltig ist, bin ich für diese Rückkopplungsschleife offen und erinnere mich auch an sie. Auf ähnliche Weise bekomme ich sogar, wenn ich präsent bin, für die kleinste Freundlichkeit das Feedback, wie befriedigend es ist, freundlich zu sein – was mich wiederum ermutigt, weiterhin so zu handeln. Nicht, weil ich ein ganz bestimmtes Bild von mir habe, sondern, weil es sich gut anfühlt.

Konzentration – das heißt, in einer Haltung von Freundlichkeit und Neugier die eigene Aufmerksamkeit steuern und aufrechterhalten – kann den Griff lockern, mit dem das Leiden uns festhält (wie wir es bei unseren Kursteilnehmern gesehen haben). Ein Beispiel dafür ist Brian, der nach seiner fehlgeschlagenen Hüft-Operation in der zweiten Sitzung zu uns gestoßen war. Sie verursachte ihm nicht nur große physische Schmerzen, sondern stieß ihn auch in tiefe Verzweiflung und Angst, weil er den Kontrollverlust und den Verlust seiner einst so starken »Ich-bin-für-alle-da«-Persönlichkeit spürte. Beim allerersten Mal schon, als er den Bodyscan ausprobierte und sich auf seine Körperteile konzentrierte – darunter viele, die nicht schmerzten! –, konnte er diese schmerzhafte Geschichte loslassen und ein bisschen Frieden genießen. Die Fähigkeit, seine Aufmerksamkeit auf diese Weise zu fokussieren, wuchs und wurde in den acht Wochen stärker, was ihm eine Freiheit brachte, die er vorher nicht hatte finden können. In der vierten Sitzung (siehe Kapitel 4) praktizierten wir Sitzmeditation mit der Achtsamkeit auf den Atem – die allererste Konzentrationsübung, die der Buddha gelehrt hat. Carol berichtete, als sie es versucht habe, waren die Knieschmerzen, die sie den ganzen Tag genervt hatten, immer noch da, aber ihre Reaktion darauf hatte sich geändert. Sie war nicht mehr so niedergeschlagen deswegen – mit anderen Worten, sie fand mitten in ihrer unangenehmen Lage so etwas wie Trost, indem sie es gut sein ließ und sich auf ihren Atem im Moment konzentrierte und mit ihrer ungebrochenen Ganzheit Fühlung aufnahm. Sie war mit ihrem ganzen Selbst wiedervereint, nicht mehr in ihren Knieschmerzen isoliert. Das ist eine der Gaben Kluger Konzentration.

Aber Konzentration oder Versenkung ist nicht nur was für Schwierigkeiten. Auch wenn wir etwas tun, was wir lieben, stellt sie sich ganz natürlich ein: Musik machen, mit dem Hund spielen oder unserem Kind zuhören, wenn es eine Geschichte erzählt. Sie kann (muss aber nicht) unsere Fähigkeit steigern, die positiven Dinge im Leben zu genießen und zu würdigen. Wir können natürlich genauso gut *nicht* präsent sein, während wir Dinge tun, die uns Freude machen – oder Freude machen würden, wenn unser Geist nicht so zerstreut und abgelenkt wäre. Ich war schon oft im Wald spazieren und dabei in Gedanken nur bei der Arbeit – bis ich mich erinnerte, dass ich ja eigentlich da sein wollte, wo ich bin, und die Arbeit auf später verschob. Konzentration kann uns also helfen, uns tiefer und lebendiger auf die Freude am Leben einzulassen. Als ich Tenshin Roshi zu dem Thema befragte, meinte er: »Ich kann total versunken sein in meine Arbeit, wenn ich bei der Familie bin, in die Praxis und auch, wenn ich einfach chille. Ich versuche nicht, mich zu entspannen und dabei keine Schuldgefühle zu haben, sondern meine Energie ist ungeteilt und voll da, und ich habe mehr Spaß.« Dieses »ungeteilte« Gefühl ist der Grund, warum Versenkung oft auch als Weg zur Einheit bezeichnet wird.

Zurück zu meiner Frage über Kluge Konzentration: Ich denke immer wieder an einen Vortrag von Tempel Smith, einem bemerkenswerten Dharma-Lehrer, den ich bei einem Retreat hörte. Er legte dar, dass wir auch sehr konzentriert und klarsichtig sein können, wenn wir voller Hass sind, selbstgerecht oder verbittert. Ist es nicht so? Zumindest erkannte ich, als er das sagte, dass es bei mir so ist. Es ist nicht leicht, die

Aufmerksamkeit von etwas wegzulenken, was an uns nagt. Unsere Aufmerksamkeit kann wie ein Laserstrahl sein, wenn sie voller Gereiztheit, Zorn oder auch körperlicher Schmerzen ist. Offensichtlich ist das nicht die Art von Konzentration, die wir hier suchen.

Deshalb ist es wichtig, dass wir die Entwicklung der anderen Faktoren auf dem Achtfachen Pfad fördern, sodass wir tatsächlich Kluge Konzentration erreichen. Wir brauchen unsere kluge und freundliche Absicht, genauso wie unsere Ethik, um zu wissen, wo und mit welcher Einstellung wir uns konzentrieren sollen. Achtsamkeit hilft uns wahrzunehmen, wie wir uns fühlen, wenn wir uns auf etwas Negatives konzentrieren. Wenn wir in Zorn oder Sorgen versunken sind, fühlt sich das im Körper ganz anders an, als wenn wir ohne Urteil oder Impulsivität in den gegenwärtigen Moment versunken sind.

Versenkung, so heißt es, führt zu Ruhe und Frieden. Wenn sie das also nicht tut – und das bemerken Sie durch die Erste und die Dritte Grundlage der Achtsamkeit –, dann müssen Sie sich vielleicht neu sortieren. Schauen Sie, ob Sie mithilfe Ihrer Praxis diese Schwierigkeit in einem anderen Licht betrachten können, indem Sie ihr Raum geben, wissbegierig hinterfragen, was vor sich geht, und vielleicht eine Weile auf den Atem fokussieren, bis sich genügend Ruhe einstellt, um klarer zu sehen, was vor sich geht.

Der Buddha lehrte auch, dass Konzentration zugespitzt (zum Beispiel auf den linken großen Zeh fokussiert) oder aber breit gefächert und umfassend (zum Beispiel den gesamten Körper erfassend) sein kann. Es kann sehr beruhigend und stabilisierend sein, eine zugespitzte Konzentration zu entwickeln. Außerdem hilft uns das im Leben – wenn wir zum Beispiel einem speziellen Aspekt unserer Arbeit volle Aufmerksamkeit widmen müssen (statt dem gesamten Projekt oder der ganzen Organisation) oder wenn wir mit aller Kraft nach einer Lösung für ein Detail innerhalb eines größeren Problems suchen müssen. Allerdings kann es sein, dass wir dann auch wieder auf »Weitwinkel« umstellen müssen, um den Gesamtzusammenhang nicht aus dem Auge zu verlieren. Wir können konzentriert sein und trotzdem flexibel, und das ist im täglichen Leben absolut sinnvoll und nützlich. Im MBSR üben wir das auf verschiedene Weise, wie ich oben am Beispiel des Bodyscans gezeigt habe: ein Teil, das Ganze, und zwischen beiden hin und her. In der Meditation im Sitzen fokussieren wir auf den Atem und dann auf den ganzen Körper, auf Geräusche und dann auf Gedanken, und schließlich machen wir im offenen Gewahrsein die Tore weit auf für das gesamte weite Feld des Gewahrseins. Egal, ob die Konzentration eng oder weit ist, wir sind versunken in das, was wir ausgewählt haben, statt eine Einkaufsliste zu machen oder eine Rede vorzubereiten.

Zum Schluss ist es gut, ungefähr zu wissen, warum wir uns konzentrieren, nämlich indem wir es immer in Bezug zu unserer Absicht stellen, frei von Leiden zu sein. Thich Nhat Hanh empfiehlt, wir sollten Konzentration nicht dazu benutzen, »um vor uns selbst oder unserem Leiden wegzurennen«. Mit anderen Worten: Konzentration ist nicht dazu gedacht, etwas zu unterdrücken oder von sich fernzuhalten. Vielmehr bietet sie, wenn sie mit Achtsamkeit und Freundlichkeit kombiniert wird, die nötige Stabilität, um das klar zu sehen, was wir um unserer Freiheit willen sehen sollten.

Was passiert jetzt?

Schauen wir einmal, wie sich dieser Lernprozess in der letzten Sitzung entfaltet. Nach einem Gespräch über den Bodyscan leite ich in einer geführten Reflexion durch das gesamte Programm. »Eine Haltung einnehmen, die Würde und Wachheit verkörpert, und den Atem fühlen. Nun die Gedanken kommen lassen, warum ihr diesen Kurs gewählt habt und wie er für euch gewesen ist. Welche Veränderungen habt ihr bemerkt (wenn es welche gab)? Was könnt ihr euch positiv anrechnen? Eure Bemühungen würdigen und die Art und Weise, wie ihr einfach durch euer Dasein andere unterstützt habt. Was erlebst du jetzt gerade?«

Ich lade sie ein, sich paarweise zusammenzufinden und auszutauschen, was sie erlebt und gelernt haben. Und Sie, liebe Leserin, lieber Leser, dürfen dem ebenfalls nachspüren. Hat sich für Sie irgendetwas verändert, während Sie dieses Buch gelesen und die Übungen gemacht haben?

Ich schaue im Kreis herum und spüre dabei, wie mein Herz voller Zuneigung und großem Respekt für diese Abenteurer ist. Ich höre Satzfetzen: »Ich weiß gar nicht, was ich ohne euch machen soll!« und »Ich werde Beth mal fragen, was sie meint.« Und ich denke: Zu was? Irgendwie haben alle während der letzten Sitzungen versucht, ein paar definitive Antworten aus mir herauszubekommen, sogar auf die Frage: »Was ist der Sinn des Lebens?« Bis jetzt habe ich ihnen keine Antworten geliefert. Ich verweise sie lieber zurück auf ihre eigene Erfahrung oder lade sie ein, noch eine Weile miteinander »nichts zu wissen«. Eigentlich kann ich wirklich nichts sagen, was sie nicht schon wissen oder irgendwann wissen werden. Schließlich ist es ja, obwohl es das Ende des Kurses ist, der Beginn einer lebenslangen Praxis. Ich habe großen Respekt für und großes Vertrauen in ihren Lernprozess. Ich möchte dem nichts hinzufügen.

Die wichtigste Sitzung überhaupt

Wir kommen wieder im großen Kreis zusammen, und ich lade alle ein, sich, wenn sie wollen, über ihre Erfahrung mit der Gruppe mitzuteilen. Ich bemerke plötzlich, dass Zach wie am ersten Abend wieder neben mir sitzt. Und anstatt wie in den Wochen zuvor der Letzte zu sein, signalisiert er mir, dass er heute anfangen will.

»Als ich hierherkam, war ich am Ende, und ich wollte überhaupt nicht hier sein. Aber am ersten Abend ist etwas mit mir passiert. Ich habe euch allen zugehört, und allein das ist schon ein Wunder.« Er lächelt seiner Mutter zu. »Ich bin nicht immer so ein guter Zuhörer, aber ich hab eure Geschichten wirklich gehört, und ich hab gemerkt: So ein Scheiß passiert jedem. Und dann wusste ich: Ich bin nicht allein. Und obwohl ich keine Ahnung hatte, wie Achtsamkeit oder Meditation mir helfen sollten, hatte ich das Gefühl, es würde helfen, wenn ich bei *euch* sein kann. Und das war auch so. Es hat total geholfen. Ich bin mit Brian im Gespräch, was ich machen könnte, um, na ja, um anderen zu helfen. Jetzt, wo ich drüber nachdenke, merke ich, dass ich ein paar sehr nützliche Dinge gelernt habe, zum Beispiel, dass ich entscheiden kann, worauf ich wann meine Aufmerksamkeit richte. Ich wusste vorher nicht, dass ich das selbst entscheiden kann! Ich merke jetzt, dass ich eher bei der Sache bleiben kann. Ich war so durcheinander am Anfang, ich konnte nicht mal eine Seite am Stück lesen, als wir anfingen, aber ich kann mich jetzt besser konzentrieren und hab ein ganzes Buch fertig gelesen! Und wenn die heftigen Gefühle kommen, die Erinnerungen, dann bin ich nett zu mir. Aber wenn ich dran denke, was in diesem Kurs für mich am wichtigsten war, dann war es definitiv der erste Abend, die erste Sitzung war die wichtigste.«

Eileen ist die Nächste. »Also, ich bin ja eigentlich gar nicht gut in Meditation. Wie meine Gedanken herumschwirren – und ehrlich gesagt habe ich immer noch Probleme, mir die Zeit dafür zu nehmen – aber ich würde sagen, der Kurs hat mein Leben verändert. Definitiv. Das hat mich überrascht. Ich bin viel mehr bei den Kindern, ich bin mehr mit ihnen in Kontakt und habe mehr Spaß. Und sogar die Sachen, die ich hasse – Arbeiten korrigieren – dafür hab ich früher eine Tüte Kekse gebraucht und war die ganze Zeit stinksauer auf unser schreckliches Bildungswesen. Jetzt mach ich's einfach. Immer eine nach der andern. Ich fokussier mich auf diese eine Sache vor mir, ohne die ganzen Extra-Gedanken, und es geht im Nu vorbei. Kein Bedarf nach Keksen mehr. Ich danke euch allen, ihr habt mich tief berührt.«

Zach und Eileen beschreiben ganz klar Kluge Achtsamkeit und Kluge Konzentration. Weil sie bei der Praxis geblieben sind, ist es von ganz allein passiert, hat sich organisch entfaltet. Ich kann mir gut vorstellen, dass das bei Ihnen, liebe Leserin, lieber Leser, ebenfalls passieren könnte.

Joe steht auf und hat einen Stapel mit irgendwas in der Hand. Er wendet sich zu mir und schaut mich an. »Beth, ich weiß, ich war manchmal sehr unfreundlich zu dir. Ich bin zu vielen unfreundlich. Du hast gewusst, dass ich Rückenschmerzen habe und ein alter Griesgram bin, aber du weißt vielleicht nicht, dass ich auch ein Künstler bin. Schon immer gewesen. Nach dem Tag der Achtsamkeit bin ich nach Hause gefahren und habe zum ersten Mal seit langer Zeit wieder gemalt. Hier ist das, was ich für euch alle gemacht habe.«

Er verteilt Postkarten mit Klecksen in strahlenden Primärfarben, mit Pinselstrichen, die zu tanzen und zu fließen scheinen. Jeder bekommt eine.

»Vielen Dank, Joe«, sage ich. »Wie ist der Titel des Gemäldes?«

»*Hier*.«

»So, Leute, mein Leben ist zu Ende. Ich hab nicht mehr viel Zeit, sagen sie mir«, sagt ein blasser, magerer Alan. Die Ruhe, die von ihm ausgeht, ist greifbar. »Dieser Kurs hat mir, hat uns« – er schaut Norma an und nimmt ihre Hand – »die Gelegenheit gegeben, uns wirklich zu fragen, was wir mit der Zeit anfangen wollen, die ich noch habe. Und wir haben es getan. Wir tun es. Das ist ein unbezahlbares Geschenk. Ich fühle mich so beglückt, dass ich mir genau diese Zeit ausgesucht habe, um hierher zu kommen, so glücklich, euch alle kennengelernt zu haben. Wir danken euch allen für eure Unterstützung und Freundlichkeit und wünschen euch das Allerbeste.«

Norma fügt nur hinzu: »Wir lieben euch alle.«

Renée sagt: »Wir lieben euch auch.« Sie schaut im Raum herum und schweigt einen Moment. »Am ersten Abend habe ich gesagt: Ich denke, jeder hat irgendwas. Heute Abend möchte ich hinzufügen: Wir sitzen alle im selben Boot.«

Wenn das nicht Weisheit ist!

Wieder ist es passiert, und doch fühlt es sich total frisch und neu an – dieser Kreis von Buddhas, der mich den Dharma lehrt. Ich bin eigentlich die, die beglückt wird.

Und so, liebe Leserin, lieber Leser, bitte bedenken Sie, dass wir wirklich alle im selben Boot sitzen. Sie sind nicht allein, und auch Sie sind ein Buddha, auch Sie sind wach und ganz und geliebt.

Kapitel 10

Der Dharma der Vier Guten Gärten

Heilsame Haltungen kultivieren

Vor Kurzem wurde ich von einem örtlichen Heilkundigen zu den Kursen befragt, die ich im Krankenhaus leite. Er wusste nichts über MBSR, Achtsamkeit, Jon Kabat-Zinn oder die Lehre des Buddha. Ich erzählte ihm kurz, dass diese Kurse einen Weg bieten, Menschen in ihrer Stressbewältigung weiterzubilden und ihnen verschiedene Möglichkeiten an die Hand zu geben, darunter die Entwicklung von Techniken, die die Fähigkeit stärken, effektiver mit Stress umzugehen.

»Stress, echt?« sagte er. »Ich könnte mir denken, dass das bestimmt eine ziemlich schwierige Klientel anzieht. Wie gehen Sie persönlich mit deren Stress und mit Ihrem eigenen Stress um?«

Seine Frage beeindruckte mich, ich fand sie ehrlich und berechtigt. Das folgende Kapitel ist zum Teil eine Antwort darauf. Wie ich in diesem Buch immer wieder erwähnt habe, treffe ich in Untersuchungszimmern, Krankenzimmern und Kursräumen auf Menschen, die extrem leiden; oft auch in einem Moment, wo bei mir selbst *die volle Katastrophe* abläuft. Diese Frage ist also etwas, das mich immer wieder beschäftigt und die zu meiner Praxis gehört.

Vielleicht hat mich seine Frage auch deshalb beeindruckt, weil ich über Jahre hinweg keine effektive Methode hatte, meinem Leiden klug und mit Widerstandskraft zu begegnen. Das war sehr schmerzhaft, führte in den

Burnout, sogar in die Verzweiflung. Seine Frage machte mich nachdenklich (wie es gute Fragen ja immer tun). Wie gehe ich damit um? Nun, also: Ich praktiziere, und ich nehme Zuflucht. Ich nutze alle Methoden, die wir bis jetzt erkundet haben. Und ich finde es zunehmend schwieriger, den Unterschied zwischen meinem Leiden und dem Leiden der anderen zu sehen. Wie Renée am Ende der achten Sitzung sagte: »Wir sitzen alle im selben Boot.« Diese Perspektive gibt mir Gelassenheit und Frieden. Außerdem verlasse ich mich noch auf die folgenden Übungen, die wir noch nicht besprochen haben. Hier sind sie.

Die Vier Unermesslichen

In diesem Kapitel möchte ich Sie mit einer weiteren traditionellen Unterweisung bekannt machen, die Ihnen, wie ich hoffe, auf Ihrem Weg eine Hilfe sein kann. Für mich als Lehrerin, Krankenhausärztin und menschliches Wesen auf dieser Erde ist sie jedenfalls extrem nützlich gewesen, eine Art robustes, zuverlässiges Rettungsboot im Strom vieler Herausforderungen. Wie alle anderen buddhistischen Inhalte wird sie im MBSR nicht explizit gelehrt und auch nicht erwähnt, aber ich möchte Sie einladen, einmal zu schauen, wo sie sich im Kurs sozusagen implizit entfaltet hat, wo sie sich verkörpert oder im Gewahrsein anwesend ist.

Es geht um Meditationen, die die »Vier Brahmaviharas« genannt werden, übersetzt «himmlische Verweilstätten«. Manchmal nennt man sie auch die »Vier Unermesslichen«, und diesen Begriff möchte ich gebrauchen. Es sind:

1. **Metta:** Liebevolle Güte oder Grenzenlose Freundlichkeit, ein Weg, das uns innewohnende Wohlwollen zu kultivieren;
2. **Karuna:** Mitgefühl, die natürliche Reaktion des Herzens, wenn Metta, unser Wohlwollen, dem Leiden begegnet;
3. **Mudita:** wohlwollende, empathische Freude, die Fähigkeit, sich an der Freude anderer mitzufreuen;

4. **Upekkha:** Gelassenheit – eine Haltung, den Fährnissen des Lebens, seinem Kummer und seiner Schönheit zu begegnen, wobei man Gleichgewicht, Klarheit und Präsenz wahrt, indem man die Übungen und die Weisheit der anderen drei Unermesslichen nutzt.

Vielleich erinnern Sie sich: Es gibt in der Achtsamkeitspraxis formelle Übungsformen (Sitzmeditation, Bodyscan, Gehmeditation) sowie informelle, nämlich in der Art, wie wir freundliche, neugierige Bewusstheit in unser Alltagsleben einfließen lassen – essen, arbeiten, Familienleben, spielen. Auch die Vier Unermesslichen kann man sowohl auf formelle wie auch auf informelle Weise üben. In diesem Kapitel habe ich vor, hauptsächlich das *Gefühl*, die *Absicht* und die *Umsetzung* im Alltag zu beschreiben, wobei ich den informellen Aspekt betone. Die formellen Versionen sind in Schriftform und als Audio-Aufnahme unter *www.arbor-online-center.de/Mulligan_HerzderAchtsamkeit* verfügbar. (Für die schriftliche Form klicken Sie bitte auf »Übungen zu den Vier Unermesslichen». Für die Audio-Anleitung klicken Sie bitte auf Track 6: Metta, Track 7: Karuna, Track 8: Mudita und Track 9: Upekkha.)

Dieses Kapitel heißt »Die Vier Guten Gärten«, denn es ist so wichtig zu verstehen, dass es bei diesen Lehren nicht darum geht, zu dem, was wir sind, irgendetwas hinzuzufügen, was wir noch nicht haben. Es geht viel eher darum, unsere angeborene Fähigkeit zur Fürsorge zu wässern, zu düngen und mit Sonnenlicht und Sauerstoff zu versorgen, damit sie gedeihen und blühen kann – eine Fähigkeit, die in unserem Alltag oft zu kurz kommt. Also, auf in den Garten!

Die Vier Unermesslichen durch die Hintertür

Ich hatte das große Glück, die Vier Unermesslichen durch Sharon Salzberg vermittelt zu bekommen. Sie hatte diese traditionellen Lehren in Burma kennengelernt und in den Westen gebracht und so den Weg für uns bereitet.

In diesem Abschnitt wende ich mich an eine andere Zielgruppe als die klassische MBSR-Zielgruppe, denn ich habe vor Jahren einen speziellen Kurs gehalten, der mich wirklich aus meiner Komfort-Zone gelockt hat, und dadurch einen tiefgreifenden Lernprozess bewirkte. Ich wurde damals gebeten, für eine Gruppe von obdachlosen Frauen einen modifizierten MBSR-Kurs anzubieten. Dabei gab es einige Herausforderungen zu überwinden – angefangen mit der Tatsache, dass die Teilnahme an diesem Kurs Pflicht war und die meisten Frauen ihn gar nicht machen wollten; auch waren die meisten Frauen erst seit Kurzem »trocken« oder »clean« oder hatten verschiedenste psychische Probleme; entsprechend waren sie, wie leicht nachzuvollziehen, völlig erschöpft. Als ich dieser großen Gruppe zum ersten Mal gegenübertrat, schaute ich nicht gerade in glückliche oder erwartungsfrohe Gesichter (um es vorsichtig auszudrücken). Und obwohl ich das Kursformat mit meinen Mentoren vom Center for Mindfulness vorbereitet hatte und dachte, ich wisse Bescheid, merkte ich schnell, dass mir die Felle davonschwammen.

Nach der ersten Woche mit dieser Gruppe hatte ich das Glück, an einem Wochenend-Retreat mit Sharon Salzberg zu den Vier Unermesslichen teilzunehmen. Ich hing an ihren Lippen und praktizierte so, wie man es tut, wenn alles auf dem Spiel steht! Das Zusammentreffen dieses problematischen Kurses mit dem Retreat erwies sich als solch fruchtbares Lernumfeld, dass ich es hier präsentieren möchte.

Metta: liebevolle Güte oder grenzenlose Freundlichkeit

Der Buddhismus-Experte John Peacock schätzt »*grenzenlose Freundlichkeit*« als eine genauere Übersetzung des Pali-Wortes metta, das so oft mit liebevolle Güte übersetzt wird. Mich persönlich spricht seine Übersetzung an, aber entscheiden Sie selbst. Viele Menschen haben beim Wort »Liebe« starke Assoziationen, die mit romantischer Liebe zu tun haben oder mit der starken Bindung an die Familie oder zu den Menschen, die ihnen nahestehen. Oder vielleicht ist es nur »Ich liebe Schokolade!«. Das ist Metta *nicht*. Kleiner Tipp: Das Wort »grenzenlos« ist ein Fingerzeig, was es tatsächlich *ist*. Und »Freundlichkeit« klingt vielleicht offener und weniger vorbelastet als »Liebe«.

Unser Denken kann gut mit Gegensatzpaaren arbeiten, deshalb lehrte der Buddha, dass jedes Unermessliche sogenannte direkte und indirekte Feinde habe (»Feind« bedeutet hier einfach etwas, was im Weg steht). Mettas direkter Feind ist ziemlich leicht auszumachen: Hass oder Böswilligkeit. Sehr wahrscheinlich wissen Sie, wie es sich anfühlt, wenn Sie diese kultivieren. Wie ein Ausspruch besagt: »Böswilligkeit zu kultivieren ist wie Rattengift zu nehmen und zu warten, dass die Ratte stirbt.« Exakt so fühlt Böswilligkeit sich an.

Mettas indirekter Feind ist ein bisschen schwieriger auszumachen, weil er sich manchmal gut anfühlt – jedenfalls teilweise. Dieser indirekte Feind ist eine eher besitzergreifende Liebe, die an Bedingungen geknüpft ist. »Ich liebe dich, wenn du alles so machst, wie ich es will, damit ich mich sicher fühlen kann.« Es hat etwas mit Besitzdenken zu tun. Stellen Sie sich eine Karte zum Valentinstag vor, auf der in großer Schrift »Sei mein!« steht. Oder diese Art von Liebesliedern, in denen ständig »You're mine« gesungen wird oder »Ohne dich kann ich nicht leben« (aber bitte, fühl dich nicht unter Druck gesetzt!). Diese Gedanken oder Gefühle werden als Feind von Metta bezeichnet, denn wenn wir mitten in ihnen stecken, ist es schwer, tatsächlich die Art bedingungsloser Freundlichkeit zu schenken, die das Potenzial hat, allen und allem ein Licht zu sein (was durch Metta kultiviert wird). Ich weiß, wie der indirekte Feind arbeitet, weil ich es erlebt habe.

Als ich bei dem Retreat an jenem Wochenende Sharon Salzberg über Mettas indirekten Feind sprechen hörte, spürte ich einen kleinen Stich der Betroffenheit. Wie gesagt, ich kam mit dem Kurs in dem Frauenhaus nicht zurecht und hatte das Gefühl, es laufe nicht so gut. Ich fühlte mich überfordert, war frustriert und ratlos.

Als Sharon sprach, sah ich, wo ich in die Falle getappt war. Ich hatte unbewusst ein bestimmtes Ergebnis erwartet. Ich wollte, dass die Frauen etwas ganz Bestimmtes erleben sollten, die Linderung ihres Leidens nämlich, und meine Freundlichkeit ihnen gegenüber hing teilweise an der Bedingung, dass sie diese Erfahrung machten.

Es war so hilfreich, das zu sehen! Als ich wieder zu Hause war, schlug ich sofort eine neue Gangart ein. Ich fuhr früher in das Frauenhaus, sodass ich mit den Frauen zu Abend essen und sie ein bisschen kennenlernen konnte. Ich brachte Malsachen und CDs mit und ließ den Lehrplan Lehrplan sein. Ich freundete mich einfach mit ihnen an, ohne etwas zu erwarten. Uff! Das war schon mal gut. Dieser Teil des Gärtnerns – zu sehen, was im Weg steht – ist wie Umgraben oder Pflügen. Man nimmt Unkraut und alte Pflanzen und vergräbt sie, sodass sie zu Dünger werden. Wenn wir das beherzigen, was gute Lehrer und die Bewusstheit selbst uns lehren, geht nichts verloren, es wird einfach kompostiert.

Den Metta-Garten bestellen

Die Metta-Praxis lädt dazu ein, ein Gefühl der Freundlichkeit wachzurufen (vielleicht während man in Ruhe dasitzt oder -liegt), indem man sich das Bild oder Gefühl von jemandem oder etwas vor Augen führt, den oder das man innig liebt –, dazu gehören durchaus auch Tiere! Also eher eine relativ unkomplizierte Beziehung. Jemand, der, wenn Sie an ihn oder sie denken, ein Lächeln hervorruft. Spüren Sie auch nach, während Sie die Gegenwart seines oder ihres Wesens sehen oder spüren, ob sich das Gefühl der Liebe, Wertschätzung und Fürsorge irgendwo im Körper zeigt. Vielleicht Wärme? Ein Kribbeln? Im Brustkorb oder im Bauch? Was auch immer Sie erleben, lassen Sie es wachsen und in den ganzen Körper ausstrahlen und schauen Sie, ob es Ihr ganzes Wesen ausfüllen kann – und darüber hinaus. Verweilen Sie ein wenig in Stille und Schweigen und senden Sie dieses Wohlwollen an sich und andere

Wesen aus. Schenken Sie es Menschen, die Sie kennen, Menschen, die Sie nicht kennen, und allen Lebewesen und der Erde selbst – in einem Experiment in Grenzenlosigkeit.

In manchen Versionen dieser Übung nähren wir Gefühle des Wohlwollens mit einfachen Sätzen, die man still zu sich selbst sagt. Dazu können freundliche Wünsche nach Sicherheit, Glück, Gesundheit, Wohlergehen und Zufriedenheit gehören – mit anderen Worten, Freiheit von Leiden. Zum Beispiel: »Möge ich und alle Wesen in Zufriedenheit und Wohlergehen leben.« Eine gesprochene Anleitung sowie die Übung in schriftlicher Form finden Sie unter *www.arbor-online-center.de/Mulligan_HerzderAchtsamkeit*.

Bitte denken Sie nicht, es gäbe in der Metta-Praxis nur *einen* richtigen Gefühlszustand. Vielleicht fühlen Sie sich gut, oder Sie fühlen gar nichts, oder sogar Gegenteiliges: Traurigkeit oder Aggression können ebenfalls auftauchen. Von meinen Kollegen Christopher Germer und Kristin Neff, die ein Programm für achtsames Selbstmitgefühl (*Mindful Self-Compassion*) entwickelt haben, gibt es den Ausspruch: »Die Liebe enthüllt all das, was nicht Liebe ist.« Soll heißen: Manchmal, wenn wir eingeladen sind, liebevolle Güte zu fühlen und in uns zu erschließen, landen wir plötzlich an einem Ort und in einer Zeit, wo wir uns nicht geliebt fühlten. Das ist eine natürliche Reaktion, und es ist nichts falsch mit uns, wenn das passiert.

Wenn Sie merken, dass Sie sich bei der Metta-Praxis wütend oder traurig fühlen, seien Sie freundlich und kommen zum Atem zurück, oder Sie lassen die Praxis sein. Andererseits können Sie natürlich eine Menge über sich erfahren, wenn Sie versuchen, dabeizubleiben (so wie ich bei diesem Stich der Betroffenheit), ohne etwas zu forcieren, aber mit Neugier. Bringen Sie diesem Mangel an Freundlichkeit schlicht und wohlwollend Freundlichkeit entgegen und schauen Sie, ob Sie sich mit dem Gefühl anfreunden können. Sie wissen, was richtig für Sie ist. Wenn Sie Hilfe brauchen, sprechen Sie mit einem klugen Freund oder Lehrer.

Einige Anmerkungen zur liebevollen Güte für sich selbst

Die buddhistische Anweisung bittet uns, bei uns selbst anzufangen. Das war zur damaligen Zeit sinnvoll und wurde als der beste Ausgangspunkt für diese Praxis erachtet. Genau genommen, sagte der Buddha rundheraus: «Du kannst das gesamte Universum absuchen, du wirst niemanden finden, der deine Liebe mehr verdient als du selbst.« Leider ist es in der heutigen Zeit für viele Menschen schwer geworden, bei sich selbst anzufangen. Ich sage das, damit Sie sich nicht alleine fühlen, wenn es für Sie so ist. Wenn Sie beim Versuch, Metta zu praktizieren, merken, dass es Ihnen schwerfällt, wäre das eine Möglichkeit, dies freundlich zu erforschen, vielleicht auch zusammen mit einer Lehrerin, einem Freund oder Therapeuten. Viele von uns haben nie erfahren, dass es absolut notwendig, ja lebenswichtig ist, sich selbst Freundlichkeit zu schenken. Wenn das für Sie ein großes Hindernis ist (für mich war es eines), dann kann ich die Bücher von Christopher Germer und Kristin Neff zum achtsamen Selbstmitgefühl nur wärmstens empfehlen (siehe dazu die Leseempfehlungen im Anhang). Diese Inhalte und die Vier Unermesslichen haben mir unglaublich weitergeholfen.

Eine letzte, sehr wichtige Instruktion zur Metta-Praxis, die sich auch auf die anderen drei Unermesslichen anwenden lässt, ist folgende: Diese Übungen sind nicht dazu gedacht, Schmerz und Leid zu übertünchen oder Herausforderungen wegzuschieben. Im Gegenteil, die ursprünglichen Lehren des Buddha waren für seine Mönche gedacht, als ein Weg, um mit ihren Ängsten und Aversionen zu arbeiten. Er forderte sie auf, sich dem zuzuwenden, was ihnen Angst machte, es tapfer anzuschauen und ihm Wohlwollen entgegenzubringen. Diese Praxis ist heute noch lebendig, weil sie sich als so effektiv erwiesen hat! In diesem Geiste kann man vielleicht auch den Satz hinzufügen: »Möge ich *inmitten von allem, was geschieht*, gelassen sein.« Damit bekräftigt man, dass es, obwohl das Leben natürlich voller Schwierigkeiten ist, inmitten des Trubels die Möglichkeit zu einer sanften Friedlichkeit gibt.

Metta-Praxis im täglichen Leben

Wie bei der Achtsamkeitspraxis ist es auch hier wichtig, die Metta-Praxis auf eine Tageszeit zu legen, in der sonst nicht viel los ist. Aber genauso, wie wir beim Essen, Gehen, im Familienleben Achtsamkeit praktizieren können, können wir auch mitten im Leben, auf die Schnelle, Metta üben. Ich zum Beispiel schenke mir und allen um mich herum Metta, wenn ich am Flughafen in der Schlange stehe. Ich mache das auch im Flugzeug oder im Bus. Und ich erlebe das Reisen seither anders. Versuchen Sie es mal im Lebensmittelladen oder mit Passanten auf der Straße.

Karuna: Die Samen des Mitgefühls wässern

Die wörtliche Übersetzung des Wortes *karuna* ist »ein Beben des Herzens«, das sich als Reaktion auf Leiden einstellt. Wenn Metta den Wunsch beinhaltet, alle Wesen mögen in allen Lebensumständen glücklich sein, so ist Karuna das, was passiert, wenn dieses Wohlwollen dem Leiden begegnet – das Herz wünscht die Beseitigung des Leidens herbei, ohne zu befehlen oder zu fordern. Es ist eine sanfte Neigung des Herzens und des Geistes.

Der direkte Feind des Mitgefühls ist Grausamkeit oder der Wunsch, zu verletzen. Der indirekte Feind des Mitgefühls ist das Gefühl der Ohnmacht. Man empfindet das Leiden eines anderen so stark, dass man selbst viel zu sehr leidet, um irgendwie hilfreich sein zu können. Auch Mitleid oder Bedauern, die eine gewisse Herablassung ins Spiel bringen, gehören dazu: »Du in deinem Sumpf, du tust mir so leid.«

An diesem Wochenende, als wir die Vier Unermesslichen erforschten, spürte ich den Stich der Selbsterkenntnis ein zweites Mal: als ich vom indirekten Feind des Mitgefühls hörte. Ich sah sofort, dass die Intensität des Leidens in jenem Frauenhaus mich überforderte, so wie das Leiden meiner Patientinnen und Patienten oder meiner Angehörigen es manchmal tut. Ohne den Auftrieb, den einem Metta gibt, ist es leicht möglich, im Leiden eines anderen zu ertrinken. Ich jedenfalls habe mich schon oft so gefühlt. Sie nicht auch? Leiden mitzufühlen, ohne den bedingungslosen Wunsch (keine Forderung, Sie erinnern sich) nach Linderung – das macht hilflos.

Das ist der Grund, warum wir (wie bei der Metta-Praxis) die Karuna-Praxis damit beginnen, dass wir uns selbst Mitgefühl schenken. Es ist schwierig, Zeuge des Leidens von anderen zu sein. Und einfach, weil das so ist und weil wir selbst auch leiden (auch wenn dieses Leiden im Vergleich zu dem von anderen unbedeutend scheinen mag), können wir Mitgefühl für uns wachrufen. Wir fangen bei uns selbst an, weil wir menschliche Wesen sind. Wenn wir uns an das erinnern, fällt es uns leichter, für das Leiden der anderen präsent zu sein. Jack Kornfield sagt: »Wenn dein Mitgefühl dich selbst nicht einschließt, ist es unvollständig.« Karuna lädt uns dazu ein, weniger zwischen dem eigenen Leiden und dem von anderen zu trennen, und gleichzeitig gibt es uns etwas ganz Starkes, an dem wir festhalten können.

Nach diesen eindringlichen Lektionen und bevor ich wieder in das Frauenhaus ging, dachte ich über ein Zitat nach, das über meinem Schreibtisch hängt und angeblich von einer Aborigines-Aktivistengruppe stammt: »Wenn du hergekommen bist, um mir zu helfen, dann verschwendest du deine Zeit. Aber wenn du gekommen bist, weil deine Befreiung von meiner nicht zu trennen ist, dann können wir zusammenarbeiten.« Ich erinnerte mich, dass ich nicht dazu da war, den Frauen in diesem Frauenhaus zu helfen, sondern weil mein Leiden und meine Freiheit von ihrem nicht zu trennen waren. Also übte ich, mir selbst Mitgefühl zu schenken. Ich begann mit Mitgefühl für die Tatsache, dass ich mich überfordert gefühlt hatte, und als ich mich ein bisschen stärker fühlte, schenkte ich diesen Frauen Mitgefühl und dann, immer größere Kreise ziehend, allen Wesen, die unter den Auswirkungen von Armut und Gewalt leiden. Das Ergebnis war, dass ich für mich und für sie stabiler und präsenter war, und wir bekamen allmählich einen Draht zueinander.

Formulierungen für die Karuna-Praxis

Wie bei Metta gibt es auch für diese Praxis vorformulierte Sätze, mit denen man arbeiten kann. Eine gesprochene Anleitung dazu finden Sie unter *www.arbor-online-center.de/Mulligan_HerzderAchtsamkeit*, Track 7: Karuna. Ebenso finden Sie eine schriftliche Übung.

Mitgefühl auf dem Prüfstand

Um herauszufinden, wie es bei Ihnen selbst um das Mitgefühl bestellt ist, können Sie prüfen, ob das ein Gefühl ist, als ob Ihnen das Mitgefühl ausgeht. Wenn das der Fall ist, könnten Sie schauen, ob Sie sich selbst von der Praxis vielleicht ausgenommen haben – oder ob Sie sich vielleicht ins Feindesland verirrt haben. Haben Sie schon einmal den Ausdruck »Mitgefühlserschöpfung« gehört? Ich habe einmal eine leitende Mitarbeiterin des Compassion-Cultivation-Trainingsprogramms in Stanford sagen hören, sie denke, es gebe keine Mitgefühlserschöpfung, sondern höchstens die Misserfolgserschöpfung. Das machte mich hellhörig; ich hatte das Gefühl, dass da was Wahres dran sein musste. Können wir Mitgefühl haben, ohne zu erwarten, dass etwas ganz Bestimmtes passieren muss?

Der feste Boden der Achtsamkeit unter den Füßen ist hier wirklich hilfreich. Ich möchte Ihnen sagen, wie das für mich funktioniert. Ich spüre, wie die Erschöpfung, die Hilflosigkeit im Gewahrsein aufsteigt. Vielleicht spüre ich es zuerst im Körper, als Schwere oder als flaues Gefühl. Dann kann ich freundlich nach mir selbst schauen und mir Mitgefühl schenken, weil ich mich ein bisschen verirrt habe. Ich könnte fragen, was meine Erwartungen sind (sie können manchmal ziemlich raffiniert sein), und wenn ich solche Erwartungen sehe, fange ich einfach neu an. Ich muss mich nicht tadeln oder als Versager fühlen, auch wenn das früher meine Reaktion gewesen sein mag.

Diese Praxis hat Flexibilität und die Kraft unendlichen Verzeihens. Alles, was wir in uns und in anderen sehen, kann aufgenommen werden in die große Umarmung des Mitgefühls. Mitgefühl ist wahrhaftig unsere natürliche Reaktion auf das Leiden, und es kann nützlich sein, es bewusst zu üben, vor allem gegenüber uns selbst.

Karuna-Praxis im täglichen Leben

Wenn Sie in Ihrem täglichen Leben merken, dass Sie leiden oder jemand anderes in Ihrer Gegenwart leidet, können Sie ausprobieren, für sich selbst Mitgefühl einzuatmen – indem Sie sich zum Beispiel vorstellen, ein freundliches Wort oder ein Wärmegefühl ströme mit dem Einatmen ein, und mit dem Ausatmen ströme Mitgefühl für andere aus. Diese Praxis ist Teil der erwähnten Übungen für achtsames Selbstmitgefühl. Probieren Sie es aus, wenn Sie im Stau stehen – einfach Mitgefühl fühlen, weil alle im selben Stau stecken.

Mudita: Das Sonnenlicht der Freude

Mudita ist die förderliche Einstellung, sich am Glück aller Wesen mitzufreuen. Es ist die Reaktion des Herzens, wenn Metta, unser Wohlwollen, auf Freude stößt. Haben Sie auch schon einmal gelacht, weil jemand anderes gelacht hat, vielleicht sogar ein völlig Fremder? Oder gelächelt, weil jemand anderes gelächelt hat? Das ist spontane Mudita! Fühlt sich gut an, oder? Auf diese Art lässt sich überall und jederzeit Freude finden. Aber die Idee, dass man sie aktiv einladen und kultivieren kann, ist Ihnen vielleicht neu. Für mich war es jedenfalls so, obwohl ich das Gefühl selbst natürlich kannte.

Wie die anderen Unermesslichen beruht Mudita auf der Idee, dass wir voneinander nicht getrennt sind und dass unser Leiden und unsere Freude zusammenhängen. Seine Heiligkeit der XIV. Dalai Lama sagt, Mudita sei eigentlich »erleuchtetes Eigeninteresse«. Wenn wir uns an der Freude anderer erfreuen können und es auf dem Planeten fast sieben Milliarden Menschen gibt, dann erhöht das unsere Glücksmöglichkeiten um – ja, rechnen wir's doch aus: sieben Milliarden. Das ist eine Menge.

In unserer heutigen Kultur und Zeit denken wir vielleicht eher an »mein Glück« und »dein Glück« und vielleicht sogar, dass nicht genug Glück für alle da ist. Es gibt da dieses Gefühl, das ich manchmal habe, wenn ich auf Facebook war und Freunde (oder auch Leute, die ich nicht einmal kenne) gesehen habe, wie sie an fantastischen Orten Urlaub machen, mit haufenweise lachenden Kindern um sie herum, und gerade von ihrem Triathlon zurückkommen und sich ein exotisches, gesundes Abendessen kochen. Was auch immer dieses Gefühl ist, es ist nicht Mudita. Kennen Sie es? Es ist kein gutes Gefühl. Es könnte der direkte Feind von Mudita sein, nämlich Eifersucht oder Neid. Aber manchmal ist dieses Gefühl auch der indirekte Feind von Mudita, nämlich dass man sein Leben mit dem von anderen vergleicht. Es entspringt der Annahme, dass es nur einen begrenzten Vorrat an Glück gibt.

Ein weiterer indirekter Feind von Mudita ist der Überschwang. Was geschieht da? Vielleicht haben wir ein ganz starkes Bedürfnis, jemand anderen glücklich zu sehen, damit wir selbst glücklich sein können. Wenn bei uns das Mitgefühl eher niedrig ist, wünschen wir ihnen möglicherweise so sehr Glück, damit wir dann, wenn sie Glück erleben, denken können: »Gott sei Dank, endlich bist du glücklich, jetzt kann ich mich entspannen.« Oder wir sind vor Freude über den Erfolg eines anderen so sehr aus dem Häuschen, dass er oder sie sich fast unter Druck gesetzt fühlt. Wie die anderen indirekten Feinde können durchaus Erwartungen im Spiel sein. Es ist gut, das zu wissen und ins Bewusstsein zu rücken.

Als ich erfuhr, dass einer der indirekten Feinde von Mudita der Überschwang sei, spürte ich wieder einen Stich und schaute mit mitfühlender Bewusstheit, wo ich bei der Arbeit im Frauenhaus in diese Falle gegangen war. Als ich anfangs von diesem Projekt gehört hatte, war ich definitiv glücklich gewesen. Ich wusste, dass es mich vor viele neue Herausforderungen stellen würde. Ich bat meine Kollegen und Freunde vom Center for Mindfulness, die mit ähnlichen Zielgruppen gearbeitet hatten, um Ratschläge zu den erforderlichen Anpassungen. Dennoch war ich begeistert – und naiv.

Denn es macht einen riesigen Unterschied, ob man einen Pflichtkurs leitet oder einen, für den die Teilnehmer sich angemeldet haben. Doch es gab noch eine Menge anderer Hindernisse, für die ich in meinem Überschwang blind war. Mein Überschwang stellte sogar bei den Frauen, denen der Kurs etwas brachte und die er ansprach, ein Problem dar, weil ich mich zu sehr daran klammerte.

Sobald ich angefangen hatte, mit den Frauen mehr Zeit außerhalb des Kurses zu verbringen, erfuhr ich eine Menge über ihr Leben. Eine hatte einen Termin zu einem Vorstellungsgespräch bekommen, die nächste eine Stelle und wieder eine andere hatte ihren Schulabschluss nachgeholt. Eine hatte einen schönen Besuch ihrer Tochter erlebt. Ich fing an, mich über ihre positiven Erlebnisse und Erfolge mitzufreuen, die in Bereichen stattfanden, die mit dem Kurs und meiner Anwesenheit dort nichts zu tun hatten. Das gab mir enormes Durchhaltevermögen und ermutigte mich, mich der Gruppe wieder zu stellen und gleichzeitig alle Erwartungen, dass irgendetwas Bestimmtes passieren möge, loszulassen. Und im Laufe der Wochen, als die Frauen Dinge sagten wie: »Auf dem Weg zur Bushaltestelle mache ich jetzt achtsames Gehen, ich stresse mich dann nicht mehr so, ob ich womöglich zu spät komme!« oder: »Ich mache bei der Arbeit jetzt weniger Fehler« oder: »Ich hab gemerkt, wie es mich juckte, wieder was zu nehmen (Drogen), und dann hab ich's bleiben lassen« – dann konnte ich einfach den sanften Wunsch hegen, dass ihre positiven Erlebnisse weitergehen mögen, ohne dass ich mich an irgendeine Erwartung klammern musste. Und diesen übertriebenen Überschwang loszulassen half mir auch, bei den Gefühlen der Traurigkeit zu bleiben, die in der nächsten Woche aufkamen – als es nicht so gut lief – als dieselbe Teilnehmerin, die uns von ihrem Erfolg erzählt hatte, tatsächlich wieder Drogen nahm und nicht mehr in dem Frauenhaus bleiben konnte.

Formulierungen für die Mudita-Praxis

Die gesprochene Anleitung dazu finden Sie unter *www.arbor-online-center.de/Mulligan_HerzderAchtsamkeit*, Track 8: Mudita. Ebenso finden Sie dort die Übung in schriftlicher Form.

Mudita im Alltag

Manchmal hole ich mir vor dem Kurs noch schnell einen Kaffee, weil ich mich ein bisschen schlapp oder müde fühle. Und dann sehe ich manchmal ein paar Leute, die offensichtlich Spaß haben. Ich höre sie lachen, ich halte inne und lass es wirken, und ich wünsche ihnen, dass ihre Freude anhalten und wachsen möge. Eigentlich gibt mir das mehr Energie als der Kaffee. Versuchen Sie, die Freude um sich herum wahrzunehmen. Vielleicht ist es einfach ein Hund, der mit dem Schwanz wedelt, oder ein Kind, das munter drauflosrennt. Wenn Sie es wahrnehmen, halten Sie inne und wünschen Sie ihnen Freude und Glück. Schauen Sie, was passiert. Ist übrigens auch ein großartiges Gegenmittel gegen das Facebook-Gefühl.

Upekkha: den Boden der Gelassenheit düngen

Upekkha wird als »Gleichmut« oder »Gelassenheit« übersetzt* und ist definiert als »Beherrschtheit und Gemütsruhe unter Stress«. Gelassenheit beginnt mit der Einsicht, dass das, was der Buddha die »weltlichen Winde« nannte – Lob und Tadel, Erfolg und Misserfolg, Gewinn und Verlust, Vergnügen und Schmerz – sich schnell ändern kann und wir von ihnen nicht weggeweht zu werden brauchen. Zur Erläuterung dieser Unermesslichen bietet der Meditationslehrer Gil Fronsdal eine etwas

* »Gleichmut« ist die traditionelle, »Gelassenheit« eine modernere, treffendere Variante, die ich deshalb verwenden möchte (Anm. d. Übers.)

umgangssprachlichere Bedeutung von Upekkha an, die in Indien verbreitet ist: »mit Geduld sehen«. Ich liebe das! Upekkha heißt auch, langfristig zu denken. Ich habe auch schon die Redewendung »ein langer, liebevoller Blick auf das Wirkliche« gehört.

Der direkte Feind von Upekkha ist Gleichgültigkeit. Vielleicht meinen wir ja, Gelassenheit zu erzeugen, indem wir uns abseits halten und alles aus der Distanz beobachten. Umgekehrt mag es auch eine Angst geben, man könnte die Freude an Dingen und Menschen verlieren, wenn man zu gelassen ist. Ich habe schon Leute sagen hören, sie hätten Angst, mit zu viel Gelassenheit würde das Leben öde und kalt. Aber Gelassenheit ist eigentlich etwas Warmes, und ihre Stabilität erlaubt uns, dem Leben näher zu kommen, tief zu lieben und zu leben, weil wir wissen, wie wir unser Gleichgewicht wiederfinden, wenn es verlorengeht. Ich habe in meinem Beruf als ärztliche Assistentin Zeiten erlebt, in denen ich so ausgebrannt war, dass ich mich, ohne es zu merken, in die Gleichgültigkeit zurückzog, weil ich dachte, es würde mich irgendwie schützen. Hat es nicht. Als es um meine Arbeit in dem Frauenhaus ging, gab es mir auf dem Retreat keinen Stich der Betroffenheit, etwas über Gleichgültigkeit zu hören. Mir lag sehr viel an den Frauen und meinen Bemühungen dort.

Allerdings kam ein sehr heftiger Stich, als es um den indirekten Feind der Gelassenheit ging: nämlich aus dem Gleichgewicht zu geraten. Die Arbeit in dem Frauenhaus hatte mich aus dem Gleichgewicht gebracht. Mein Nervensystem war voll aktiviert, und ich hatte Schwierigkeiten, ins Gleichgewicht zurückzufinden. Ganz gegen meine sonstige Art schnappte ich mir in einer Fragerunde das Mikro, um um Hilfe zu bitten. Ich beschrieb kurz die Situation, und das Erste, was Sharon sagte, war: »Erweitere deinen Zeithorizont. Du weißt nicht, welche Keime gelegt sind oder wann sie erblühen.«

Diese Worte nahm ich mit nach Hause und erkannte, dass ich neue Sichtweisen und Techniken zur emotionalen Selbstregulierung einpflanzte, die möglicherweise jemandem lange nach Kursende in einem kritischen

Moment zur Seite springen würden. Ich erkannte, dass das in meinem Leben jedenfalls absolut der Fall gewesen war: Dinge, die ich damals nicht bereit war zu hören, tauchten Jahre später wieder auf und trugen mich. Die Worte »Erweitere deinen Zeithorizont« haben mich jahrelang begleitet und sind so eine Art Gelassenheitsmantra geworden, wenn ich mich aus dem Gleichgewicht geworfen fühle. Die traditionellen Lehren weisen uns darauf hin, dass das Leben aller Wesen aus vielen Entscheidungen und Handlungen besteht und wir das große Gesamtbild unmöglich kennen können. Unsere guten Wünsche mögen andere nur wenig beeinflussen, wenn überhaupt, und ihre Wirkung hängt mehr von der Konditionierung der anderen, ihren Taten und Entscheidungen ab. Wir können das Leben von anderen nicht kontrollieren. Wir können enttäuscht, frustriert, verletzt sein – und trotzdem, in Gelassenheit, unser Herz offen halten.

Formulierungen für die Gelassenheits-Praxis

Die gesprochene Anleitung dazu finden Sie unter *www.arbor-online-center.de/Mulligan_HerzderAchtsamkeit*, Track 9: Gelassenheit. Ebenso finden Sie dort die Übung in schriftlicher Form.

Gelassenheit im Alltag üben

Der Buddha lehrte, dass man Gelassenheit unterstützen könne, indem man sich mit weisen, gelassenen Menschen umgebe. Heutzutage könnte das heißen, beim Medienkonsum sehr vorsichtig zu sein. Nehmen Sie wahr, wie bestimmte Interaktionen sich anfühlen – wie sie einen dabei unterstützen, kluge Entscheidungen zu treffen, die ein Gefühl der Stabilität nähren – und wie bestimmte andere Interaktionen das nicht tun. Wenn Sie sich in Ihrem Tagesablauf aufgewühlt und aus dem Gleichgewicht fühlen, vor allem, wenn es um das Leben eines anderen und seine Kämpfe geht: Nehmen Sie mit achtsamer Bewusstheit wahr, was Sie fühlen, richten Sie die Aufmerksamkeit auf den Atem und denken Sie daran, dass Sie nicht die ganze Geschichte kennen. Und dann erweitern Sie Ihren Zeithorizont!

Der Garten des lebendigen Seins

Die Qualitäten von Metta, Karuna, Mudita und Upekkha habe ich auf beeindruckende Weise erfahren, indem ich miterleben konnte, wie sie sich im Kursraum entfalten, obwohl sie nie explizit erwähnt werden. Ich sehe, dass sie wirklich unser natürlicher Zustand sind. Wenn wir mithilfe unserer Praxis ein paar Dinge aus dem Weg räumen, treten sie zutage. In dem Kurs, dem wir in diesem Buch gefolgt sind, konnten wir erleben, wie die Teilnehmer sich selbst und anderen Wohlwollen schenkten, Mitgefühl hatten, wenn jemand zu kämpfen hatte, und sich mit den anderen mitfreuten. Wir haben gesehen, wie sie, egal, was auch geschah, ihr Gleichgewicht fanden.

Ebenso eindrückliche Lektionen zu den Vier Unermesslichen habe ich durch meine Lehrerinnen und Lehrer sowie durch meinen Partner Hugh gelernt. Wenn mich etwas völlig aus der Bahn wirft und sie zugegen sind, dann spüre ich ihren wortlosen Wunsch, es möge mir gut gehen. Ich erlebe ihre Freundlichkeit und ihr Mitgefühl. Und, so mein Verdacht, gelegentlich auch durchaus Mitfreude, weil sie wissen, dass ich mein Dasein ganz tief berühre und dass das zum Weg in die Freiheit gehört.

Und schließlich fühlte ich mich wirklich getragen von ihrer Gelassenheit, denn egal, wie sehr ich am Boden bin: Ihre Gesichter zeigen keine Alarmsignale, keine Besorgnis. Ich spüre, dass sie meiner Unversehrtheit und meiner Stärke vertrauen, und das nicht nur bei mir, sondern auch bei allen anderen. Es ist vor allem das gewesen, was es mir ermöglicht hat, mich selbst meiner Unversehrtheit zu erinnern, sogar in den Momenten größter Niedergeschlagenheit. Das ist das lebendige Unermessliche.

Der Erde vertrauen

Erinnern Sie sich an Linda aus der Einführung? Ihr Leben war durch ihre Krankheit völlig auf den Kopf gestellt worden, aber durch den MBSR-Kurs und das Studium und die Praxis des Dharma hatte sie Gelassenheit gefunden, obwohl es für die Krankheit selbst keine Heilung gab. Vor Kurzem habe ich sie bei einem Dharma-Vortrag gesehen, den ich an unserem Insight Center in Palm Springs hielt. Sie hatte immer noch ihren Rollator mit dem weißen Pudel Kiki vorne drin. Sie ließ den Rollator los, lächelte und umarmte mich stürmisch. »Ich habe etwas für dich«, sagte sie und gab mir eine kleine Schachtel. Darin war ein silberner Anhänger mit dem eingravierten Wort *Hoffnung*.

»Danke, das ist schön«, sagte ich.

»Das hast du mir gegeben«, sagte sie.

»Aber du hast auch eine Menge dazu beigetragen«, antwortete ich. »Praktizieren muss man allein, ist es nicht so?«

»Stimmt«, sagte sie. »Hast du von der Selbsthilfegruppe für Patienten mit chronischen Schmerzen gehört, die ich angefangen habe? Wir treffen uns hier, immer dienstags.«

»Habe ich! Was für ein großartiger Beitrag, Linda!«

»Ich möchte die Hoffnung und den Frieden einfach weitergeben, verstehst du?«

Man weiß nie, welche Keime gelegt werden – man weiß es wirklich nicht! Aber ich glaube, dass man der Erde vertrauen kann, wenn es auf ihr blüht.

Unser Leben hier in den Bergen bringt es mit sich, dass wir schon oft Waldbrände erlebt haben. In einem Herbst gab es ein besonders schlimmes Feuer, das unser Haus zwar überstand, aber das ganze Land war verkohlt und schwarz. Ohne mein Wissen pflanzte Hugh Hunderte von Blumenzwiebeln – Narzissen, Krokusse, Tulpen. Er versorgte sie in aller Stille, und dann besorgte die Natur den Rest, bedeckte sie im Winter mit Schnee und beschien sie darauf mit Sonnenlicht. Zu meiner

Überraschung wogte im April auf unserem Grundstück, inmitten von Schwarz und Grau, ein Meer von Gelb, Rot und Violett. Ich hatte nicht gewusst, was im Boden steckte, und der farbenfrohe Anblick war eine wahre Augenweide.

So ist es mit unserer Praxis. Möge Ihre Praxis Sie in frohen und in finsteren Zeiten stärken und stützen. Mögen Sie überrascht werden von dem, was im Boden vor sich geht. Mögen Sie Ihrer Unversehrtheit und Ganzheit vertrauen, und mögen Sie sich an den Blumen Ihres guten Herzens erfreuen.

Dank

Ich habe in diesem Buch immer wieder erwähnt, wie lebensnotwendig die Gemeinschaft und Verbundenheit mit klugen Freunden ist, damit wir ein sinnvolles Leben führen und unseren Werten treu bleiben können. Diese Notwendigkeit spiegelt sich von A bis Z in dem Prozess, wie dieses Buch entstand. Ich habe es nicht alleine geschrieben; genauso, wie meine Praxis von vielen Seelen angeleitet und unterstützt worden ist, ist es auch beim Schreiben dieses Buches gewesen.

Es würde kein Buch mit meinem Namen und Dharma oder Buddha auf dem Titel geben, ohne die vielen Jahre, in denen ich mit einem wahrhaft großen Zen-Lehrer gearbeitet habe: Charles Tenshin Fletcher Roshi, Abt des Yokoji Zen Mountain Center. Ich hatte die Gelegenheit, an vielen Retreats mit ihm teilzunehmen, seine wöchentlichen Dharma-Vorträge zu hören und bei längeren Aufenthalten mit ihm zu arbeiten. Aber letztendlich ist es genauso wichtig, dass er durch sein Leben ein Beispiel für die Lehre ist. Ein Kloster aktiv am Laufen zu halten, erfordert eine Menge Praxis außerhalb der Meditationshalle. Ich lerne von Tenshin Roshi durch die Art, wie er für seine Familie sorgt, für die Gemeinschaft, das Land – und für mich. Er hält den Raum bereit, damit Tausende in Yokoji Zuflucht finden können, ob er nun formell lehrt oder mit dem Traktor losfährt, um die Zufahrtsstraße frei zu räumen. Meine Dankbarkeit geht an ihn und alle, die in Yokoji leben und praktizieren, vor allem Susan Tipton und David Blackwell.

Als es ums Vorwort ging, stand auf meiner Liste nur ein Name: meine MBSR-Mentorin und Zen-Lehrerin Melissa Blacker. Wie kein anderer, den ich kenne, kann sie Klarheit und Freundlichkeit miteinander verbinden. Sie hat mir gezeigt, dass tatsächlich viele Flüsse in einen Strom münden, und sie lebt, atmet und verkörpert diesen großen Strom. Danke dir, Melissa, dass du mich »gesehen« hast.

Tiefe Dankbarkeit an Jon Kabat-Zinn für die Vision und das Engagement, diese transformativen Arbeitsmethoden in die Welt gebracht zu haben, unter anderem auch an genau den Ort, wo ich als Ärztin arbeitete, und zu mir persönlich. Jon verkörpert alles, was ich in diesem Buch zum Ausdruck bringen wollte. Ich danke ihm für das Gegenlesen meiner Entwürfe und für die Unterstützung und Ermutigung bei diesem Projekt.

Chris Germer hat mich nicht nur die Praxis des Selbstmitgefühls gelehrt, er hat mich auch durch den manchmal schmerzhaften Überarbeitungsprozess begleitet, indem er sorgfältig die ersten Entwürfe las und seine umfassende Erfahrung im Schreiben und Publizieren mit mir teilte. Er und Kristin Neff haben mein Leben unglaublich beeinflusst, zum einen dadurch, dass sie meine persönliche Praxis und meine Entwicklung als MSC-Lehrerin (mindful self-compassion) gefördert haben, zum anderen, wie sie durch ihr selbstloses Engagement dazu beitragen, das Leid in dieser Welt zu verringern. Dieser Dank geht an alle in der MSC-Familie.

David Rynick ist über lange Jahre, von denen ein paar sehr anstrengend, aber auch wundervoll waren, mein Trainer und Zen-Lehrer gewesen und ist auf liebevolle Weise (manchmal auch sein Klarheits-Schwert schwingend) jeden Schritt dieses Weges mit mir gegangen. Er hat alles, was man von einem Reiseleiter erwarten kann. Eine tiefe Verbeugung vor dir, lieber Freund.

Ein Meer der Dankbarkeit für Larry Yang, meinen Freund, Lehrer und stets präsenten Resonanzboden. Er ist der lebendige Geist der Offenheit und inspiriert mich jeden Tag, in größerer Integrität zu leben.

Mein Verständnis des Dharma (des Lebens) ist entscheidend durch meine buddhistischen Lehrer beeinflusst worden: Thich Nhat Hanh, Jack Kornfield, Sharon Salzberg, Sylvia Boorstein, Christina Feldman, John Peacock, Pema Chödrön, Cheri Huber und Trudy Goodman. Von euch allen fühle ich mich gesegnet. Ich danke auch Joseph Goldstein für seine klaren und gründlichen Erläuterungen zu den Vier Grundlagen der Achtsamkeit in Büchern und Vorträgen.

Getragen und angeleitet haben mich auch meine geliebten Lehrer und Kollegen am Center for Mindfulness: Saki Santorelli, Florence Meleo-Meyer, Lynn Koerbel und Bob Stahl. Ihr seid lebendige Beispiele für Wahrheit und Schönheit.

Genauso wichtig wie alle bereits Genannten ist Susan Heggie, die für meine Entwicklung zur MBSR-Lehrerin ebenfalls verantwortlich war. Als ehemalige Direktorin des Center for Healthy Living im Eisenhower Medical Center führte Susan MBSR in der Klinik ein und unterstützte das Programm dann auf jede erdenkliche Art. Ihr Verdienst war es, Hunderten von Menschen den Zugang zu MBSR zu verschaffen – und mir die Chance, es zu unterrichten! Sie brachte mir auch bei, eine bessere Rednerin zu werden, wobei sie strenge Maßstäbe anlegte, und sie wurde eine liebe Freundin. Tief dankbar bin ich auch den vielen Ärzten, die ihre Patienten an das Programm überwiesen und, noch wichtiger, selbst daran teilnahmen: Dr. Christopher Flores, Dr. Rita Stec und Dr. Robert Edleberg.

An meinen Clan aus LeserInnen der ersten Stunde, Unterstützern und hochgeschätzten Freunden, Adrienne Beattie, Anne Twohig, Beth Sternlieb, Denise Dempsey, Michelle Becker, Steve Hickman, Jon Aaron und Christiane Wolf: Ohne euch hätte ich es nicht geschafft. Während ich jetzt diese Liste anschaue, schätze ich mich überglücklich, euch als Freunde zu haben – ihr seid alle lebendige Beispiele für den Dharma, mit denen gemeinsam zu unterrichten ich ebenfalls das Privileg habe.

Dank an mein wunderbares Redaktionsteam: Mary Jane Ryan, die nicht nur ihr umfangreiches publizistisches und redaktionelles Fachwissen einbrachte, sondern auch ihre persönliche Praxis, Weisheit und Freundlichkeit; und dem einfühlsamen, kompetenten Team bei New Harbinger, die das Buch inspirierten und es geradlinig und wahrheitsgetreu hielten: Jess O'Brien, Clancy Drake, Vicraj Gill und Ken Knabb.

Robin Hinaman, meine liebste Freundin und Schwester, ging die letzte Fassung des Manuskripts in stundenlangen Sitzungen geduldig und gewissenhaft mit mir durch, wobei sie manchmal einfach still am Telefon wartete, während ich in ihrer liebevollen Gegenwart irgendeinen Abschnitt umstellte. Ihre Freude über und ihr Vertrauen in das Projekt halfen mir über manchen Tag voller Zweifel hinweg. Ian Challis ließ sein unbeirrbares Dharma-Auge über das Werk schweifen und saß mir zur Seite, um manchen Absatz zurechtzubiegen und das Buch zum Lesevergnügen zu machen. Und außerdem brachte er immer frisches Brot und Schokolade mit! Lynn Koerbel redigierte die Kapitel über Ethik, was natürlich nahelag: Sie verkörpert das Thema, eine liebe, treue Schwester und Mentorin.

Ein Dankeschön an all die exzellenten Institutionen, die MBSR weltweit unterstützen (und mich als Lehrerin): das UMASS Center for Mindfulness; das Integrative Center for Medicine an der kalifornischen Irvine-Universität; und ganz besonders Laurie Macaulay, Dr. Don Maurer und Dr. Cameron Neece in Loma Linda, die uns für die wissenschaftliche Arbeit ihre Türen öffneten.

Dankeschön an die jetzigen und einstigen Vorstandsmitglieder der Insight Community of the Desert, die mir die Rolle der leitenden Lehrerin anvertrauten und die mich mit ihrer Hingabe an die Sangha und die Welt ehren und bescheiden machen.

Besonderer Dank an Allen Grodsky, der genau dann zur Stelle war, als ich ihn für ein Spezialthema brauchte. Und an Dr. Mark Branson, der die Erfahrung seiner vielen Jahre mit Schreiben und Publizieren mitbrachte, um mich zu ermutigen (in einer großen Bäckerei), für seine tiefe und umfassende Weisheit in allem Menschlichen und Allzumenschlichen, und für seine Freundschaft.

Ein Riesen-Dank geht an meine ewig beste Freundin, Joey Taylor, die immerzu sagte: »Schätzchen, du kannst schreiben. Du musst!« Sie hat mich unzählige Male bekocht, mich Woche für Woche zu sich nach Hause eingeladen (tut sie aber immer) und war, durch ihr großes Herz und ihre große Seele, meine erste Lehrerin für Mitgefühl.

Ich bin in der glücklichen Lage, einen großen Bruder zu haben, Kevin Mulligan, der mir immer Rückendeckung gibt und der für meine Nöte wohlwollendes Verständnis aufbringt sowie den Glauben, dass ich sie überwinden kann.

Dankeschön an meine Freundin Jazzmyn, die sich die ersten Kapitel anhörte, mich über mich selbst lachen ließ – und mich vor allem liebt. Dass ich Zeuge war, wie standhaft du den Eierstockkrebs durchgestanden hast, hält mich auf dem Boden der elementaren Tatsachen.

Wie kann ich meinem Partner im Leben, in der Arbeit, im Spiel danken, Hugh O'Neill, der diese Unruhe stiftende dritte Partei in unserem Haushalt (nämlich dieses Buch) zwei Jahre lang geduldig aushielt? Während ich mich hinter meinem Computer verkroch, kochte er uns Tee (sehr viel Tee) und brachte seinen herrlichen irischen Humor und sein Erzähltalent in mein Schreiben und mein Leben ein – während er außerdem Tag für Tag, Woche für Woche weiter MBSR unterrichtete. Er inspiriert mich, ermutigt mich und massiert mir die Füße. Er ist außerdem in allen Bereichen, die wichtig sind, der gescheiteste Mensch, den ich kenne.

Mein tiefstempfundener Dank an alle Teilnehmerinnen und Teilnehmer, die in MBSR-Kursen, Dharma-Zentren und auf Retreats meinen Weg gekreuzt haben. Ihr seid alle meine Lehrer.

Glossar

Im Folgenden einige Begriffe, mit denen manche Leserinnen und Leser vielleicht nicht vertraut sind. Zur Klärung sind hier die Definitionen aufgeführt, die von der Autorin intendiert sind.

Drei Kennzeichen der Existenz

1. Vergänglichkeit
2. Leiden
3. Nicht-Selbst

Dreifache Zuflucht

1. Buddha
2. Dharma
3. Sangha

Die Vier Grundlagen der Achtsamkeit

1. Achtsamkeit auf den Körper
2. Achtsamkeit auf die Gefühlsfärbung
3. Achtsamkeit auf den Geist (auf Geist-Herz-Zustände)
4. Achtsamkeit auf Dharmas

Vier Edle Wahrheiten

1. Wir alle leiden
2. Es gibt eine Ursache des Leidens
3. Es gibt ein Ende des Leidens
4. Der Achtfache Pfad

Die Vier Unermesslichen

1. Metta
2. Karuna
3. Mudita
4. Upekkha

Die Fünf Enthaltungsregeln

1. Lebendiges nicht verletzen
2. Nicht nehmen, was nicht gegeben wurde
3. Sexuelles Fehlverhalten meiden
4. Verzicht auf Lügen und Geschwätz
5. Keine berauschenden Substanzen zu sich nehmen

Fünf Hindernisse

1. Ruhelosigkeit oder Grübeln
2. Verlangen oder Begehren
3. Widerstand oder Abneigung
4. Trägheit oder Schläfrigkeit
5. Zweifel

Der Achtfache Pfad

1. Kluge Sichtweise: Einsicht in die wahre Natur der Realität
2. Kluge Absicht: Entsagung, Wohlwollen und Nicht-Verletzen kultivieren
3. Kluges Sprechen: Sprache mitfühlend einsetzen
4. Kluges Handeln: ethisch positives Verhalten, Mitgefühl manifestieren
5. Kluger Lebensunterhalt: Lebensunterhalt auf ethisch positive und keine leidverursachende Weise verdienen
6. Kluge Anstrengung: heilsame Qualitäten kultivieren, unheilsame Eigenschaften loslassen
7. Kluge Achtsamkeit: Gewahrsein im ganzen Körper und Geist
8. Kluge Konzentration: durch Meditation tief in die Natur der Realität schauen, mit Stabilität im Geist und Herzen

Buddha: Der Erwachte

Citta: Herz-Geist

Dharma: Die Lehre des Buddha und die Lehren des Lebens

Dukkha: Leiden, Enttäuschung

Karuna: Mitgefühl

Kinhin: Gehmeditation in der Zen-Tradition

Metta: Grenzenlose Freundlichkeit oder liebevolle Güte

Mudita: wohlwollende Mitfreude

Nibbana, Nirvana: Verlöschen

Samma: klug

Sati: Achtsamkeit

Satipatthana Sutta: Lehrrede über die Vier Grundlagen der Achtsamkeit

Tanha: Verlangen, unstillbarer Durst

Upekkha: Gelassenheit, Gleichmut

Vedana: Gefühlsfärbungen – angenehm, unangenehm oder neutral

Literatur- und Quellenverzeichnis

Analayo Bhikku, *Der direkte Weg – Satipatthana.* Herrnschrot: Verlag Beyerlein & Steinschulte, 2010. (Orig. ders., *Satipatthana: The Direct Path to Realization.* Cambridge, UK: Windhorse, 2003).

Germer, Christopher, *Der achtsame Weg zum Selbstmitgefühl: Wie man sich von destruktiven Gedanken und Gefühlen befreit.* Freiburg: Arbor Verlag, 2017. (Orig. ders., *The mindful path to self-compassion.* New York: Guilford Press, 2009).

Goldstein, Joseph. *Mindfulness: A practical guide to awakening.* Boulder, CO: Sounds True Inc., 2013.

Kabat-Zinn, Jon, *Gesund durch Meditation: das große Buch der Selbstheilung*. Vollst. überarb. Aufl. München: Knaur-Verlag, 2013. (Orig. ders., *Full Catastrophe Living: Using the Wisdom of Your Body and Mind to Face Stress, Pain, and Illness.* revised ed. New York: Bantam Books, 2013).

Kabat-Zinn, Jon, *Reflexionen über die Ursprünge von MBSR, hilfreiche Mittel und Schwierigkeiten mit den Modellen.* In: Williams, M., Kabat-Zinn, J. (Hrsg.), *Achtsamkeit – ihre Wurzeln, ihre Früchte.* Freiburg: Arbor Verlag 2011, S. 475–518.

Kornfield, Jack, *Das weise Herz: Die universellen Prinzipien buddhistischer Psychologie.* München: Arkana Verlag, 2008. (Orig. ders., *The Wise Heart: A Guide to the Universal Teachings of Buddhist Psychology.* New York: Bantam Books, 2008).

Neff, Kristin, *Selbstmitgefühl Schritt für Schritt.* Freiburg: Arbor Verlag, 2014. (Orig. dies., *Self-Compassion Step by Step.* Boulder, CO: Sounds True, 2013).

Nhat Hanh, Thich, *Die Welt ins Herz schließen: buddhistische Wege zu Ökologie und Frieden.* Bielefeld: Aurum-Verlag, 2009. (Orig. ders., *The world we have: A Buddist approach to peace and ecology.* Berkeley, CA: Parallax Press, 2008).

Ryan, Tim, *A Mindful Nation: how simple practice can help us reduce stress, improve performance, and recapture the American spirit.* Carlsbad, CA: Hay House Press, 2012.

Salzberg, Sharon, *Metta-Meditation: Buddhas revolutionärer Weg zum Glück.* Freiburg: Arbor Verlag, 2003. (Orig. dies., *Lovingkindness: the revolutionary art of happiness.* Boston, MA: Shambhala Publ., 1995).

Audio-Dateien

Die geführten Meditationen und Arbeitsblätter, die in diesem Buch erwähnt werden, sind im Arbor Online Center zum Download erhältlich: *www.arbor-online-center.de/Mulligan_HerzderAchtsamkeit.*

Die Autorin

Beth Ann Mulligan absolvierte an der Duke University School of Medicine in Durham, North Carolina, ein ärztliches Ausbildungsprogramm und ist seit 30 Jahren in der medizinischen Grundversorgung tätig. Sie ist zertifizierte MBSR-Lehrerin und -Ausbilderin am Center for Mindfulness der University of Massachusetts Medical School. Ebenso ist sie zertifiziert als MSC-Lehrerin (Mindful Self-Compassion) und bildet auch darin aus. Sie unterrichtet MBSR und MSC und »Achtsam essen« am Susan Samueli Center for Integrative Medicine und im Meditationszentrum InsightLA in Los Angeles und tritt als Vortragsrednerin bei internationalen wissenschaftlichen Kongressen zu Achtsamkeitsthemen auf. Daneben ist Beth Ann Mulligan leitende Dharma-Lehrerin der Insight Community of the Desert in Palm Springs, praktiziert seit vielen Jahren Zen-Meditation am Yokoji Zen Mountain Center und leitet Retreats im ganzen Land.

Weitere Literatur aus dem Arbor Verlag

Christiane Wolf & Greg Serpa

Die Kunst, Achtsamkeit zu lehren

Achtsamkeit, eine jahrtausendealte, in buddhistischen Klöstern entstandene Praxis, hat sich inzwischen zu einer evidenzbasierten Intervention entwickelt, die weltweit im Gesundheitswesen und in der psychiatrischen Praxis eingesetzt wird. Vielleicht hat Achtsamkeit auch Ihr Leben tief berührt und Sie möchten sie jetzt mit anderen teilen; oder Sie wurden von Ihrer Institution oder Klinik gebeten, einen Achtsamkeitskurs ins Leben zu rufen. Ganz gleich, aus welchem Grund – dieses Buch wird Ihr Leitfaden für den Einstieg sein.

Die Kunst, Achtsamkeit zu lehren bietet alles, was Sie brauchen, um Ihr eigenes Achtsamkeitsprogramm aufzustellen. Das hier vorgestellte Sechs-Wochen-Programm zur Einführung in Achtsamkeit ist leicht anzuwenden und lässt sich in unterschiedlichen Settings – unabhängig vom theoretischen Hintergrund – umsetzen.

Sie finden Übungsmaterial und Überblickstabellen zu den einzelnen Sitzungen, Skripte zu den wöchentlichen Meditationen sowie wertvolle Praxis-Tipps und Fallbeispiele.

Das Buch enthält zudem nützliche Hinweise auf Online-Ressourcen und eine MP3-CD mit angeleiteten Achtsamkeitsmeditationen.

ISBN 978-3-86781-157-6

Arbor Verlagsprogramm

Umfangreiche Informationen zu unseren Themen, ausführliche Leseproben aller unserer Bücher, einen versandkostenfreien Bestellservice und unseren kostenlosen Newsletter. All das und mehr finden Sie auf unserer Website.

www.arbor-verlag.de

Mehr von Beth Mulligan

www.arbor-verlag.de/beth-mulligan

Arbor Seminare

Die gemeinnützige *Arbor-Seminare gGmbH* organisiert regelmäßig Seminare und Weiterbildungen mit führenden VertreterInnen achtsamkeitsbasierter Verfahren. Zudem informiert sie über aktuelle Entwicklungen in diesem Bereich und trägt Achtsamkeit auf diese Weise nachhaltig in die Gesellschaft. Nähere Informationen finden Sie unter:

www.arbor-seminare.de

Arbor Online-Center

Mit dieser Plattform hat Arbor einen virtuellen Ort der Inspiration und des Lernens rund um das Thema Achtsamkeit geschaffen. Lernen Sie die AutorInnen unserer Bücher und die ReferentInnen unserer Veranstaltungen kennen: in Interviews, Vorträgen, Meditationsübungen, Webinaren, Podcasts sowie Online-Kursen und zahlreichen weiteren Ressourcen.

www.arbor-online-center.de